ठेले पर हिमालय

(निबन्ध)

ठेले पर हिमालय

धर्मवीर भारती

वाणी प्रकाशन ग्रुप

भारतीय ज्ञानपीठ

वाणी प्रकाशन : भारतीय ज्ञानपीठ की पुस्तकों के एकमात्र प्रकाशक एवं वितरक

लोकोदय ग्रन्थमाला : ग्रन्थांक 292

पेपरबैक पहला संस्करण : 2020
पेपरबैक दूसरा संस्करण : 2023
पेपरबैक तीसरा संस्करण : 2026

वाणी प्रकाशन : भारतीय ज्ञानपीठ की पुस्तकों के एकमात्र प्रकाशक एवं वितरक

वाणी प्रकाशन

4695, 21-ए, दरियागंज, नयी दिल्ली-110 002
दूरभाष : 011-23273167, 23275710
ईमेल : sales@vaniprakashan.in
www.vaniprakashan.com

ISBN : 978-93-5518-925-7

मूल्य : ₹ 395

ठेले पर हिमालय

(निबन्ध)

धर्मवीर भारती

THELE PAR HIMALAYA

(Essays)

by Dharmveer Bharati

आवरण-चित्र : हरिपाल त्यागी
मुद्रक : आर. टेक ऑफ़सेट प्रिंटर्स, दिल्ली-110 032

अगस्त के दो उजले कटावदार फूलों को—
जिनका दावा है कि वे हिमशिखरों
की कठिनतम यात्रा में भी
अन्त तक मेरा साथ
देंगे ही!

ठेले पर हिमालय

अनुक्रम

ठेले पर हिमालय

'ठेले पर हिमालय'—खासा दिलचस्प शीर्षक है न! और यकीन कीजिए, इसे बिलकुल ढूँढ़ना नहीं पड़ा। बैठे-बिठाये मिल गया। अभी कल की बात है, एक पान की दूकान पर मैं अपने एक गुरुजन उपन्यासकार मित्र के साथ खड़ा था कि ठेले पर बर्फ की सिलें लादे हुए बर्फ वाला आया। ठण्डे, चिकने चमकते बर्फ से भाप उड़ रही थी। मेरे मित्र का जन्म-स्थान अल्मोड़ा है, वे क्षण-भर उस बर्फ को देखते रहे, उठती हुई भाप में खोये रहे और खोये-खोये-से ही बोले, 'यही बर्फ तो हिमालय की शोभा है।' और तत्काल शीर्षक मेरे मन में कौंध गया, 'ठेले पर हिमालय'। पर आपको इसलिए बता रहा हूँ कि अगर आप नये कवि हों तो भाई, इसे ले जाएँ और इस शीर्षक पर दो-तीन सौ पंक्तियाँ, बेडौल, बेतुकी लिख डालें—शीर्षक मौजूँ है, और अगर नयी कविता से नाराज हों, सुललित गीतकार हों तो भी गुंजाइश है, इस बर्फ को डाटे, उतर आओ। ऊँचे शिखर पर बन्दरों की तरह क्यों चढ़े बैठे हो? ओ नये कवियो! ठेले पर लदो। पान की दूकानों पर बिको।[1]

ये तमाम बातें उसी समय मेरे मन में आयीं और मैंने अपने गुरुजन मित्र को बतायीं भी। वे हँसे भी, पर मुझे लगा कि वह बर्फ कहीं उनके मन को खरोंच गयी है और ईमान की बात यह है कि जिसने 50 मील दूर से भी बादलों के बीच नीले आकाश में हिमालय की शिखर-रेखा को चाँद-तारों से बात करते देखा है,

1. देखिए, बच्चनजी की कविता, 'चोटी की बर्फ'।

चाँदनी में उजली बर्फ को धुँधले हलके नीले जाल में दूधिया समुद्र की तरह मचलते और जगमगाते देखा है, उसके मन पर हिमालय की बर्फ एक ऐसी खरोंच छोड़ जाती है जो हर बार याद आने पर पिरा उठती है। मैं जानता हूँ, क्योंकि वह बर्फ मैंने भी देखी है।

सच तो यह है कि सिर्फ बर्फ को बहुत निकट से देख पाने के लिए ही हम लोग कौसानी गये थे। नैनीताल से रानीखेत और रानीखेत से मझकाली के भयानक मोड़ों को पार करते हुए कोसी। कोसी से एक सड़क अल्मोड़े चली जाती है, दूसरी कौसानी। कितना कष्टप्रद, कितना सूखा और कितना कुरूप है वह रास्ता! पानी का कहीं नाम-निशान नहीं, सूखे-भूरे पहाड़, हरियाली का नाम नहीं। ढालों को काटकर बनाये हुए टेढ़े-मेढ़े रास्ते पर अल्मोड़े का एक नौसिखिया और लापरवाह ड्राइवर जिसने बस के तमाम मुसाफिरों की ऐसी हालत कर दी कि जब हम कोसी पहुँचे तो सभी के चेहरे पीले पड़ चुके थे। कौसानी जाने वाले सिर्फ हम दो थे, वहाँ उतर गये। बस अल्मोड़े चली गयी। सामने के एक टीन के शेड में काठ की बेंच पर बैठकर हम वक्त काटते रहे। तबीयत सुस्त थी और मौसम में उमस थी। दो घण्टे बाद दूसरी लारी आकर रुकी और जब उसमें से प्रसन्न-बदन शुक्ल जी को उतरते देखा तो हम लोगों की जान में जान आयी। शुक्ल जी जैसा सफर का साथी पिछले जन्म के पुण्यों से ही मिलता है। उन्होंने हमें कौसानी आने का उत्साह दिलाया था और खुद तो कभी उनके चेहरे पर थकान या सुस्ती दीखी ही नहीं, पर उन्हें देखते ही हमारी भी सारी थकान काफूर हो जाया करती थी।

पर शुक्ल जी के साथ यह नयी मूर्ति कौन है? लम्बा-दुबला शरीर, पतला-साँवला चेहरा, एमिल जोला-सी दाढ़ी, ढीला-ढाला पतलून, कन्धे पर पड़ी हुई ऊनी जर्किन, बगल में लटकता हुआ जाने थर्मस या कैमरा या बाइनाकुलर। और खासी अटपटी चाल थी बाबूसाहब की। यह पतला-दुबला मुझ-जैसा ही सींकिया शरीर और उस पर आपका झूमते हुए आना! मेरे चेहरे पर निरन्तर घनी होती हुई उत्सुकता को ताड़कर शुक्ल जी ने कहा—"हमारे शहर के मशहूर चित्रकार हैं सेन, अकादमी से इनकी कृतियों पर पुरस्कार मिला है। उसी रुपये से घूमकर छुट्टियाँ बिता रहे हैं।" थोड़ी ही देर में हम लोगों के साथ सेन घुल-मिल गया, कितना मीठा था हृदय से वह! वैसे उसके करतब आगे चलकर देखने में आये।

कोसी से बस चली तो रास्ते का सारा दृश्य बदल गया। सुडौल पत्थरों पर कल-कल करती हुई कोसी, किनारे के छोटे-छोटे सुन्दर गाँव और हरे मखमली खेत। कितनी सुन्दर है सोमेश्वर की घाटी! हरी-भरी। एक के बाद एक बस-स्टेशन पड़ते थे, छोटे-छोटे पहाड़ी डाकखाने, चाय की दूकानें और कभी-कभी कोसी या उसमें गिरने वाले नदी-नालों पर बने हुए पुल। कहीं-कहीं सड़क निर्जन चीड़ के जंगलों से गुजरती थी। टेढ़ी-मेढ़ी, ऊपर-नीचे रेंगती हुई कँकरीली पीठ वाले अजगर-सी सड़क

पर धीरे-धीरे बस चली जा रही थी। रास्ता सुहावना था और उस थकावट के बाद उसका सुहावनापन हमें और भी तन्द्रालस बना रहा था। पर ज्यों-ज्यों बस आगे बढ़ रही थी, हमारे मन में एक अजीब-सी निराशा छाती जा रही थी—अब तो हम लोग कौसानी के नजदीक हैं, कोसी से 18 मील चले आये, कौसानी सिर्फ छह मील है, पर कहाँ गया वह अतुलित सौन्दर्य, वह जादू जो कौसानी के बारे में सुना जाता था। आते समय मेरे एक सहयोगी ने कहा था कि कश्मीर के मुकाबले में उन्हें कौसानी ने अधिक मोहा है, गाँधी जी ने यहीं अनासक्ति योग लिखा था और कहा था कि स्विट्जरलैण्ड का आभास कौसानी में ही होता है। ये नदी, घाटी, खेत, गाँव सुन्दर हैं किन्तु इतनी प्रशंसा के योग्य तो नहीं ही हैं। हम कभी-कभी अपना संशय शुक्ल जी से व्यक्त भी करने लगे और ज्यों-ज्यों कौसानी नजदीक आता गया त्यों-त्यों अधैर्य, फिर असन्तोष और अन्त में तो क्षोभ हमारे चेहरे पर, झलक आया। शुक्ल जी की क्या प्रतिक्रिया थी हमारी इन भावनाओं पर, यह स्पष्ट नहीं हो पाया क्योंकि वे बिलकुल चुप थे। सहसा बस ने एक बहुत लम्बा मोड़ लिया और ढाल पर चढ़ने लगी।

सोमेश्वर की घाटी के उत्तर में जो ऊँची पर्वतमाला है, उस पर, बिलकुल शिखर पर, कौसानी बसा हुआ है। कौसानी से दूसरी ओर फिर ढाल शुरू हो जाती है। कौसानी के अड्डे पर जाकर बस रुकी। छोटा-सा, बिलकुल उजड़ा-सा गाँव और बर्फ का तो कहीं नाम-निशान नहीं। बिलकुल ठगे गये हम लोग। कितना खिन्न था मैं! अनखाते हुए बस से उतरा कि जहाँ था वहीं पत्थर की मूर्ति-सा स्तब्ध खड़ा रह गया। कितना अपार सौन्दर्य बिखरा था सामने की घाटी में। इस कौसानी की पर्वतमाला ने अपने अंचल में यह जो कत्यूर की रंग-बिरंगी घाटी छिपा रखी है, इसमें किन्नर और यक्ष ही तो वास करते होंगे। पचासों मील चौड़ी यह घाटी, हरे मखमली कालीनों-जैसे खेत, सुन्दर गेरू की शिलाएँ काटकर बने हुए लाल-लाल रास्ते, जिनके किनारे सफेद-सफेद पत्थरों की कतार और इधर-उधर से आकर आपस में उलझ जाने वाली बेले की लड़ियाँ-सी नदियाँ। मन में बेसाख्ता यही आया कि इन बेलों की लड़ियों को उठाकर कलाई में लपेट लूँ, आँखों से लगा लूँ। अकस्मात् हम एक-दूसरे लोक में चले आये थे। इतना सुकुमार, इतना सुन्दर, इतना सजा हुआ और इतना निष्कलंक...कि लगा इस धरती पर तो जूते उतारकर, पाँव पोंछकर आगे बढ़ना चाहिए। धीरे-धीरे मेरी निगाहों ने इस घाटी को पार किया और जहाँ ये हरे खेत और नदियाँ और वन, क्षितिज के धुँधलेपन में, नीले कोहरे में घुल जाते थे, वहाँ पर कुछ छोटे पर्वतों का आभास अनुभव किया, उसके बाद बादल थे और फिर कुछ नहीं। कुछ देर उन बादलों में निगाह भटकती रही कि अकस्मात् फिर एक हलका-सा विस्मय का धक्का मन को लगा। इन धीरे-धीरे खिसकते हुए बादलों में यह कौन चीज है जो अटल है। यह छोटा-सा बादल के टुकड़े-सा—और कैसा अजब

रंग है इसका, न सफेद, न रुपहला, न हलका नीला...पर तीनों का आभास देता हुआ। यह है क्या? बर्फ तो नहीं है। हाँ जी! बर्फ नहीं है तो क्या है? और अकस्मात् बिजली-सा यह विचार मन में कौंधा कि इसी घाटी के पार वह नगाधिराज, पर्वतसम्राट् हिमालय है, इन बादलों ने उसे ढाँक रखा है, वैसे वह क्या सामने है, उसका एक कोई छोटा-सा बाल-स्वभाव वाला शिखर बादलों की खिड़की से झाँक रहा है। मैं हर्षातिरेक से चीख उठा, "बरफ! वह देखो!" शुक्ल जी, सेन, सभी ने देखा, पर अकस्मात् वह फिर लुप्त हो गया। लगा, उसे बाल-शिखर जान किसी ने अन्दर खींच लिया। खिड़की से झाँक रहा है, कहीं गिर न पड़े!

पर उस एक क्षण के हिम-दर्शन ने हममें जाने क्या भर दिया था। सारी खिन्नता, निराशा, थकावट—सब छू-मन्तर हो गयी। हम सब आकुल हो उठे। अभी ये बादल छँट जाएँगे और फिर हिमालय हमारे सामने खड़ा होगा—निरावृत...असीम सौन्दर्यराशि हमारे सामने अभी-अभी अपना घूँघट धीरे से खिसका देगी और...और तब? और तब? सचमुच मेरा दिल बुरी तरह धड़क रहा था। शुक्ल जी शान्त थे, केवल मेरी ओर देखकर कभी-कभी मुस्करा देते थे, जिसका अभिप्राय था, 'इतने अधीर थे, कौसानी आया भी नहीं और मुँह लटका लिया। अब समझे यहाँ का जादू?' डाक बँगले के खानसामे ने बताया कि, "आप लोग बड़े खुशकिस्मत हैं साहब! 14 टूरिस्ट आकर हफ्ते भर पड़ रहे, बर्फ नहीं दीखी। आज तो आपके आते ही आसार खुलने के हो रहे हैं।"

सामान रख दिया गया। पर, सभी बिना चाय पिये सामने के बरामदे में बैठे रहे और एकटक सामने देखते रहे। बादल धीरे-धीरे नीचे उतर रहे थे और एक-एक कर नये-नये शिखरों की हिम-रेखाएँ अनावृत हो रही थीं। और फिर सब खुल गया। बायीं ओर से शुरू होकर दायीं ओर गहरे शून्य में धँसती जाती हुई हिमशिखरों की ऊबड़-खाबड़, रहस्यमयी, रोमांचक शृंखला। हमारे मन में उस समय क्या भावनाएँ उठ रही थीं यह अगर बता पाता तो यह खरोंच, यह पीर ही क्यों रह गयी होती। सिर्फ एक धुँधला-सा संवेदन इसका अवश्य था कि जैसे बर्फ की सिल के सामने खड़े होने पर मुँह पर ठण्डी-ठण्डी भाप लगती है, वैसे ही हिमालय की शीतलता माथे को छू रही है और सारे संघर्ष, सारे अन्तर्द्वन्द्व, सारे ताप जैसे नष्ट हो रहे हैं। क्यों पुराने साधकों ने दैहिक, दैविक और भौतिक कष्टों को ताप कहा था और उसे शमित करने के लिए वे क्यों हिमालय जाते थे यह पहली बार मेरी समझ में आ रहा था। और अकस्मात् एक दूसरा तथ्य मेरे मन के क्षितिज पर उदित हुआ। कितनी-कितनी पुरानी है यह हिमराशि! जाने किस आदिम काल से यह शाश्वत अविनाशी हिम इन शिखरों पर जमा हुआ है। कुछ विदेशियों ने इसीलिए हिमालय की इस बर्फ को कहा है—चिरन्तन हिम (एटर्नल स्नो)। सूरज ढल रहा था और सुदूर शिखरों पर दर्रे, ग्लेशियर, ढाल, घाटियों का क्षीण आभास मिलने लगा था। आतंकित मन से मैंने

यह सोचा था कि पता नहीं इन पर कभी मनुष्य का चरण पड़ा भी है या नहीं या अनन्त काल से इन सूने बर्फ-ढँके दर्रों में सिर्फ बर्फ के अन्धड़ हू-हू करते हुए बहते रहे हैं।

सूरज डूबने लगा और धीरे-धीरे ग्लेशियरों में पिघली केसर बहने लगी। बर्फ कमल के लाल फूलों में बदलने लगी, घाटियाँ गहरी पीली हो गयीं। अँधेरा होने लगा तो हम उठे और मुँह-हाथ धोने और चाय पीने में लगे। पर सब चुपचाप थे, गुमसुम, जैसे सबका कुछ छिन गया हो, या शायद सबको कुछ ऐसा मिल गया हो जिसे अन्दर-ही-अन्दर सहेजने में सब आत्मलीन हों या अपने में डूब गये हों।

थोड़ी देर में चाँद निकला और हम फिर बाहर निकले...इस बार सब शान्त था। जैसे हिम सो रहा हो। मैं थोड़ा अलग आरामकुर्सी खींचकर बैठ गया। यह मेरा मन इतना कल्पनाहीन क्यों हो गया है? इसी हिमालय को देखकर किसने-किसने क्या-क्या नहीं लिखा और यह मेरा मन है कि एक कविता तो दूर, एक पंक्ति, एक शब्द भी तो नहीं जागता। पर कुछ नहीं, यह सब कितना छोटा लग रहा है इस हिमसम्राट् के समक्ष। पर धीरे-धीरे लगा कि मन के अन्दर भी बादल थे जो छँट रहे हैं। कुछ ऐसा उभर रहा है जो इन शिखरों की ही प्रकृति का है जो इसी ऊँचाई पर उठने की चेष्टा कर रहा है ताकि इनसे इन्हीं के स्तर पर मिल सके। लगा, यह हिमालय बड़े भाई की तरह ऊपर चढ़ गया है, और मुझे—छोटे भाई को—नीचे खड़ा हुआ, कुण्ठित और लज्जित देखकर थोड़ा उत्साहित भी कर रहा है, स्नेह-भरी चुनौती भी दे रहा है—"हिम्मत है? ऊँचे उठोगे?"

और सहसा सन्नाटा तोड़कर सेन रवीन्द्र की कोई पंक्ति गा उठा और जैसे तन्द्रा टूट गयी। और हम सक्रिय हो उठे—अदम्य शक्ति, उल्लास, आनन्द जैसे हम में छलक पड़ रहा था। सबसे अधिक खुश था सेन, बच्चों की तरह चंचल, चिड़ियों की तरह चहकता हुआ बोला, "भाई साहब, हम तो बण्डरस्ट्रक् हैं कि यह भगवान् का क्या-क्या करतूत इस हिमालय में होता है।" इस पर हमारी हँसी मुश्किल से ठण्डी हो पायी थी कि अकस्मात् वह शीर्षासन करने लगा। पूछा गया तो बोला, "हम नये पर्सपेक्टिव से हिमालय देखेगा।" बाद में मालूम हुआ कि वह बम्बई की अत्याधुनिक चित्रशैली से थोड़ा नाराज है और कहने लगा, "ओ सब जीनियस लोग शीर का बल खड़ा होकर दुनिया को देखता है। इसी से हम भी शीर का बल हिमालय देखता है।"

दूसरे दिन घाटी में उतरकर 12 मील चलकर हम बैजनाथ पहुँचे जहाँ गोमती बहती है। गोमती की उज्ज्वल जलराशि में हिमालय की बर्फीली चोटियों की छाया तैर रही थी। पता नहीं, उन शिखरों पर कब पहुँचूँ, पर उस जल में तैरते हुए हिमालय से जी भरकर भेंटा, उसमें डूबा रहा।

आज भी उसकी याद आती है तो मन पिरा उठता है। कल ठेले के बर्फ को

देखकर वे मेरे मित्र उपन्यासकार जिस तरह स्मृतियों में डूब गये उस दर्द को समझता हूँ और जब ठेले पर हिमालय की बात कहकर हँसता हूँ तो वह उस दर्द को भुलाने का ही बहाना है। वे बर्फ की ऊँचाइयाँ बार-बार बुलाती हैं, और हम हैं कि चौराहों पर खड़े, ठेले पर लदकर निकलने वाली बर्फ को ही देखकर मन बहला लेते हैं। किसी ऐसे ही क्षण में, ऐसे ही ठेलों पर लदे हिमालयों से घिरकर ही तो तुलसी ने नहीं कहा था "...कबहुँक हौं यहि रहनि रहौंगो...मैं क्या कभी ऐसे भी रह सकूँगा वास्तविक हिमशिखरों की ऊँचाइयों पर?" और तब मन में आता है कि फिर हिमालय को किसी के हाथ सन्देशा भेज दूँ..."नहीं बन्धु...आऊँगा। मैं फिर लौट-लौट कर वहीं आऊँगा। उन्हीं ऊँचाइयों पर तो मेरा आवास है। वहीं मन रमता है...मैं करूँ तो क्या करूँ?"

कूर्मांचल में कुछ दिन

हिमालय की बर्फीली चोटियों की छाँव में फूल, फल, झरने और बँगलों वाले कूर्मांचल का नाम लेते ही मेरी आँखों के आगे रामगढ़ की एक शाम धुँधली तस्वीर की तरह खिंच जाती है। एक बहुत ऊँची, वनाच्छादित पर्वत-शृंखला के इस बाजू में मीलों लम्बा एक फलों का बगीचा है। सुनहले, हरे, पीले, सिन्दूरी और गुलाबी सेबों से लदे हुए पेड़ों की कतारें पार कर हम उस बँगले में जा पहुँचे हैं जिसमें महाकवि रवीन्द्रनाथ ठाकुर ने अपने कूर्मांचल-प्रवास के कुछ दिन बिताये थे। बस की सड़क सैकड़ों फुट नीचे मटियाले साँप की तरह घाटियों और जंगलों में रेंगती-सरकती चली जा रही है, सड़क के भी सैकड़ों फुट नीचे तल्ली रामगढ़ के घरों की टीन वाली छतें दीख रही हैं, और उनमें चलते-फिरते लोग चींटियों की तरह लग रहे हैं, उधर समरफोर्ड के पहाड़ पर एक सफेद बादल उड़ता हुआ आकर टिक गया है, और धीरे-धीरे धनुषाकार होता हुआ जा रहा है। बँगले के सामने के लान में बेंत की खूबसूरत हरी कुर्सियाँ डाल दी गयी हैं और बगीचे के मैनेजर ने चाय बनवाकर मँगायी है।

8000 फुट की ऊँचाई पर चाय की उस मेज पर हर तरह के लोग। मैनेजर ...जो बता रहा कि इन पहाड़ियों में कौन से फल और उग सकते हैं? कौन से उद्योग चल सकते हैं? इससे देश को क्या आय हो सकती है? मेरे एक मित्र...जो बता रहे हैं कि वे एक दिन में 32 मील चलकर मुक्तेश्वर गये और लौट आये, राह में भूख लगने पर वे दर्जनों पराठे खा गये क्योंकि पहाड़ों का घी बहुत शुद्ध होता है। मेरी पत्नी...जिसे दुःख है कि सूरज डूब गया, अब उसका केमरा बेकार है, और मन में सोच रही है कि काश इन पहाड़ों पर सेब की जगह हरी मिर्ची के बगीचे होते। आर्जण्टाइना का एक साधु...जो आत्मा की अमरता, हिमालय का आध्यात्मिक प्रभाव, अनेकता में एकता और वेदान्त की माया पर कुछ चिर-परिचित बातें कर रहा है। इन भाँति-भाँति के लोगों के बीच...चुप! कुछ-कुछ सहमा-सा...कुछ मन्त्र मुग्ध... बार-बार उधर देखता हुआ जिधर हिमालय की मुख्य हिमवती चोटियाँ बादल और धुँधलके में छिपी हुई हैं, जो सिर्फ एक शाम को अकस्मात् चमक उठी थीं। बादलों का अवगुण्ठन उठाकर रामगढ़ के उत्तर में बर्फ के फूलों के धनुष की तरह अर्द्धवृत्ताकार में फैल गयी थीं। उस दिन से बादलों में जो छिपीं तो फिर दीखी नहीं ...पर मन में जाने कैसी प्यास भर गयी। वहाँ उन सबों के बीच बैठा हुआ भी, मैं

वहाँ नहीं था, उन्हीं अदृश्य घाटियों में भटक रहा था, उन्हीं खोयी हुई शृंखलाओं की ओर चला जा रहा था...बिलकुल अकेला, जाने किस जादू से सब कुछ जैसे एक प्रतीक में बदल गया था। जिन्दगी के गर्द-गुबार और धुँधलके को चीरकर वह कौन-सी ऊँचाइयाँ हैं जो अकस्मात् चमककर फिर छिप जाती हैं और मेरा मन अकुला उठता है, उनकी ओर चल पड़ता है एक निरन्तर अनथक यात्रा...चरैवेति चरैवेति... चलते चलो, चलते चलो। उस दिन, उस दिन हिमालय मुझे अपना चिर-परिचित लगा था जिसे मैं जाने कब से ढूँढ़ रहा था। जो यहाँ भूमि पर उदित होने से पूर्व जैसे मेरे मन की गहराइयों में अन्तराल में सोया पड़ा था और जब से वे हिमालय की चोटियाँ यहाँ उग आयीं तब से मन का वह हिस्सा रिक्त पड़ा है, खाली पड़ा है और तभी से वह हिमालय को खोज रहा है कि उसकी रिक्तता उसका खालीपन फिर भरा-भरा-सा हो जाए।

चाय के प्याले खनकते हैं और उधर कालाखान के जंगलों में एक चिड़िया निरन्तर रट लगाने लगती है...जुहो! जुहो! जुहो! इस दर्दभरी पुकार से हम सब परिचित हैं। ताकुला की गहरी घाटियों में उगे बाँझ के वनों में, कौसानी के झरनों पर, कत्यूर में गोमती के किनारे यह पुकार हर यात्री को सुनाई पड़ती है। यह चिड़िया बराबर बोलती है—जुहो! जुहो! जुहो! हमारी उत्सुकता देखकर मैनेजर ने बताया कि इस पक्षी के बारे में एक मार्मिक लोककथा कूर्मांचल में प्रचलित है। कहते हैं कि किसी जमाने में एक अत्यन्त रूपवती पहाड़ी कन्या थी जो वर्ड्स्वर्थ की लूसी की तरह झरनों के संगीत, वृक्षों के मर्मर और घाटियों की प्रतिध्वनियों पर पली थी। लेकिन उसका पिता गरीब था और लाचारी में उसने अपनी कन्या मैदानों में ब्याह दी, वे मैदान जहाँ सूरज आग की तरह तपता है, जहाँ झरनों और बँगलों का नाम-निशान नहीं, जहाँ भूखे अजगरों की तरह धधकती लूएँ आदमी को साबित निगल जाती हैं। प्रियतम के स्नेह की छाया में वर्षा और सर्दी तो किसी तरह कट गये पर सूर्य के उत्तरायण होते ही वह अकुला उठी। उसने नैहर जाने की प्रार्थना की। पर सास और ननद ने इनकार कर दिया। वह धूप में तपे गुलाब की तरह मुरझाने लगी। शृंगार छूटा, वेशविन्यास छूटा, खाना-पीना छूट गया। अन्त में सास ने कहा, अच्छा कल तुम्हें भेज देंगे। सुबह हुई...उसने आकुलता से पूछा...'जुहो'? (जाऊँ)। सास ने कहा...'भोल जाला (कल सुबह जाना)' वह और भी मुरझा गयी। एक दिन किसी तरह कटा। दूसरे दिन उसने पूछा...'जुहो'? सास फिर बोली—'भोल जाला।' रोज वह अपना सामान सँवारती। प्रिय से विदा लेती और पूछती...'जुहो?' रोज सास नाराज होकर मुँह फेरकर कहती...'भोल जाला।' एक दिन जेठ का दसतपा लग गया, धरती धूप से चटख गयी, वृक्षों पर से चिड़ियाँ लू खाकर गिरने लगीं। वधू ने फिर हाँफते हुए सूखे गले से अन्तिम बार सास से पूछा, 'जुहो?' सास ने पंखे की डण्डी से पीठ खुजाते हुए कहा...'भोल जाला।' फिर वह कुछ नहीं बोली। शाम को एक वृक्ष के नीचे वह अचेतन पड़ी हुई मिली, प्राणहीना! गरमी से काली

पड़ गयी थी। वृक्ष की डाली पर एक चिड़िया बैठी थी जो गरदन हिला कर बोली 'जुहो?' और उत्तर की प्रतीक्षा न कर नन्हे-नन्हे पंख फैलाकर कूर्मांचल की ओर उड़ गयी। मैनेजर ने चाय का प्याला रखते हुए कहा—"तब से आज तक कूर्मांचल के जंगलों में एक चिड़िया दर्द भरे स्वर में बार-बार पूछती है—जुहो? जुहो? जुहो? और फिर एक कर्कश पक्षी-स्वर सुन पड़ता है—'भोल जाला'। और फिर वह चिड़िया चुप हो जाती है। एक बेबसी की चुप।"

हम लोगों ने 'भोल जाला' का स्वर नहीं सुना, पर कुछ देर की निरन्तर रट के बाद वह चिड़िया अपने आप चुप हो गयी। उसका दर्द हमें बहुत गहरे छू गया है। ऐसे घाव तो हम सबों के मन में हैं न, पता नहीं किन हरियाली घाटियों के वासी हमारे प्राण इन अपरिचित निर्मम परिस्थितियों की सीमा में बँधे, परदेश में भटक-से रहे हैं और उसी सुदूर के प्यासे हैं, वह सुदूर हमें बार-बार बुलाता है, और हम पूछते हैं—जुहो? और हमारी विवशताएँ, हमारे बन्धन, हमारी सीमाएँ कर्कश स्वर में कहती हैं 'भोल जाला।' और हम चुप हो जाते हैं। पर वह प्यास तो चुप नहीं होती। वह तो रटती जाती है...जुहो! जुहो! जुहो! हम रवीन्द्र ठाकुर के बँगले में सामने बैठे थे और मैं सोच रहा था कहीं ऐसे ही किसी क्षण में तो रवीन्द्र ने मर्माहत होकर नहीं कहा था :

"आमि चंचल हे
आमि सुदूरेर पियासी!
दिन चले जाये, आमि आनमने
तारि आशा चेये थाकि वातायने।"

और इसी प्यास से व्याकुल होकर कूर्मांचल के इस सुकुमार कवि पन्त ने कहा था :

"क्या मेरी आत्मा का चिरधन
मैं रहता नित उन्मन-उन्मन।
क्या उसकी आत्मा का चिरधन,
स्थिर अपलक नयनों का चिन्तन,
क्या खोज रहा है वह अपनापन?"

कालिदास से लेकर सुमित्रानन्दन पन्त तक, हिमालय भारतीय कवि की आत्मा में बराबर यह प्यास जगाता रहा है। कूर्मांचल हिमालय का द्वार है। कूर्मांचल के पहाड़ों से दीखने वाला हिमालय पता नहीं कैसे अपने पास खींचने लगता है। इस अजीब से आकर्षण को सबसे पहले मैंने कौसानी में अनुभव किया था। मझकाली के खतरनाक मोड़ और अल्मोड़े की सूखी नीरस घाटी से होते हुए, कोसी पार कर सोमेश्वर की हरी उपजाऊ घाटियों से होकर जब हम कौसानी पहुँचे तो लगभग निराश-से थे। महात्मा गाँधी ने अपने जीवन के कुछ अत्यन्त रमणीय दिन यहाँ बिताये थे, और उन्होंने इस स्थान की तुलना स्विट्ज़रलैण्ड से की थी। हम लोगों

को चारों ओर कोसी की घाटी दीख रही थी पर उसमें क्या ऐसी विशेषता थी? थोड़ा और आगे बढ़े। चढ़ाई शुरू हुई। बस का अड्डा आया और हम उतर पड़े। वह सामने सहसा क्या दीख पड़ा? बादल धीरे-धीरे हट रहे थे और त्रिशूल का गगनभेदी शिखर उदित हो रहा था। तीसरे पहर के सूरज की सुनहरी धूप उन श्रृंखलाओं के शिखरों और गह्वरों पर अजब रहस्यमय ढंग से बिखर रही थी। अभी केवल एक शिखर दीख रहा था, लगभग तीस-चालीस मील दूर होगा, पर लग रहा था जैसे वह सामने खड़ा है, बिलकुल हमारे माथे पर झुका हुआ, कभी-कभी तो लगता था कि अनन्त काल से उस शिखर पर जमी हुई बर्फ की ठण्डी-ठण्डी भाप हमारे माथे को आशीर्वाद की तरह स्पर्श कर रही है। नयन, मन, प्राण—बँध जाने की बात सुनी थी पर अनुभव उसी दिन हुआ। लगा जैसे हमारी चेतना का कोई अंश ऐसा जरूर है जो धरती के कठोर यथार्थ से हमें ऊपर की ओर उठा रहा है, वहाँ जहाँ अनन्त काल से शुभ्र श्वेत हिम जमा हुआ है। इन्हीं शिखरों को शंकराचार्य ने देखा था, इन्हीं में कालिदास भटके थे, इन्हीं में विवेकानन्द ने आत्मसाक्षात्कार किया था। क्या यह केवल भ्रम था? फिर मैं इस समय यह क्या महसूस कर रहा हूँ! एक अलौकिक शान्ति, और एक-दूसरे से आती हुई पुकार जो इन हिमशिखरों के रहस्यमय वातावरण में मुझे बुला रही है। उस एक क्षण में मुझे जैसे असीम और अनन्त में आस्था होने लगी। लगा, जैसे मेरे अस्तित्व का चरम साफल्य हिमालय की ऊँचाइयों से जरूर मेल खाता है। मुझे लगा, जैसे मेरा वास्तविक व्यक्तित्व वही है, यहाँ तो जैसे मैं छद्मवेश धारण कर आपद्धर्म का जीवन बिता रहा हूँ। एक दिन यह सब नीचे छोड़कर उन्हीं ऊँचे शिखरों पर जाना है। यह जो मैं आजकल जी रहा हूँ, यह तो उस यात्रा की तैयारी मात्र है। कब वह वेला आएगी जब मैं पूछूँगा...जुहो? जाऊँ? और फिर उस समय कोई भी मेरी यात्रा कल के लिए स्थगित न कर सकेगा, मैं अपने नन्हे पंख खोलकर आकाश नापता हुआ इन्हीं ऊँचाइयों की ओर उड़ूँगा।

कूर्मांचल में बीते हुए बाकी दिनों में भी यही प्यास अपने को दोहराती रही। कत्यूर की घाटी में श्वेत पत्थरों पर बहती हुई गोमती में जब मैं जी भरकर नहाया, डुमलौट के रास्ते में चीड़ और रोडोडेन्ड्रान के घने जंगलों में जब मैं भटकता फिरा, घनी अँधेरी रातों में नैनीताल की सुन्दर झील में हरी, नीली बत्तियों के प्रतिबिम्बों पर से जब अपनी नाव खेता फिरा, ताकुला में घने बादलों से घिरकर जब नन्ही फुहारों से भीगता रहा, तब बराबर महसूस करता रहा कि ये कुछ सौभाग्यशाली दिन हैं, जब हम अपने जीवन को गहरे स्तरों पर जीते हैं, जब हमें जीवन की परिधि असीम मालूम पड़ती है और हमें अपने अस्तित्व के नये और गहरे अर्थ मिलते हैं। किसी भी कलाकार के लिए इस प्यास को भूल जाना घातक होता है। हिमालय ने वह प्यास फिर कुरेद दी। इसके लिए मैंने चरम आभार के उस क्षण में मन ही मन उसे प्रणाम किया था, और अब भी जब उसका ध्यान आता है, मेरा सर कृतज्ञता से नत हो जाता है।

॥ डायरी ॥

एक सपना और उसके बाद

22 अगस्त, 1950

अभी सावन आधा भी नहीं बीता, लेकिन कैसा सुहावना मौसम है। बादल छँट गये हैं और सुबहों में वह इठलाती हुई खुनकी है कि हरसिंगार के फूल याद आने लगते हैं। कौन जाने कहीं-कहीं हरसिंगार फूलने भी लगे हों।

आजकल सुबह उठता हूँ तो एक उल्लास अंगों पर छाया रहता है। नसों में सुनहरा खून नाचता रहता है, साँसों में फूल उड़ते हैं।

बहुत दिनों से डायरी नहीं लिख रहा हूँ अतः वह लिख नहीं पाया—पिछले शनिवार को एक बड़ा विचित्र सपना देखा मैंने, और सोकर उठा तो मन ऐसा उड़ा-उड़ा फिर रहा था कि जैसे मैं गुलाबों की घाटियों में चल रहा होऊँ।

मैंने देखा कि हमारी उम्र को फिर किसी ने बचपन की गोद में बिठा दिया है। एक परिचित-सी गली है, जिसमें एक पुराने मकान के छज्जे पर दो-चार गमलों में हलकी इकलाई की साड़ी-जैसे सफेद फूल खिले हैं—लम्बे फूल—बहुत-कुछ धतूरे के फूलों जैसे। मैं चलते-चलते उन्हें देखकर रुक जाता हूँ, मेरे अर्द्धसुप्त मन को कुछ ऐसा आभास होता है कि ये फूल किसी बहुत ही रहस्यमयी कथा से सम्बद्ध हैं, ये जादू के फूल हैं—या ये ऐतिहासिक महत्त्व के फूल हैं—इनके पीछे शाहजादों में तलवारें चली होंगी, संगमरमर की सीढ़ियों पर ताजा सुर्ख खून बह गया होगा और अन्त में खम्भों के पीछे सहमी हुई किसी शाहजादी ने इन फूलों को तोड़कर माथे से लगाकर उन खून के धब्बों पर बिखेर दिया होगा और मुर्शिदाबादी सिल्क

के दुपट्टे से आँखें पोंछती हुई, हाथी दाँत के पलँग पर लेटकर बिलख-बिलख कर रोने लगी होगी! ...मैं स्वप्न-डूबी निगाहों से उन फूलों को देख रहा था और तुम प्यार-डूबी निगाहों से मुझे।

"फूल लोगे क्या?" तुमने निगाहों में थोड़ी शरारत, थोड़ी सान्त्वना भरकर कहा।

"नहीं!" मैंनें कहा।

"मन तो है तुम्हारा! अभी बचपना गया नहीं? ख़ैर, फूल आ तो सकते हैं, चुराना पड़ेगा!"

इतने में रिवाल्विंग स्टेज की तरह, स्वप्न का सारा दृश्य घूम जाता है। सामने एक खिड़की है, जिसमें एक पलँग है, जिस पर बंगालिन बुढ़िया लेटी हुई है। वह शुद्ध हिन्दी बोलती है, लेकिन पता नहीं क्यों मुझे लगता है यह बंगालिन है। तुम मेरे कान में धीमे से कहती हो—"तुम इससे बातें करते रहो—मैं तब तक फूल उड़ा दूँ!"

मैं उससे रवीन्द्र की एक कविता की बातें करता हूँ जो मुझे अत्यन्त प्रिय है—"आमि चंचल हे! आमि सुदूरेर पियासी!" वह मुँह बिचकाकर कहती है—"मैंने रवीन्द्र को गोद खिलाया है, रवीन्द्र नहाने से डरते थे!"

इतने में तुम आती हो और धीरे से फूल मुझे दे देती हो। तुम वहीं छूट जाती हो और मैं उन्हें लेकर भागता हूँ। वे जादू के फूल मेरे हाथ में हैं। भागते समय मेरे मन में बड़ा उल्लास है, जैसे बचपन में अमरूद के बाग से अमरूद चुराकर भागता था, उस भागने में डर नहीं रहता था—बड़ी ख़ुशी होती थी।

घर पर आकर सहसा खयाल आता है कि तुम तो वहीं छूट गयी हो। तुम पर कोई आपत्ति न आ गयी हो! लेकिन मैं आराम से नहा-धोकर, कपड़े बदलकर, चाय़ पीकर निकलता हूँ—और घर से निकलते ही जी घबरा उठता है कि "तुम्हारा क्या हुआ? तुम सही-सलामत घर पहुँचीं या नहीं?"

मैं वहाँ पहुँचता हूँ और धीरे से झाँकता हूँ। घर के सामने काफी भीड़ लगी है। इतने में कोई परिचित मुझे आकर हँसता हुआ बताता है कि तुम सबकी आँखों में धूल झोंककर रहे-सहे जादू के फूल भी चुरा ले गयीं।

पता नहीं सपने का कोई अर्थ है या नहीं—पर सपने में बड़ा उल्लास है, सुन्दर भी है, रहस्यमय भी है। यही सपने का अर्थ है।

आज नहा-धोकर पहले डटकर नाश्ता किया, तब पाठ करने के लिए भागवत खोली। सपना पता नहीं क्यों दिमाग पर नाच रहा था। सोचा, कौन-सा अध्याय पढ़ूँ? रास-वर्णन, खोला और रख दिया, कुब्जा-प्रसंग—तबीयत नहीं लगी। उद्धव-संवाद

बड़ा नीरस मालूम पड़ा—और भगवान् क्षमा करें, उस दिन से मेरा मन उस अध्याय में बहुत रमा जिसमें भगवान् की मौत हुई है। (पता नहीं उन जादू के, मौत के फूलों का यह परवर्ती प्रभाव रहा हो।)

यह अध्याय भी बड़ा दर्द-भरा है, लेकिन उसमें मौत ट्रैजडी लेकर नहीं आती। एक बहुत बड़े कैनवास पर बने एक विराट् चित्र के फिनिशिंग टच की तरह आती है, जीवन की चरम परिणति के रूप में आती है, एक पकी हुई जिन्दगी की अन्तिम परिणति ऐसी मौत जिसमें बेहद शान्ति है, सन्तोष है, सान्त्वना है।

उन्नीसवें अध्याय से प्रारम्भ किया, जब अपने जीवन का अन्त निकट समझकर भगवान् कृष्ण ने ऊधो को भी विदा कर दिया है और ऊधो बदरिकाश्रम चले गये हैं। वहाँ से भागवतकार ने भगवान् की मृत्यु का प्रसंग प्रारम्भ किया है और उस समय परीक्षित् ने भगवान् की मृत्यु के विषय में जो जिज्ञासा की है उसमें अपूर्व ध्वनि है। कहीं मृत्यु का संकेत नहीं, कहीं मृत्यु से सम्बन्धित वेदना, आँसू, घने दुःख और अभाव का जिक्र नहीं, परीक्षित् की जिज्ञासा में एक स्वस्थ भावना है, वे पूछते हैं :

> "ततो महाभागवत उद्धवे निर्गते वनम्।
> द्वारवत्यां किमकरोत् भगवान्भूतभावनः॥
> ब्रह्मशापोपसंसृष्टे स्वकुले यादवर्षभः॥
> प्रेयसी सर्वनेत्राणां तनुं स कथमत्यजत्॥"

"महाभागवत उद्धव के वनगमन के बाद द्वारिका में भगवान् ने क्या किया? ब्रह्मशाप से यादवकुल के भ्रष्ट होने के बाद सभी नेत्रों के प्रिय अपने शरीर को भगवान् ने कैसे छोड़ा?"

उसके बाद वृद्धों और स्त्रियों को शंखोद्धार में भेजकर यादवकुल को लेकर भगवान् प्रभास तीर्थ में आ गये। वहाँ ब्रह्मशाप से पागल यादव लोग भाई से भाई, मित्र से मित्र, सुहृद से सुहृद लड़ने लगे। उसके बाद बलराम ने समुद्र-किनारे योग का आश्रय लेकर निर्वाण ग्रहण किया और उसके बाद भगवान् की मौत का स्थल आता है—भागवतकार ने उस समय भगवान् के सौन्दर्य का जो वर्णन किया है उसमें अजीब-सी उदास सुन्दरता है—जैसे डूबते हुए सूरज की किरनें मुँदते हुए नील कमल पर पड़ें।

वे उदास पीपल के पेड़ के नीचे बैठे हैं, चुपचाप सूखे पत्तों की शय्या पर।

धूमरहित अग्निशिखा-सा उनका रूप जगमगा रहा है। श्रीवत्सधारी, बादलों से साँवले तपे कंचन की तरह निष्कलंक, रेशम के दो पटों में आवेष्टित, मंगलमय, मन्द मुस्कान में रँगे हुए होठ, कन्धों पर भौंराले केश, कानों में जगमगाते हुए मकर कुण्डल, और फूलों की माला में जगमगाता हुआ कौस्तुभ मणि। बायाँ पैर दाहिनी जंघा पर रखा हुआ। पाँव के तलवों में हिरण की आँखों का-सा निष्पाप सौन्दर्य।

जरा नामक व्याध ने दूर झाड़ियों से उनके चरणों को देखकर उन्हें हरिण समझ कर तीर चला दिया–

भगवान् ने उसे पास बुलाया और क्षमा कर दिया–

भगवान् क्षमा करें!

उनकी मृत्यु की कहानी पढ़कर मुझे बेहद सान्त्वना मिली।

लेकिन फूलों की चोरी का वह अजब-सा सपना देखने के बाद फिर मैंने भागवत का यह प्रसंग क्यों पढ़ा? यह मुझे अभी तक समझ में नहीं आया।

काले पत्थर की अँगूठी

22 फरवरी, 1954

भाई पहले की बात जो हो, यह डायरी मैं कतई उस भरे हुए मन से, पूजा-प्रार्थना की मनःस्थिति में नहीं शुरू कर रहा हूँ जैसे और डायरियाँ की थीं, जो कभी तुम्हारी ही मेहरबानी से फाड़-फूड़कर जला दी गयीं। गम्भीरता-वम्भीरता की ऐसी-तैसी। सोचता हूँ, यह तो तमाम हँसी-खुशी वाली शामें बह जाती हैं, अजब-अजब-सी घटनाएँ जुगनू की तरह चमककर बुझ जाती हैं, उन्हें क्यों न पन्नों में बाँध डाला जाय। उपन्यासों या कहानियों में ही उन्हें उतारा जाय इसकी कोई कसम खाये थोड़े ही बैठा है। मन होगा उपन्यास-कहानियाँ लिखी जाएँगी, नहीं मन होगा नहीं लिखेंगे। जिएँगे तो आराम से, नहीं मरकर चल देंगे, कोई क्या कर लेगा? किसी का उधार खाये बैठे हैं? (खैर भाईजान, उधार तो बहुतों का खाये बैठे हो—ऊँह, होगा, खाये भी बैठे होंगे तो क्या?)

असल बात यह है दोस्त कि कल का दिन बहुत ही दिलचस्प बीता। सुबह उठे। साइकिल उठायी। पहुँचे अपने मित्र दम्पती—मेहरोत्रा के यहाँ। असल में एक स्थानीय साहित्यिक संस्था द्वारा दोनों का अभिनन्दन होने वाला था। इस नगर में साहित्य-प्रेम तो प्लेग की तरह फैला हुआ है न! परिणामस्वरूप दोनों बहुत घबराये हुए व्याकुल बैठे थे क्योंकि जाते ही मैंने अभिनन्दन की बात छेड़ी कि दोनों उछल पड़े। फिर तो वह धमाचौकड़ी मचती रही कि न पूछो। लौटते समय आम का एक बौर और डहलिया के कुछ फूल आत्मन् से माँग लाये।

घर आये, खाना खाया, उपन्यास के तीसरे संस्करण का प्राक्कथन लिखा ही था कि दोनों पति-पत्नी आ गये। मेरे मित्र ने तय किया कि अभिनन्दन के नाम पर उन्हें सख्त बुखार चढ़ आया है अतः केवल उनकी पत्नी जाएँगी। जब वे चली गयीं तो हम दोनों आराम से जम कर बैठे। इसी बीच में आ गयीं कलाकार जी। वे अपना काम करती रहीं और हम और मित्रवर आराम से बैठकर परनिन्दा का अपूर्व अलौकिक सुख लेते रहे। मित्र-पत्नी लौटकर आयीं तो जड़े हुए अभिनन्दन-पत्र लायीं। उनके छोटे-से होनहार फूलों के हार ले आये थे जिन्हें आते ही उन्होंने अत्यन्त श्रद्धापूर्वक हमारे कुत्ते के गले में पहना दिये जो उन्हें आराम से टुकड़े-टुकड़े कर ऊपर-नीचे, आँगन-छत पर बिखेर आया।

और सहसा तय हुआ कि नुमाइश चला जाय। (फरवरी का महीना था मगर माघ मेले में नुमाइश लगी थी)। नुमाइश का तय होते ही वक्त उछलती हुई गेंद बन गया और हम उसे आँगन भर में उछालने लगे। सब लोग उठे।

नीचे आते ही माँ ने सहसा कविताएँ और गीत सुनने का प्रस्ताव रखा। सब लोगों में अप्रत्याशित उत्साह की लहर दौड़ गयी। बैठक में जमी गोष्ठी।...ने मुश्किल से गला खोलकर स्वर साधा ही था कि पास के चौराहे से धैर्यधन पशुशिरोमणि का करुण उदात्त स्वर उठा—फिर क्या था, हँसते-हँसते हम लोगों का बुरा हाल। बहुत दिनों बाद यह अद्भुत सुख प्राप्त हुआ जो छात्रावस्था में कवियों की कविता सुनकर 'हूट' करने से मिलता था। लेकिन माँ कटिबद्ध थीं कलाकार जी से गीत सुनने को। खैर, हम लोग जिगर थाम कर बैठे, उनकी बारी आयी और गीत हुआ। गीत मधुमास के आने और उससे हृदय में अकस्मात् उत्पन्न हो जाने वाली वेदना आदि से सम्बद्ध था। निश्चय ही वह गीत उन्हीं का था। क्योंकि उसके तुक उत्तम, मध्यम और अधम तीनों ही कोटियों से परे थे और शैली में छायावाद, प्रगतिवाद और प्रयोगवाद, तीनों का सानुपातिक सम्मिश्रण था। दूसरी बार भजन की ठहरी और मैंने अत्यन्त शरारतपूर्वक सुझाव दिया—गिरिधर नागर वाले गीत का। उनको इस सन्दर्भ का आभास भी न था। मैं बहुत ही रस लेता रहा।

लेकिन ज्यों ही हम लोग घर से चले कि श्री...बिलकुल एक नादिरशाह स्टाइल की बड़ी बहन की तरह चौकन्नी हुईं और नुमाइश में धँसते ही उन्होंने इन कलाकार जी के बारे में जाँच-पड़ताल शुरू की। अब उनकी उत्सुकता का यह हाल कि दूकान पर खड़ी काश्मीरी कालीन देख रही हैं तो एक सवाल दूकानदार से और एक मुझ से—उसी साँस में। नतीजा यह कि इस हड़बड़ी में कभी-कभी मेरी ओर मुँह करके पूछें—"इस दरी का साइज क्या है?" और दूकानदार की ओर मुँह करके पूछें—"ये तुम्हें कब से जानती हैं?" मैं भी मन ही मन बहुत पुलकित होता रहा—उन्हें थोड़ी तपस्या करायी—जब नुमाइश घूम लिये, जायण्ट-ह्वील पर झूला झूल लिये, चाट खा ली और चाय पीने बैठे तब मैंने उन्हें 'मीरा के प्रभु गिरधर नागर' का सारा आख्यान सुनाया। अब तो सब का हँसी के मारे बुरा हाल।

चाय पीकर फिर एक चक्कर लगाने की ठहरी। पहुँचे हम लोग बाँदे वाली दूकान पर। बाँदे के रंगीन पत्थरों के गहनों की दूकान थी। दूकानदार की बिक्री-इक्री कुछ हुई नहीं थी और वह इस तरह चिढ़ा बैठा था गोया हर ग्राहक को कच्चा चबा जाएगा। सामान्यतया समस्त भारतीय जनता और विशेषतः इलाहाबाद की जनता के बारे में उसका दृष्टिकोण बिलकुल वही था जो रूस के बारे में अमेरिका का और अमेरिका के बारे में रूस का है। मैंने बहादुरी से तय किया कि मैं पण्डित नेहरू का रोल अदा कर इस गलतफहमी को प्राण देकर भी दूर करूँगा। कुछ न कुछ खरीद कर मानूँगा। बड़े चुनाव के बाद मैंने 16 रुपये की एक अँगूठी पसन्द की। काले

सुलेमानी पत्थर की खरादी हुई अँगूठी, बीच में पीला नकली पुखराज जड़ा हुआ। सोचा, 'असाधारण' है। जरा जमेगी। उसे बार-बार डिब्बी से निकालकर अँगुली में पहनता, फिर उतारकर रख देता। सोचता था इस पर कौन-कौन क्या-क्या फब्तियाँ कसेगा। सबके व्यंग्य-वचन सुन-सुनकर लज्जित होने के लिए बड़ी उत्सुकता थी।

दूसरे दिन उसे पहनकर गया। पता नहीं किस बात पर उत्साह में आकर जो मेज पर हाथ पटका तो खटाक् से अँगूठी चकनाचूर और मिस्लेदिल—उसके हजार टुकड़े और कौन कहाँ गिरा इसका कोई हवाला नहीं। मारे संकोच के मैं कुछ कह नहीं सकता था और तब तक किसी ने मेरी वह प्यारी काले पत्थर वाली अँगूठी देखी भी नहीं थी कि वह चल बसी। लोगों ने पूछा—"क्या टूटा? क्या टूटा?" क्या बताता। मरे मन से कह दिया, "कफ का बटन टूट गया।" आधे घण्टे बाद वहीं जाकर पुखराज उठाया। पता नहीं यह सगुन था या असगुन।

ग्रीक लोगों की एक वीणा होती थी। हवा से बजती थी। डाल पर आहिस्ते से टिका दी। तार झंकार देने लगे। मैंने भी आजकल अपने को बड़ी खूबसूरती से, बड़े आहिस्ते से, कुंजों में, डालों से टिका दिया है। हर हवा का झकोरा मुझे झंकार देता है। और कुछ हो या नहीं कौन जाने, पर ताजगी तो है।

क्षणों की अथाह नीलिमा

21 नवम्बर, 1956

जब आप जिन्दगी के भीड़-भाड़ वाले राजमार्ग पर थके-हारे, भीड़ की लहरों में धक्के खाते हुए, विवश आगे ढकेलते जा रहे हों और आपको अकस्मात् एक छोटी पगडण्डी रास्ते से फूटती दिखाई दे, जो परिचित हरीतिमा को गुदगुदाती हुई किसी अपरिचित ठिकाने को जा रही हो, तो मैं आप से आग्रह करता हूँ कि बिना कुछ भी सोचे-समझे, जल्दी से, तमाम जरूरी से जरूरी काम छोड़कर उस पगडण्डी पर मुड़ जाइए। कभी-कभी थोड़ा पलायन बहुत स्वस्थ होता है।

इसका अहसास मुझे तब हुआ जब मैंने अपने को भटकते-भटकते उस चर्च के अहाते में पाया जब सूरज डूब रहा था। और अकस्मात् मीनार पर घण्टे बजने लगे और हम दोनों मरियम की मूर्ति के सामने खड़े थे। बड़ी शीतलता थी। नीचे नम धरती पर एक खास तरह की घास जमायी गयी थी हरी, छोटी-छोटी हथेलियों जैसी, जमीन को छाये हुए, और तुम बेहद उदास थीं और मैं चुप और अन्दर से भरा-भरा। और बिना कुछ बोले जैसे मैं तुम्हारे मन को टटोल रहा था, सान्त्वना दे रहा था, और बिना कुछ बोले तुम अपरिचित ममता से मुझे कण-कण भरे दे रही थीं। और न मैंने तुम्हारी ओर देखा न तुमने मेरी ओर...हम दोनों मरियम की मूर्ति की ओर देख रहे थे और लगता था जैसे वहाँ हम मिल रहे हों, एक-दूसरे में घुल रहे हों और डूबते सूरज की हलकी सिन्दूरी छाँह में मैं जैसे नहाकर ताजा हो उठा था...

सच तो यह है कि यह जो कम्बख्त साहित्य की जिन्दगी है यह इतनी कृत्रिम है, इतनी बनावटी है, इतनी अस्वाभाविक है कि मन घुटने लगता है। धीरे-धीरे वे क्षण बिलकुल दुर्लभ हो जाते हैं जब हम जीवन जीते हैं, गहराई में जीते हैं। अब मैंने सोचा है कि साहित्य की इस सार्वजनिक हलचल को जरा श्रद्धापूर्वक प्रणाम करूँगा। और अपनी जिन्दगी फिर पहले-जैसी बनाऊँगा...फूल, धूप, प्यार और सुख-दुःख के गहरे हिलकोरों वाली। खुशनुमा, उज्ज्वल, पवित्र और रंगारंग। पावस की शाम को बादलों में हजारों रंग की फुलझड़ियाँ खिल आती हैं न...बिलकुल वैसी ही।

22 नवम्बर, 1956

और अकारण क्यों विश्लेषण किया जाय और क्यों तर्क-वितर्क किया जाय और क्यों उधेड़बुन की जाय और क्यों मन के चारों ओर रेखाएँ खींची जायँ? मन के चन्दन कपाट खोल दो और जो भी लहराती झकोर आ रही है उसे आने दो और अपने पूजा-गीत की वह पंक्ति मत भूलो..."अर्पित होने के अतिरिक्त और राह नहीं।" क्षणों के इस अनन्त प्रवाह में अपनी पूजानत अंजलि डाल दो और जो कुछ बहता हुआ चला आ रहा है उससे हाथ मत खींचो, उसे दुलार से उठाकर कृतज्ञतापूर्वक माथे से लगा लो और फिर उसी बहाव में डाल दो जिसने वह दिया था...इदन्न मम! इदन्न मम! और इन क्षणों की अथाह नीलिमा में सिर्फ डूब जाओ ...जैसे कोई किसी प्रभाती के आलाप में डूब जाए गहरे, और गहरे...और उसमें से निकले तो आँसू में घुला हुआ, अमृत में नहाया हुआ जिसका हर स्पर्श ज्योति का स्पर्श हो और हर आलिंगन ऐसा परम, ऐसा एब्सोल्यूट जैसे संगीत का स्वर तारों में लिपटा सोया रहता है।

क्षणों की अथाह नीलिमा! नीलिमा!! नीले रंग के साथ एक आसंग (एसोसियेशन) है न...कितना पुराना और बार-बार अपने को दोहराने वाला।

नीलेपन की पहली अथाह गहराई मुझे आच्छादित कर गयी थी। याद है कब? जब मैं शायद बी. ए. में पढ़ता था और अल्फ्रेड पार्क के एक हिस्से में दूर-दूर तक सिर्फ नीली वर्बीना बोयी गयी थी और नीले फ्लाक्स...और फूलों के उस असीम नीले विस्तार में जाने क्यों मैं अकस्मात् रो पड़ा था और उनमें से कुछ फूल लाकर मैंने कामायनी के पन्नों में दबाकर सुखाये थे। बरसों उन्हें सहेजे रहा था। किशोर मन की वह पहली सहज भावाकुलता कितनी मीठी थी। मैं एक 19 साल का बहादुर कोलम्बस नीलिमा के अज्ञात समुद्र में अपना छोटा-सा जहाज लेकर निकल पड़ा था। और मेरे उस अत्यन्त मधुर व्यक्तित्व में सभी जहाजियों का अंश था, यूलिसिस भी, सिन्दबाद भी, कोलम्बस भी और थोड़ा-थोड़ा ग्रीक कथाओं का वह इकारस भी, जो आकाश में ऊपर उड़ा था, पंख जल जाने से नीचे समुद्र की एक चट्टान के पास जा गिरा था और कहते हैं जलपरियाँ उसके शोक में आज भी आधी रात को उदास गीत गाती हैं और उसके पंखों पर उड़ने वाली सुनहरी मछलियाँ आ बैठती हैं और उनकी अलकों से खारे पानी के मोती चूते रहते हैं और गले में, बाँहों में, वक्ष पर जलफूलों वाली सिवार लिपटी रहती है।

आपने कभी जलपरी देखी है?

नहीं?

मैंने देखी है।

क्वार-कातिक के आसमान में अकस्मात् ऊदे-ऊदे बादल घिर आये थे...बहुत बरस पहले की बात है...और घुप अँधेरा था और बीच-बीच में बिजलियाँ चमक रही

थीं, खिड़की के सामने दूर तक जाती हुई पक्की गली, गली की सीढ़ियाँ, मकानों के खाली चबूतरे, छतें, और ऊपर टँगे हुए आकाशदीप उन बिजलियों के प्रकाश में वैसे काँप उठते थे जैसे जल में पड़ती हुई किसी नगर की छाया काँप-काँप उठे और एक अजीब बात थी, उस दिन की बिजलियाँ गहरे नीले, बल्कि बैंजनी रंग की थीं...लेकिन उसके बारे में और कुछ नहीं बताऊँगा; सिर्फ इतना बताऊँगा कि एक दिन तो नीले फूल ऐसे लगे थे जैसे नीले क्षण खिल आये हों और असीम विस्तार में फैल गये हों...पर उस दिन नीलेपन के दूसरे आयाम का बोध हुआ...विस्तार नहीं बल्कि असीम गहनता और किसी निकट खड़ी जलपरी के केशों पर, माथे पर, कन्धों पर, बाँहों पर फिसलती हुई क्वार की बौछार की असीम मधुराई और कोमलता! और उन दिनों मैं ऑस्कर वाइल्ड की कुछ पंक्तियाँ दोहराया करता था जो अब पूरी तो याद नहीं पर पहला टुकड़ा था..."व्हाइट बॉडी मेड फॉर लव ऐण्ड पेन" और अन्तिम टुकड़ा था "डेसोलेट ब्लू, फ़्लावर बीटेन बाई द रेन"...

और दूसरे क्षण की अथाह नीलिमा मुझे याद आ रही है, भरा-भरा चाँद चढ़ आया था. ..और चारों ओर सन्नाटा और नीले थाल से झरने वाली गोरी चाँदनी...मादक गन्धमयी...और मड़िहान के श्वेत कमल-सम्पुटों से मैंने जिनका संकेत किया था, उनके बीच एक नीले कमल की कली जिसका शोख पतला शरारती मृणाल गले को घेर कर्णमूलों को छूता हुआ (बरसों पहले की बात है, मेरे एक कवि और चित्रकार मित्र ने बहुत डूबकर पूछा था...'तुम प्रणयोन्माद का रंग क्या मानते हो?' मैंने कहा था...'नीला...फ़ालसई नीला'...) और फालसई नीली लहरों की एक गुँजलक दो छेड़े हुए तार सरीखे काँपते हुए जिस्मों को कस लेती है, जकड़ लेती है, बहा ले जाती है।

और क्षण की अथाह नीलिमा का एक दूसरा चित्र मेरे स्मृतिपट पर उभर रहा है...शाम की धुन्ध। हलके नीले-पुते मेरे कमरे में धूप के धुएँ की लहरों का जाल। ऊपर सिर्फ एक लजीली नीली बत्ती जल रही थी और सिरहाने तिरछी कुर्सी पर तिरछी बैठी हुई मृदुल नील ममता। मुझ पर आशीर्वाद-सी छायी हुई...चन्दन के धुएँ-सी प्रगाढ़ और पवित्र और पूजामयी और एक अनन्त गहराई और अनन्त ऊँचाई वाला प्यार जो देने से घटता नहीं, जो आदमी को ऊँचा उठाता है...उदार, प्रांजल, सहज और सशक्त बनाता है...

और नीला क्षण एक वह भी था जब हिमालय की घाटियों में पहली बार नीले बादलों के श्वेत अन्धकार से घिर गया था और सब कुछ लुप्त हो गया था और विराट् के सामने मैं अकेला था—बिलकुल अकेला...

और ऐसे क्षणों में जब मनुष्य विराट् के सम्मुख अपने को बिलकुल अकेला पाता है तो वह एक बार अपने सारे अस्तित्व को मुड़कर देखता है, जाँचता है और

पाता है कि सब नष्ट हो गया है, सिर्फ वे चन्द क्षण बच रहे हैं जिनमें उसने अपने को दिया है असीम ममता से, असीम पवित्रता से, असीम माधुर्य से...बाकी सब झूठ है...कटुता, द्वेष, पार्थक्य, खाइयाँ, शिविर, दीवारें, सब मनमानी हैं...असली नहीं... असली है केवल ममता...केवल माधुर्य।

1 जनवरी, 1957

बादलों से ढँकी हुई जाड़े की सुबह। ठिठुरे हुए खामोश पेड़। कल रात दिल्ली से लौटने के बाद जरूरी था कि कमरे की सफाई की जाय। कौन से पाप दिल्ली ले गये थे भगवन्! एक सम्मेलन में एशिया भर के लेखक जुड़े थे। क्या-क्या कुण्ठित महत्त्वाकांक्षाएँ, आहत अहम्...नौकरशाही हथकण्डे, दुराग्रहपूर्ण वक्तव्य, नकली चेहरे, खपचियाँ, भरे हुए भोंपू, सजे हुए हाल और रंग-बिरंगी पार्टियाँ। उस अत्यन्त अरुचिकर स्थान से अपने इस छोटे से शान्त घर लौटना कितना सुखद है जहाँ क्यारी-क्यारी छींटेदार रंगीन फूलों से भर गयी हैं और खिड़की से डहलिया उझक-उझक कर हँसी बिखेर रही है। मैं जी भरकर नहाया, और दिमाग और दिल पर से दिल्ली को उतार फेंका और पाठ करने बैठा तो अकस्मात् रामायण का जो पृष्ठ खुला उसका पहला दोहा था :

> "नील सरोरुह, नीलमणि, नील नीलधर स्याम।
> लाजहिं तन सोभा निरखि, कोटि कोटि सत काम॥"

और पता नहीं क्यों मेरा बदन काँप उठा और पलकें छलछला आयीं...ऐसा लगा कि इन नीलिमा में डूबे हुए परम क्षणों की एक अजस्र धारा नीचे-नीचे कहीं प्रवाहित हो रही है। ऊपर ऊबड़-खाबड़ चट्टानें हैं जिनके नीचे वह जमींदोज बहती जा रही है। चलते-चलते मैं उसे भूल जाऊँ पर एक क्षण को भी रुकता हूँ तो उस अन्दर बहने वाली निर्झरिणी का धीमा कल-कल फिर गूँजने लगता है।

मैंने कभी मृत्यु के बारे में नहीं सोचा, पर कभी-कभी यह जरूर सोचता हूँ कि जिये जाने वाले क्षणों की यह जो अन्तर्ग्रथित शृंखला है इसका कहीं न कहीं तो अन्त होगा ही। और जब होगा तब कुछ खास नहीं होगा...मैं तो, स्वर्ण-पराग-सा उसी तरह महकता रहूँगा, सिर्फ नीले क्षण पाँखुरियों की तरह ऊपर से घिरने लगेंगे, सिमटने लगेंगे और धीरे-धीरे फूल मुँद जाएगा। और फिर सब शान्त हो जाएगा। सिर्फ डूबती साँझ में मुँदे कमल की हलकी उदास छाँह थोड़ी देर तक सरोवर में काँपती रहेगी, काँपती रहेगी...और बस!

चाँदनी में कोकाबेली

10 फरवरी, 1957

अभी दो घण्टे पहले चाँदनी में इलाहाबाद की लम्बी नाज़ुक सड़कों पर बेतहाशा मोटर दौड़ा रहा था तो मुझे अकस्मात् उस दिन की याद आ गयी जिस दिन नुमाइश से लौटकर मेरे अतिथि का मूड बुरी तरह उदासी से भर गया था और उसे अकेला छोड़ देना ही श्रेयस्कर लगा। मैं चाँदनी में घूमने के लिए आतुर था और घर से निकला तो...भी साथ हो ली। उस दिन घूमते-घूमते मैंने...को एक घटना बतायी कि एक बार मैं ट्रेन पर जा रहा था। शाम हो गयी और मैं दरवाजे पर खड़ा अनमना-सा बाहर की ओर सूर्यास्त देख रहा था। कब उदास सूरज छिप गया। कब शाम उतर आयी। कब चाँद उग आया, कब चाँदनी छिटक आयी—मुझे कुछ पता ही नहीं लगा। यह बेहोशी टूटी तब, जब मैंने देखा कि लाइन की बगल में एक चौकोर पोखरे में कोकाबेली की एक शुद्ध श्वेत कली है। ट्रेन जितनी तेज है उतनी ही तेजी से वह पोखरा और उसमें की कली मेरी ओर दौड़ती चली आ रही है और मैं खड़ा हूँ—शिथिल, उन्मुक्त, खुला हुआ और कली तेजी से दौड़ती आती है, दौड़ती आती है और गोली की तरह मुझे आर-पार छेदती हुई निकल जाती है।

पर सचमुच कभी यह घटना घटी भी थी या उसी समय मेरे मन ने परिकल्पित कर ली थी और बाद में अपने को विश्वास दिला दिया कि हाँ ऐसा ही कभी घटित हुआ था। कभी-कभी किसी जगह को देखकर हमें लगता है कि हम यहाँ अवश्य आये थे चाहे हम कभी भी उधर से न गये हों। वैसे ही कभी-कभी किसी घटना के बारे में यह लगने लगता है चाहे वह कभी भी न घटी हो। क्योंकि आज की चाँदनी में मुझे बिलकुल दूसरा ही अहसास हुआ। यह लगा कि वास्तव में वह कली श्वेत न होकर हलकी नीली थी और वह आकर आर-पार नहीं छेद गयी वरन् मैं शिथिल, रिक्त, शून्य खड़ा था, वह आयी और उसका लम्बा पतला मृणाल कलाई में, बाँहों में, कण्ठ में, प्राणों में बन्धन की तरह लिपटता चला गया...

उचटी नींद

28 मार्च, 1957

क्या हो गया? सो क्यों नहीं पा रहे?

ग्यारह बजे के करीब ऐसा लगा कि शायद सो जाऊँगा। पर उसी समय अकारण जो नींद उचटी तो उचट ही गयी।

लैम्प बुझाकर पड़ा रहा। सामने खिड़की में से एक पेड़ और उस पर चाँदनी के बड़े-बड़े विशाल धब्बे दीखते रहे। दूर कहीं कभी-कभी मोर बोल उठते थे और एक कोई पक्षी—पता नहीं कौन-सा—अनवरत रट से बोलता रहा। क्या चक्रवाक था? ...चाँदनी रह-रहकर काँप उठती थी जैसे कोई स्तब्ध जल में कंकड़ डालकर उसे कँपा दे।

तीन बार उठकर बाहर गया। थोड़ी देर आँगन में टहलना चाहता था पर बरामदे में कई अतिथि सो रहे थे, अतः संकोच लगा। कुछ किताबें, पलटता रहा, बेमतलब, बेमानी।

सब के बीच—इतना अकेला क्यों हूँ? आखिर क्यों?

जागते-जागते तीन बज गये हैं। सिर्फ मेरी टूटी घड़ी मेरे साथ जाग रही है। अभी दो बजकर चालीस मिनिट पर अकस्मात् बन्द हो गयी। मुझे बड़ी घुटन महसूस होने लगी। मैंने उठकर फिर चला दी।

यह जो समय का अनवरत प्रवाह है इसे मैं किसी प्रकार अंजलि में लेकर पी जाता।

एक ट्रेन दूर किसी लोहे के पुल से गुजर रही है। पता नहीं कहाँ जा रही है? काश मैं इसमें बैठा होता और कहीं जा रहा होता। काश कि यह ट्रेन मुड़ जाय और आकर मेरे बँगले के फाटक पर रुक जाय। सारी ट्रेन खाली हो और मैं अकेला इसमें बैठ जाऊँ और यह चल पड़े। और किसी घनघोर बियाबान जंगल में किसी पुराने जर्जर पुल से यह गिरकर चूर-चूर हो जाय तो?

ऊँह, कुछ भी हो—जीवन की यह एकरसता तो भंग हो।

केवल कौतुक वश

10 अप्रैल, 1957 की दोपहर

मेरे आँगन में यह जो आम का बहुत पुराना पेड़ है और आजकल बौर से लद गया है—शाम होते ही उस पर एक रहस्यमय जादू छा जाता है। अकसर चैत की आधी रात में उसमें से कोई महकते हुए अँधियारे का एक जाल फेंकता है और लतर सजे दालान में की एक सोने की मछली उसमें उलझ जाती है, ऐसे समय में मुझ जैसे लोगों को किनारे पर तटस्थ खड़े होकर उस छोटी-सी प्यासी-सी सोनमछली को जल में रहकर भी जाल में छटपटाते हुए देखकर बहुत शरारत-भरा आनन्द मिलता है। इस आम के पेड़ में से कौन-सा यक्ष यह इन्द्रजाल का कौतुक करता है यह मुझे नहीं मालूम। सच तो यह है कि जहाँ जो भी कौतुक होता है उसके बारे में ज्यादा समझने की चेष्टा न कर उसका आश्चर्य भरा आनन्द लेना ज्यादा अच्छा लगता है। कभी-कभी सोचता हूँ, एक पूरी रात जागकर कुछ न करूँ, केवल आम से फेंके हुए इस जादू-टोने का रहस्य ही मालूम करने में लगा रहूँ लेकिन फिर डरता हूँ कि ऐसे जाल में कहीं मेरे पंख का एक कोना भी उलझ गया तो मैं क्या करूँगा। इसीलिए मैंने सोचा है कि मैं पहले जबान खूब तेज कैंची बनवाऊँगा ताकि वह जाल को आसानी से काट दे और सिर्फ उतने हिस्से को रहने दे जितने हिस्से में वह सोनमछली जल में रहकर जाल में छटपटा रही हो...

फूल-पाती

वही जाली वाला बरामदा, बादलों में लिपटी चाँदनी रात और वही बड़े-बड़े बादामों जैसी आँखों वाली...

इधर आँगन की रातरानी गहगहा कर फूल उठी है और जब घर की सारी बत्तियाँ बुझ जाती हैं और मैं बराबदे में खड़ा रहता हूँ या आँगन में टहलता रहता हूँ, तब एक बेहद नशीली महक मुझे आकर बहा ले जाती है। सुनो, इस छोटे से फूलबसे घर में मुझे कभी-कभी बड़े अजीब अनुभव हुए हैं। उनमें से एक फूलों की सुगन्ध के बारे में है। मुझे अकसर ये लगा कि ये फूल निरन्तर यकसाँ नहीं महकते, रह-रहकर सुगन्ध की लहरें फेंकते हैं। एक जगह खड़े हो जाओ। तेज खुशबू आएगी, फिर मन्द पड़ जाएगी, फिर तेज हो जाएगी। जैसे समुद्र-किनारे खड़े हो न ...एक उत्ताल लहर आएगी, दूर बालू पर छहरती हुई आएगी, आपके पाँव भिगो कर लौट जाएगी; थोड़ी देर बाद फिर आएगी।

ठीक वैसे ही आज-कल अपने बरामदे में लेटे रहो तो लगेगा कि अँधेरे में सुगन्ध के किसी अथाह के किनारे हम पड़े हैं। सब शान्त है। अकस्मात् सुगन्ध की एक लहर आती है, हमारे अंग-अंग भिगोकर, रोम-रोम सिहराकर फिर लौट जाती है। लगता है सुगन्ध से हमारे केश भीग गये हैं, और हमारे कन्धों पर टप-टप सुगन्ध चू रही है। ऐसी है यह हमारे घर के आँगन की ढीठ, भरपूर खिली हुई चंचल रातरानी...मिनिट-मिनिट के बाद अँधेरे में सुगन्ध के सागर की भाँति लहराकर कभी

मुझे कभी...को जादू में बाँध देने वाली बहुत बेईमान और बहुत पवित्र और बहुत निडर और बहुत-बहुत सुकुमार।

सुनो! तुम्हें याद है उस दिन...जी आये और कमरे के अन्दर उनमें और क. महारानी में खूब उदात्त स्वर में शास्त्रार्थ होने लगा तो हम उस कमरे में से डर के मारे भाग आये। थोड़ा पानी बरस चुका था और आँगन वाला लॉन भीगा था और दोपहर को न सो सकने से मन पर अजब आलस्य था और चाय की प्रतीक्षा करना भी बेहद सुखद लग रहा था और तुम घूम-घूम कर हमारे गुलाबों की जाँच कर रही थीं। तब मैंने गुलदाऊदी के नये गमले दिखाकर कहा था कि अगर मेरा वश चले तो मैं एक नया कैलेण्डर जारी करूँ जिसमें दिन, सप्ताह, मास, वर्ष से गिनती न होकर फूलों के बोने, उगने, फूलने और झरने से महीनों और बरसों की माप की जाया करे। जिस साल गुलदाऊदी न खिले...उस साल मान लिया जाय कि कोई बँध कर...पुर नहीं जाएगा पर जिस साल गुलदाऊदी खूब फूले, सब अपने बिस्तर बाँध कर, रंग-बिरंगे ओवरकोट पहनकर, एक अत्यन्त सुन्दर चेन और मेडल बायीं ओर लटकाकर गरदन झटकारते हुए कहें—"सुनो! अब तो हम...पुर जाएँगे" और जब क्यारियों में रंग-बिरंगे फ्लाक्स फूल आवें और लॉन बहुत सुन्दर हो जाए तब सब लोग बाहर से लौट आवें और लौटते समय अपनी उँगली खिड़की की चौखट पर रखकर ऊपर से शीशा गिरा दें और फिर आकर दरी बिछाकर हरी घास पर हलकी रेशमी धूप में बेसुध सो जायँ। या जब लम्बे-लम्बे तीरों जैसे ल्यूपिन के नीले छड़ीदार फूल सड़क के किनारे किसी अकेले बँगले में फूलें तब सब अपनी टूटी मोटरें ले कर पुल पार कर, गंगा पार कर, देहाती सड़क पर चलते चले जायँ...और जहाँ कोल्हू लगा हो, अलाव सुलगा हो वहाँ उतरकर गन्ने के रस की खोज करते रहें और लौटते समय नीले छड़ीदार फूल चुरा लावें। और जब नीबू के फूल फूलें तभी बसन्तपंचमी मान ली जाए और बसन्ती साड़ियों पर रुपहले गोटे टाँक लिये जाएँ। लेकिन जब आँगन में खामोश खड़ा आम का बौर लदा पेड़ अँधेरे के सागर में सौरभ के जाल फेंकने लगे तब? और गरमियाँ शुरू हो जायँ और बेला फूलने लगे तो हरेक को इजाजत मिले कि सुबह-सुबह उठकर ओस से भीगे बेले के शाहजादे जैसे फूल चुन-चुन कर अँजुली भर-भरकर किसी तारघर में शरारत से फेंक कर भाग जाय और भरी बरसात में जब जूही फूल उठे तो तभी हुक्म हो कि जूही की गझिन सफेद मालाएँ अपनी कलाइयों में लपेटकर लोग रात-रात बातों में डूबे रहें...और यह जो मैक्ग्रेडी आइवरी नाम का हाथी दाँत जैसा सफेद और मैक्ग्रेडी सनसेट नाम का पीला स्वर्णिम गुलाब है...ये दोनों जब फूलें...तभी सलूनों मान ली जाए और बहनें राखी बाँधने आवें और ये दोनों गुलाब साक्षी रहें क्योंकि एक का रंग स्वर्णिम है राजसी रंग, जिससे मालूम हो कि बहनों में किसी का नाम राज्यश्री भी है।

जिन्दगी को फूलों से तौलकर, फूलों से मापकर फेंक देने में कितना सुख है।

तुम कभी आगरे के किले गयी हो। वहाँ एक पत्थर का हौज बताया जाता है जिसमें नूरजहाँ गुलाब के फूल भरवाकर नहाया करती थी। उसी में उसने इत्र का आविष्कार किया था। अगर मध्ययुग में पैदा हुआ होता न,...तो मैं नहीं कह सकता कि मैं शेर अफ़गन और जहाँगीर दोनों से ज्यादा नूरजहाँ को न प्यार करने लगता...इसलिए नहीं कि वह सुन्दर थी...उँह, कोई...से ज्यादा सुन्दर थोड़े ही रही होगी पर फिर भी मैं उसे इसलिए प्यार करने लगता कि वह फूलों से नहाती थी।

मेरे एक दोस्त...हैं न! उनका असली घर...बाद में है।...बाद में आसफ़ुद्दौला का बनवाया हुआ एक बड़ा हसीन छोटा-सा चौक है। सैकड़ों मेहराबें, कँगूरे, ताख, कारनिसें, छोटे-छोटे घर। उसके मुख्य चौराहे पर गरमी के दिनों शाम को बीसियों माली खड़े रहते हैं...बेला, मलौंदी, नेवाड़ी, मालती, जूही के इतने मोटे-मोटे गजरे कि बस पूछो मत और हर गजरे का दाम दो पैसे, एक आना। मैं हर गरमी की छुट्टियों में एक हफ्ते को उनके घर...बाद जाता था सिर्फ इसलिए कि हर शाम को एक रुपये की पचीस-छब्बीस मालाएँ खरीदता था और घर पहुँचकर माँ को, भाभी को, उन्हें, उनके पिता को, उनके छोटे भाइयों को मालाओं से लाद देता था और फिर फूलों से लदे-फँदे हम सभी ऊपर की ठण्डी छत पर अमृत-सी चाँदनी में जाकर बैठ जाते थे और अपने निहायत महीन और दर्द भरे स्वर में गुड्डी गाना शुरू करती थी, "ये रातें, ये मौसम, ये हँसना हँसाना—इन्हें ना भुलाना, हमें भूल जाना।" और वह दर्द भरा स्वर चाँदनी रात में लहराता था और कब हम लोग सब उसी के साथ-साथ झूमते हुए वही गुनगुनाने लगते थे—इसका पता भी नहीं चलता था और गीत बढ़ता चलता था, "ये बदली का चलना, ये बूँदों की रुमझुम, ये मस्ती का आलम, ये खोये से हम तुम। तुम्हारा मेरे पास ये गुनगुनाना—इन्हें ना भुलाना, हमें भूल जाना।" गुड्डी न केवल नाम की, बल्कि अवस्था की भी तब बिलकुल गुड़िया थी और उसकी आदत थी कि जब गाते-गाते बहुत विभोर हो जाती थी तब उस के आगे जो बैठा हो वह अपनी छोटी-छोटी गुड़ियों की-सी कोहनियाँ उसके कन्धे पर रख लेती थी और झूमती हुई गाती रहती थी। और जब गाना खत्म हो जाता था तब सब अपने में बहुत गहरे-गहरे डूब जाते थे और तब बेचारी अम्मा सब को अपने-अपने बिस्तर की राह बताती थी। और मैं सिर्फ महक से अपना बिस्तर पहचान लेता था क्योंकि बची हुई सारी मालाएँ मेरे बिस्तर पर रख दी जाती थीं। और मालूम है मैं कैसे सोता था?...तकिये से काफी नीचे खिसक जाता था और बेले के फूलों में अच्छी तरह अपना मुँह छिपा लेता था और माथे पर, होठों पर, पलकों पर बेले का शीत स्पर्श मुझे आच्छादित कर लेता था।...बेचारी अम्मा मुझे रात में जगाकर कहती थीं..."राम! राम! कैसे सोये हो भारती? आधी खटिया तो छोड़ दिये हौ...कहीं फूल में इतना मुँह डालकर सोवा जात है। ठण्ड लग जइहै

भाइया!" पर कहाँ की ठण्ड और कहाँ की बीमारी जो खुद ही बीमार हो उसे कहाँ की बीमारी लगेगी? बीमारी तो मुझे हो चुकी थी...बेले की शीतोज्ज्वल ढेरियों में, माथा, पलक, होठ दुबकाकर घुल जाने की...इतना बड़ा हो गया पर वह बीमारी अभी तक गयी नहीं। आज तक बेले के फूल मेरी कमजोरी है।

और एक बात तुम्हें बताऊँ। ये जो जड़ी-बूटियाँ हैं न! इनसे भी ज्यादा बीमारियों में फूल फायदा करते हैं। अगर मुझे दो-तीन जीवन केवल फूलों में ही बिताने दिये जायँ तो मैं बिलकुल बता सकता हूँ कि कौन-सा फूल कौन-सी बीमारी में फायदा करता है। फिर भी कुछ अनुभव इस जीवन का ही है। उसके आधार पर बता सकता हूँ कि जब किसी को बहुत तेज बुखार हो तो उसके सिरहाने चाँदी के तश्त में ढेर-सी गुलाब की पंखुरियाँ रख दो, उसमें धूपबत्तियाँ खड़ी कर सुलगा दो। ज्यों-ज्यों राख के छोटे-छोटे स्तूप पंखुरियों के ढेर पर बनते जाएँगे त्यों-त्यों बुखार कम होता जाएगा। टाइफाइड के लिए दूसरी दवा है। जब टाइफाइड वाले को देखने जाइए, रास्ते में पान के से पत्तों वाली एक लतर दीवार पर, खपरैल पर फैली मिलेगी। उसमें घण्टीदार नीले फूल खिलते हैं। उन फूलों को टहनियों सहित तोड़ लीजिए—ले जाकर चुपके से सिरहाने रख आइए। टाइफाइड दो दिन में हवा! एक फूल तो मुझे मालूम है जो पास में रहे तो कोई बीमारी आस-पास तक नहीं फटक सकती। जानती हो कौन-सा फूल?...लाल कनेर?

कुछ फूल बड़े खराब होते हैं। उनसे यथासम्भव आदमी को बचना चाहिए। मसलन यहाँ एक बाग है। उसमें ऐसे जोरदार फूल खिलते हैं, ऐसे जोरदार, कि सुनते हैं एक बार बेचारी माँ आनन्दमयी तक उनके बीच में बिलकुल अपनी सुध-बुध खो बैठीं और विराग से घनघोर अनुराग की तन्मयता में सदा-सदा के लिए डूब गयीं। मुझको जब से किसी ने यह बताया तब से मारे डर के मैं उधर पाँव नहीं रखता। कौन जाए ऐसी खतरनाक जगह ख्वामख्वाह अपनी जान बवाल में डालने।

कुछ फूल हैं, उनमें भी करीब-करीब यही तासीर है पर वे मुझे डराते नहीं क्योंकि उनका जिक्र मेरे प्रिय कवि जायसी ने किया है। मध्यकाल के कवियों में केवल जायसी ही ऐसा लगा है जो सचमुच बाग और उपवन भटक-भटककर फूलों के जादू में डूबा रहा है। तुम्हें यकीन न हो तो पद्मावत उठाकर देखो—बसन्त खण्ड खोलो :

"आजु बसन्त नवल ऋतुराजा। पंचमि होइ जगत सब साजा॥"

और जब बसन्त-पूजन के लिए सब सखियाँ निकलती हैं तो वह कहता है :

"पुनि बीनहिं सब फूल सहेली। खोजहि आस पास सब बेली॥
कोई केवड़ा, कोई चम्प नेवारी। कोई केतकि मालति फुलवारी॥
कोई सदबरंग, कुंज, कोई करना। कोई चमेलि, नगेसर बरना॥

कोई मौलसिरि, पुहुप, बकौरी। कोई रूपमंजरी गौरी॥
कोई सिंगारहार तेंहि पाहाँ। कोई सेवती कदम की छाँहाँ॥
कोई चन्दन फूलहि जनुफूली। कोई अजान बीरो तर भूली॥
फल फूलन्ह सब डार ओन्हाई। झुण्ड बाँध के पंचमी गाई॥
नवल बसन्त नवल सब बारी। सेन्दुर बुक्का होई धमारी॥"

यहाँ तक उन्हें सारी सृष्टि फूलों का जाल लगती है और वे उसका तत्त्व समझना चाहते हैं :

"आइ बसन्त जो छपि रहा, होइ फूलन्ह के भेस॥
केहि विधि पावौं भौंर होइ, कौन गुरू उपदेस॥"

मुझे भी कभी-कभी लगता है कि मैं समय को फूलों के कैलेण्डर में बाँध दूँ, दिशाओं को फूलों की पंखरियों में बसा दूँ, मन के हर आरोह-अवरोह को और भावना के हर आवेग को फूलों की पर्तों में दबा दूँ और यह निखिल सृष्टि फूलों का जाल बन जाए और मैं इसका रसमर्म पाने के लिए उतना ही आकुल हो उठूँ जितने जायसी...'केहि विधि पावौं भौंर होइ?'

इसके अलावा जैसे अब और न कोई मुझे जिज्ञासा रही है, न कोई प्यास। मैं तो खुद फूलों में डूब-डूबकर, वही हो गया हूँ। बेले की शीतोज्ज्वल ढेरियों में घण्टों डूब-डूबकर, पवित्र हुआ माथा, खुमार-भरी रातरानी की वेगमयी गन्धलहरों से नम हुआ मन, तीन जरी के फूलों वाली एक डोर में गुँथी हुई मर्यादा जिसकी पवित्रता अनिर्वचनीय है—और लाल कनेर और नीले कमल और मेरे बचपन का प्रिय नैस्टर्शियम।

इस पुनीत अवसर पर यह अपने फूल-शब्द तुम्हें अर्पित करता हूँ—ये शब्द मुझसे भी ज्यादा मूल्यवान हैं क्योंकि मेरे बाद भी बने रहेंगे। जायसी ने भी कहा है :

"गलि सोइ माटी होइ लिखने हारा बापुरा।
जो न मिटावै कोइ, लिखा रहे बहुतै दिना॥"

सो मैं तो लिखने वाला हूँ। गलकर मिट्टी हो जाऊँगा। यह जो लिखा है मैंने वह बना रहेगा, जब तक कोई अपने हाथों से मिटा न दे...

लाल कनेर के फूल और लालटेन वाली नाव

अजब-सी चाँदनी रात है। बादलों की एक हलकी झीनी परत और नीचे उमसती हुई धरती, कुछ उजाले, कुछ अँधेरे में खड़ा हुआ आँगन का आम।

मुझे आज 15 दिन बाद समय मिल पाया है कि आपको बैठकर पत्र लिखूँ। आपकी दी हुई अमूल्य कलम मेरे हाथ में है, पंखे की हवा में रह-रहकर होठों की तरह काँप उठने वाला पैड सामने है और मन में यह असमंजस कि आपको कैसे लिखूँ? आपकी माँग है कि आपकी इस कलम से कहानियाँ लिखूँ न, या कोई नया उपन्यास? ठीक, वही सही। पिछले तीन साल से एक अजीब-सी मानसिक जड़ता में उलझा रहा। एक तो इसने डुबोये रखा...और एक...वह जाने दीजिए। पर अब लिखना शुरू करूँगा।

तो पहले आपको कौन-सी कहानी सुनाऊँ—यह सोचता हूँ। कहानियाँ इधर बहुत-सी दिमाग में घूमती रही हैं। जब जो रच जाए। एक कहानी एक लाल कनेर के गुच्छे की है, वह गुच्छा एक सुकुमार, लहराती हुई तनुयष्टि वाली लड़की के हाथों में है, और वह लड़की एक नदी-किनारे रेत में से चली आ रही है, और वह थक गयी है, घाट दूर है, और शाम हो गयी है...उसकी याद आते ही पता नहीं क्यों मुझे नीले फूल याद आते हैं और अभी जब कल डायरी में उसके बारे में लिखने बैठा तो मैंने उसमें एक अक्षर भी नहीं लिखा, एक क्यारी में एक अकेला लार्कस्पर का पौधा फूला रह गया है। उसके दो बहुत छोटे सुकुमार फूल मैंने तोड़कर डायरी के पृष्ठों में रख दिये। देखें, वे छोटे नीले फूल उससे क्या कहते हैं?

यह कहानी और दिमाग में घूम रही है। दूर-दूर तक घना अँधेरा। गंगा की मुख्य धारा बहुत दूर है पर एक धारा इधर इसी किनारे छूट गयी है। ठहरा हुआ पानी, गम्भीर, शान्त...जो न कहीं ले जाता है, न कहीं से आता है, जो बस ठहर गया है, प्रवाहहीन, दिशाहीन, गतिहीन। किनारे बैठे हुए हैं हम। मैं और...वह जो बरसों बाद लौटकर आयी है, सिर्फ चन्द हफ्ते रहकर लौट जाने के लिए। और वह निश्चिन्त है और भरी-भरी-सी है, और वक्त का बहाव थम गया है, और मैं हूँ कि अपनी तमाम उम्र को चीरता हुआ पीछे लौट गया हूँ, बरसों पीछे...और अकस्मात्

दूर किनारे पर कुछ स्पन्दन होता है। एक छोटी-सी नाव, जिस पर एक लालटेन लेकर कोई बैठा है, चल पड़ती है। कहाँ जा रही है नाव? कौन है इस पर? इस थमे बहाव में यह तैरती हुई लालटेन वाली नाव...बिलकुल साधारण-सी, इतनी रहस्यमय क्यों लग रही है? और अकस्मात् मैं पाता हूँ कि मेरा मन डूबने-सा लगा है। अनजाने उसके चरणों के पास मेरे हाथ हैं, और मेरी आँखें नम हो आयी हैं। और मुझे लगता है कि पहली बार उसे खो देने की जो असह्य यन्त्रणा मैंने भोगी थी वह फिर जैसे ताजी हो आयी है...टीस उठती है। सिर्फ इसलिए कि घने अँधेरे में, शान्त बँधे हुए जल में एक लालटेन वाली नाव तैर जाए...मैं विह्वल हो जाऊँ, इसका कोई तर्कपूर्ण कारण है? कोई नहीं। इस जिन्दगी में कितना कुछ है जिसका कोई कारण नहीं है पर वह सभी सकारण चीजों से अधिक मन को कुरेद जाता है।

और एक कहानी और है, और एक और, और एक और...पर एक बात बतलाइए...इन कहानियों को जीने में पीड़ा तो होती ही है, इनको लिखने में क्या नहीं होती? यह सब क्यों भोगा जाए? पर अब तो आपकी दी हुई कलम मेरे हाथ में है और आपके लिए कहानी या उपन्यास लिखना ही है, अच्छा तो लिखूँगा।

पर फिर भी यह सवाल उठता है, शुरू कैसे करूँ। कहानी में एक कथानक होना चाहिए न? कथानक अर्थात् क्रमबद्ध घटनाएँ। लेकिन क्या जीवन में क्रमबद्धता होती है। अकसर क्या जीवन में यह अनुभव नहीं होता कि यह जो व्यक्ति आज मिला है, यह जो घटना आज हुई है...यह बहुत पहले क्यों नहीं हुई। गलत क्रम में और लोग, और घटनाएँ, और ममताएँ आकर जीवन को अनचाहा मोड़ क्यों दे गयीं? होती है न यह भावना? तो सब तो यह उल्टा-पुलटा क्रम चलता है। और घटनाओं के नाम पर जीवन में कुल मिलाकर दो-तीन घटनाएँ ही होती हैं, बस, वे भी इतनी संक्षिप्त। किसी के मुँह से एक वाक्य निकल जाना, किसी की कोई मुद्रा अकस्मात् मन में बस जाना...और उसके बाद कोई घटना न घटित होना...जीवन निरर्थक क्रियाओं की एक रसहीन निष्फल शृंखला मात्र रह जाता है। सो घटना और कथानक तो यूँ ही गये।

अब रहे पात्र और उनका चित्रण। सो उनका विश्लेषण तो दूर, मैं तो आज तक किसी से परिचित नहीं हो पाया। वे जो निकट होते हैं न, अकस्मात् किसी क्षण में ऐसे लगने लगते हैं गोया सदा सर्वदा के अपरिचित हों। इन्हें प्रथम बार हम देख रहे हैं। फिर हमारी बातचीत कितनी निस्सार होती है। हम अकसर वह नहीं कह पाते जो हम कहना चाहते हैं, अकसर जानते ही नहीं कि हम क्या कहना चाहते हैं? और जानते भी हैं तो गलत मौके पर कह डालते हैं, अकसर गलत लोगों से कह डालते हैं। तो आप देखती हैं कि कहानी के जो भी उपकरण हैं, कथानक, पात्र, भाषा...सब के सब तो अनुपयोगी सिद्ध हुए, कहानी लिखूँ कैसे?

अब आपके इस अमूल्य पेन से ही कहूँगा...कि भाई, मैं तो हार चला, तुम्हीं

उपाय निकालो। और जब वह उपाय निकाल लेगा...तब जो भी रचूँगा...उसका श्रेय मुझे नहीं, आपके इस पेन को होगा।

अच्छा, अब कुछ फुरसत में हूँ, उम्मीद है आपका पत्र मिलेगा तो उत्तर देने में उतनी देर न होगी। आप बड़ी हैं...इसलिए मेरे विनम्र प्रणाम।

पहला खत लिखकर रख दिया और सोचा कल छोड़ूँगा। कल इतवार पड़ गया। कल यानी इतवार की रात, कुछ बादल थे, चाँद लगभग पूरा था और इधर की धूप से मेरे तमाम पौधे सूख रहे थे, दिन में ठीक से पानी आता नहीं, अतः रात को दो बजे तक जगकर गुलाबों की क्यारी में, बेले में, अलमण्डा में, और जुही में ट्यूब से पानी देता रहा। क. ...सो गयी थी, और कटहल की टहनियों में, पत्तों को बड़ी मुश्किल से भेदती हुई चाँद की एक किरण उसके बेसुध अस्त-व्यस्त बदन पर बड़ी-सी सफेद तितली की तरह पंख फैलाकर बैठी हुई थी। चारों तरफ गहरा सन्नाटा था। सिर्फ खामोश खिले हुए फूलों के बीच कभी-कभी ट्यूब के पानी का कल-कल सुनाई देने लगता था और फिर वह बन्द हो जाता था और क्यारी में निश्शब्द मौन पानी बहने लगता था...

...पता नहीं और लोगों को ऐसे समय कैसा लगता है, पर अकसर मेरा मन ऐसे क्षणों में एक अकारण गहरी उदासी से भर आता है, लगता है कुछ चला गया है जो अब कभी...लौटकर नहीं आएगा। वह 'कुछ' क्या है, मैं चुपचाप सोचता रहा। चाँद थोड़ा और ऊपर उठ आया था और असीम नीले चँदोबे में एक बड़े से मोती की तरह टँक गया था। वह 'कुछ' क्या है जो खो गया है...यह मैं सोचता रहा और क्यारी में बहते हुए पानी में उँगलियाँ डुबो-डुबोकर कभी होठों और कभी पलकों पर लगाता रहा।...मैं उसको नाम नहीं दे पा रहा था पर मन में कोई सोयी व्यथा रह-रहकर टीस रही थी—और वह किसी व्यक्ति, किसी घटना, किसी एक चीज से सम्बन्धित नहीं थी, उसके पीछे एक समूची जीवन-दृष्टि के टूट जाने का विषाद था। मुझे धीरे-धीरे याद आया कि आज से सात-आठ वर्ष पूर्व ऐसे क्षणों में यह चाँद, यह सूनापन, यह अलस सौन्दर्य, यह अपरिचित अतृप्ति...सबकी सब लगती थी कि शाश्वत है, बहुत सार्थक है, इनको जब कभी एकान्त क्षणों में पाता था तो रस में डूब-डूब जाता था और लगता था कि जो पाया है, अमूल्य है, सबके लिए अमूल्य होगा, इस मधुर अनुभूति को शब्दों में उतार दूँगा, सभी के लिए यह एक विलक्षण उपलब्धि होगी...पर अब लगता है यह सब शाश्वत नहीं है, इसमें कोई अर्थ भी नहीं और इनको पाकर चाहे मैं रस में डूब-डूब जाता होऊँ पर दूसरों के लिए इसका कोई महत्त्व नहीं है। वस्तुतः यह सारा जीवन रसमय अनुभूतियों की सार्थक शृंखला न होकर असम्बद्ध क्षणों की भँवर है, जिसकी कोई दिशा नहीं। लहरें वर्तुलाकार बहती

हैं, तेजी से चक्कर काटती हैं और जो उनमें सूखे पत्तों, तिनकों, कागज के टुकड़ों की तरह फँस जाता है, नीचे डूब जाता है। और हम सब के सब इसी विराट् करुण प्रक्रिया में उलझ गये हैं और हममें से कोई उससे मुक्त नहीं है। हम समझते हैं कि कभी हम पूर्व की ओर बह रहे हैं, कभी पश्चिम की ओर बह रहे हैं...और इस भ्रम में अपने को भुलाये रखते हैं। वस्तुतः हम न पूर्व की ओर बहते हैं, न पश्चिम, न उत्तर, न दक्षिण, हम केवल नीचे डूबते जाते हैं...नीचे, और नीचे! लगता है अपनी जिन्दगी एक महावृक्ष है जिसमें पतझड़ आ गया है और एक-एक कर सारे क्षण पत्तियों की तरह झड़ते जा रहे हैं और नयी कोंपलें कभी नहीं आएँगी क्योंकि नीचे से दीमकों ने तने तक पर पपड़ियाँ डाल रखी हैं...और ऐसी हालत में अकसर सोचता हूँ कि मैंने कहानियाँ क्यों नहीं लिखीं तो पाता हूँ कि जीवन की एक झलक, एक घटना, एक बात पर कहानी लिखी जाती है, पर तब जब उस झलक, उस घटना, उस बात के पीछे कोई क्रम, कोई व्यवस्था, कोई स्थायी अर्थ, कोई बड़ी बात हो। पर अकसर लगता है, इस क्षण बहुत बड़ी लगने वाली बात कल बहुत छोटी लग सकती है, निरर्थक, सारहीन, सूनी, रिक्त। आज मन को दबोच देने वाली घटना कल रबर के खाली गुब्बारे-सी हास्यास्पद लग सकती है तो तुरन्त सोचता हूँ कि इसकी कहानी क्यों कहूँ, किसके प्रति कहूँ, उस बात को नदी के प्रवाह में ही डाल देता हूँ और उसको खिन्न मन हिलते-डुलते बह जाते हुए देखता हूँ। इनका महत्त्व औरों के लिए तो है ही नहीं...मेरे लिए भी पता नहीं है या नहीं?

पता नहीं मैं अपनी बात ठीक से कह पा रहा हूँ या नहीं, पर उम्मीद है, आप को इससे आभास हो गया होगा कि वह 'कुछ' क्या है जो पहले था, अब नहीं है, जिसके कारण पहले मैं उमंग से कहानियाँ लिखता था और अब टाल जाता हूँ। ...मैंने अपने को तार-तार अलग कर, रेशे-रेशे निकालकर जाँचा है और एक बात पायी है कि मन की हर चीज को अपने में सार्थकता नहीं मिलती—जब हम किसी को ममता देते हैं, स्नेह देते हैं, तो अकस्मात् मन का कोना-कोना आलोकित हो उठता है, जगमगा उठता है, अँधेरे में विरूप और निरर्थक वाली हर चीज का एक सुनिश्चित आकार दीखने लगता है, उसकी संगति बैठने लगती है।...यह बात पायी है...यह कहना गलत होगा...यह बात कभी पायी थी, पर ज्यों-ज्यों वक्त बीतता गया और समय का अनवरत प्रवाह जीवन की अनुभूतियों, घटनाओं पर से बहता गया तो एक बात मैंने और पायी। मुझे लगा कि यह बिलकुल झूठ बात है कि हम दूसरों के मन को अपने मन से जोड़कर उसे सार्थकता प्रदान करते हैं। वस्तुतः दूसरे का मन शीशे के ग्लोब में बन्द जापानी फूल की तरह होता है जिसे हम शीशे के पार से देखते तो हैं पर उस तक पहुँचने का, उसे छूने का कोई तरीका नहीं। उस बन्द ग्लोब के चारों ओर हमारा मन उड़ता है, अपने पंखों को बार-बार शीशे की पारदर्शी दीवारों पर पटकता है, थक-थककर घायल हो-होकर गिर पड़ता है, फिर उठता है,

फिर यही करता है, फिर घायल होकर गिरता है, यहाँ तक कि एक दिन वे पंख भी खो देता है। हर आदमी कहीं न कहीं अपने में आबद्ध है, बिलकुल...दुनिया की कोई भाषा नहीं जो पृथक् व्यक्तियों के निगूढ़तम मर्म के बीच वास्तविक सेतु का काम कर सके। कोई भी एक-दूसरे के सामने बेलौस, मुक्त निर्व्याज रूप से खुल नहीं पाता...खुल सकता ही नहीं...फिर लगता है कि कहानी क्यों कही जाय? हमें मालूम भी क्या है जो हम बताएँगे...कहानी सिर्फ एक है, सिर्फ एक...वह यह कि हम कुछ नहीं जानते और जान पाएँगे भी नहीं और यह पीड़ा इतनी गहरी होती है, कुछ भी न जानने की पीड़ा, कि उस पर चुप रह जाना ही अच्छा है।

यूँ एक उम्र होती है जब हम कुछ भी नहीं जानते और तब अपने मन से हर चीज पर अपने अर्थ, अपनी कल्पना, अपने अनुमान आरोपित किया करते हैं और अपनी एक खयाली दुनिया में रहते हैं और वह उम्र होती है जब हम कहानियाँ बनते हैं, जीते हैं, कहते हैं, और उस समय हम वास्तविकता जानते नहीं, उन्हीं कहानियों को ही हकीकत समझते हैं, पर धीरे-धीरे वह 'कुछ' खो जाता है...तब हम जानते हैं कि अरे यह तो कहानी है...गल्प मात्र...और हम ठगे-से, आहत-से रह जाते हैं...और एक दिन फिर उसी को भुलाने की कोशिश शुरू कर देते हैं और कहानियाँ कहने में कोई दिलचस्पी नहीं रहती क्योंकि हम अपने मन में खुद कहानी को मात्र कहानी...मात्र गल्प समझते हैं...जानते हैं कि हकीकत कुछ और है, पर क्या यह नहीं मालूम। कहानी कहने वाला तो उस बच्चे की तरह है जो घर आकर यह बताता है कि कैसे स्कूल से लौटते समय उसे चौराहे पर एक भेड़िया मिला था, लैम्पपोस्ट के नीचे एक दैत्य बैठा था और वह बड़े उत्साह से सब बताता जाता है क्योंकि उसे रत्ती भर इस बात का अन्दाज नहीं होता कि वह झूठ बोल रहा है, वह अपने मन में सब बातों को, उन कल्पना के भेड़ियों, दैत्यों, परियों और फरिश्तों को उतना ही सच मानता है जितना अपने पोथी-बस्ता, स्लेट-पेंसिल को...इसलिए उनकी कहानी यथार्थ और तर्कसंगत न होते हुए भी सजीव होती है, रोचक होती है...पर एक दिन मन का सहज सरल विश्वास सिर्फ बचपना साबित होने लगता है और हम पर यथार्थ उदित होने लगता है, कहानी खोने लगती है...

बात यह है कि अगर आलोचकों की भाषा बोलना हो तो उसे बड़ी-बड़ी संज्ञा देंगे, बड़े-बड़े शब्द इस्तेमाल करेंगे...जिनके उदाहरण मात्र से पाठक बिलकुल आतंकित हो जाए पर ईमान की सीधी-सादी बात यह है कि कहानीकार झूठ बोलता है और झूठ बोलते समय दुनिया को यकीन दिलाये या नहीं कि यह बिलकुल सच है पर अपने को पूरी तरह यकीन दिलाता है, इस तरह बात करता है कि गोया यह सब जिया है, (ठीक उस बच्चे की तरह जो कल्पित भेड़िये की बात करते समय थर्रा उठता है, भय से उसके होठ काँप उठते हैं, हाथ-पाँव ठण्डे पड़ने लगते हैं) और आपको सच बताऊँ कि यह विश्वास नामक चीज तो बिलकुल छूत का रोग है,

उड़कर लगता है...लेखक अपने झूठ पर इस गहराई से विश्वास करता है कि पाठक को यह विश्वास उड़कर लगता है।...पर मैंने कहा कि मेरी दिक्कत यह है कि मैं खुद अपने झूठ को पकड़ लेता हूँ, फिर असमंजस में पड़ जाता हूँ कि इस पर विश्वास करके मैं और किसी को बाद में, पहले तो अपने को ही छलूँगा, अपने साथ कपट करूँगा और फिर मैं चुप रह जाता हूँ।...एक छोटी-सी बात लें। मैंने एक कहानी लिखी, 'गुलकी बन्नो'। आपने 'निकष' का पहला अंक देखा था, उसी में थी। यथार्थ और सामाजिक यथार्थ पर जान देने वाले आलोचकों ने उस पर काफी शोर मचाया ...तारीफों के पुल बाँधे। पर मैं सोचने लगा कि सामान्य जीवन में जिस गुलकी को मैंने देखा था...इस कहानी की गुलकी वही है क्या? ईमान की बात है, नहीं। फिर इस कहानी की गुलकी कहाँ से आयी? यथार्थ में तो नहीं थी? या थी तो और किस्म की थी। और इसमें जिसने प्राण फूँके वह कौन-सा तत्त्व था, मेरी कल्पना? अर्थात् अवास्तविक को वास्तविक जैसा चित्रित करने का चातुर्य और जो लोग कहते हैं कि जीवन के यथार्थ से न भागकर कला यथार्थ को पूर्णतः ग्रहण करे...वे इस कहानी से इसीलिए तो प्रसन्न थे कि उसमें बड़े विस्तार से यथार्थ की पच्चीकारी की गयी थी...झबरी कुतिया के बैठने से लेकर छोटे बच्चों के बर्रे उड़ाने तक की झलकियाँ बड़े विस्तार से दी गयी थीं। पर क्या दुनिया भर की झलकियाँ बटोरकर बड़े विस्तार से बोला गया झूठ, सत्य बन जाता है? यदि नहीं तो वह चाहे जितना यथार्थ का आभास दे पर अन्ततोगत्वा कहानी तो एक झूठ हुई न? और फिर इसी तरह ध्यान आता है कि 'गुनाहों का देवता' के चन्दर, सुधा, पम्मी, विनती, बर्टी और 'सूरज का सातवाँ घोड़ा' के मानिक, तन्ना, महेसर ये सबके सब चाहे जितना यथार्थ का आभास दें पर हैं तो सब कल्पना की सृष्टियाँ। और बैठ-बैठकर एक दूसरी दुनिया गढ़ने से लाभ? आज इसकी जरूरत क्या है? आज तो व्यावहारिकता की माँग है। स्वतः हम सबों का एक अंश इस व्यावहारिकता की माँग का पूर्णतः समर्थन करता है। अगर व्यावहारिकता को न ग्रहण कर इन कला-सृष्टियों में विश्वास करने लगेंगे तो हमारा हाल आगे या पीछे उसी बहादुर डॅन क्विक्ज़ोट की तरह हो जाएगा जिसने अगणित उपन्यास पढ़े थे और जो उपन्यास के दैत्यों और राजकुमारियों को सच मानकर घर से निकल पड़ा था और किस प्रकार वह दयनीय, उपहास का पात्र मात्र बनकर रह गया था, यह तो आपने पढ़ा ही होगा।...ऐसा लगता है कि आज सारे युग का परिवेश, प्रतीतियाँ, वातावरण और टेम्परेचर कलासृजन के लिए अनुकूल नहीं है। यह नहीं कि कलासृजन हो नहीं रहा, उच्चकोटि का नहीं हो रहा, पर लगता कि कहीं न कहीं उच्चतम कलासृजन की और इस मूल्यहीन, कला कल्पनाहीन, व्यावहारिक जमाने की चूल बैठ नहीं पा रही है।...पर जाने दीजिए, सारे जमाने का ठेका मैंने नहीं ले रखा है और अपनी हर सीमा को युग की सीमा साबित कर दूँ—न

इतना चातुर्य है मुझमें और न इतना दम्भ; मेरी अपनी सीमाएँ हैं और अपने असमंजस। और उन्हीं के कारण मुझे यह लगता है कि कहानी किस की कहूँ... इस दुनिया का हर गतिशील परमाणु, हर व्यक्ति अपने में आबद्ध तत्त्व है उसका मर्म कभी नहीं खुलेगा, किसी के सामने नहीं खुलेगा...वह सदा अनजाना, अपरिचित रह जाएगा।...

मन फिर भी बार-बार उमगता है और शीशे की पारदर्शी किन्तु अभेद्य दीवारों से पंख टकरा-टकराकर थककर नीचे गिर पड़ता है। और फिर एक पीड़ाजनक तथ्य उदित होता है कि झूठ या सत्य, पूर्ण या एकांगी, जो भी हमें दीख रहा है इसका भी शाश्वत अस्तित्व नहीं, इसका भी सदा टिकने वाला अर्थ नहीं और यह जो नदी के किनारे रेत पर थकी क्लान्त लड़की हाथ में लाल कनेर लिये चली आ रही है, कौन जाने यह मात्र मृगतृष्णा हो, जलती हुई रेत की ताप-प्रक्रिया से बना हुआ एक झूठ छाया-चित्र...और यह जो अँधेरे में एक लालटेन वाली नाव चली जा रही है, कौन जाने यह है भी या नहीं...या केवल दलदल में फॉसफोरस की प्रक्रिया से चमक उठाने वाली छ्लज्योति हो जो निगाहों के आगे तैर कर लालटेन वाली नाव का आभास दे गयी है।

और जब यह बात मन में आती है तो अकस्मात् जैसे घनी पीड़ा मन को बुरी तरह आक्रान्त कर जाती है, लगता है सब टूट गया, सब नष्ट हो गया, केवल जलती हुई रेत का किरकिरा स्वाद आँसू से भीगे होठों पर और थमे हुए पानी पर जमा हुआ अभेद्य, गाढ़ा काला अँधेरा...जो कभी नहीं आएगा, कभी नहीं आएगा ...और फिर एक व्याख्याहीन व्यथा से मन घिर जाता है, खामोश, सूना और बेबस ...और रह जाता है केवल कटहल से खिसककर इमली की छितरी टहनियों में बेहोश लटका हुआ चाँद...जो उज्ज्वल लगता हुआ भी निष्प्राण लगता है और क्यारी में खामोश बहता हुआ पानी जिसमें मेरी अनमनी उँगलियाँ भटक रही हैं और सोचता हूँ इस क्यारी में बहती हुई पानी की क्षीण दुर्बल धार, क्या यही वह अनन्त सागर है जो प्रलय के बाद लहराता है। मैं जानता हूँ कि धूल का कण-कण अभी आधे घण्टे में इस समस्त जलराशि को पी जाएगा। और चारों ओर एक गहरी खामोशी है। चाँदनी अस्पताल की पट्टियों की तरह सफेद और ऑपरेशन के कमरे की तरह निस्तब्ध, विषाद, कुतूहल, भय और मृत्यु के मिले-जुले स्वाद वाला...मैं अब दोनों कहानियाँ कैसे लिखूँ? कहाँ गये लाल कनेर के फूल और कहाँ गयी लालटेन वाली नाव? यहाँ तो सिर्फ रात के ढलते पहर की चटक चाँदनी है और खामोशी है और अथाह अकेलापन है और मैं हूँ।

डेड सी के तट पर

मुझे आजकल रोज-रोज याद दिलायी जाती है कि मैंने अभी तक तुम्हें न कोई कहानी भेजी है न कोई कविता और न कोई ठीक-ठाक-सा खत ही, पर मेरा स्वास्थ्य, क. की बीमारी और यहाँ का भयावना मौसम कोई काम नहीं करने दे रहा है, इसलिए कोई भी नयी कहानी, कविता नहीं लिख पाया और न कभी लिखने का मूड बन पाता है। इधर कुछ पढ़ने का भी जी नहीं हो रहा है। उस दिन गया, अर्नेस्ट हेमिंग्वे की एक पुस्तक लाया, अफ्रीका के जंगलों पर लिखी हुई। दो घण्टे में आधी पढ़कर रख दी। जी ऊब गया। फिर सोचा कुछ ऐसे उपन्यास पढ़े जायँ जो पहले बहुत अच्छे लगे हैं। ग्राहम ग्रीन का एक उपन्यास मुझे और फ़ादर एक्स. को बहुत पसन्द था। उसे पढ़ना शुरू किया। दो-एक अध्याय पढ़े, पर फिर वह भी नहीं चला। कल सुबह से एक किताब बहुत याद आ रही थी, 'ए पेयर ऑफ़ ब्ल्यू आइज़', टामस हार्डी। पर वह मेरे पास थी ही नहीं। आठ बजते ही 'द बुक्स' गया। वहाँ खड़े-खड़े उलटा-पलटा। पर जिन दृश्यों ने सात साल पहले रुला दिया था वे आज अत्यन्त कृत्रिम और बनावटी लगने लगे। सोचा, इसे पढ़कर जो पिछला जायका बसा हुआ है मन में, इस उपन्यास का, उसे क्यों बिगाड़ा जाए।

बेहद थकान, बेहद क्लान्ति और बेहद भारीपन महसूस हो रहा था और मैंने 'लाइफ़ ऑफ़ क्राइस्ट' उठायी। मार्था और मेरी वाला अध्याय, और उससे अकस्मात् वह चित्र याद आ गया जो तुमने भी गिरजे में एक बार देखा था। वह जहाँ ईसा को सूली से उतारकर लाया गया है और तीन मेरी, मेरी मगदालेन, वर्जित मेरी और लजारस वाली ईसा की मुँह बोली बहन मेरी उसके शव के पास है। और उसके बाद पुस्तक मैंने बन्द कर दी और ऐसा लगा कि मृत्यु की वह भावना मेरे मन में ऐसी बस गयी है कि मैं कह नहीं सकता।

तीन-चार बरस पहले मुझे उपनिषद् अच्छे लगते थे और मैं सुबह उठकर उनका पाठ करता था। उनमें बार-बार मृत्यु के प्रति जिज्ञासा है, मृत्यु की व्याख्या है, मृत्यु का मर्म समझने की कोशिश की गयी है। बहुत आशावादी है उनका स्वर, और उन्होंने मृत्यु की प्रक्रिया का सारा खेद हरकर उसे भी आनन्दप्रद बनाने की चेष्टा की है। पर अब मुझे वह दृष्टिकोण नहीं भाता। इधर अकसर मैं मृत्यु के बारे में बिलकुल बौद्धों की भाँति सोचता रहा हूँ। जीवन एक चेतना-प्रवाह है जो

अकस्मात् झटके से टूट जाता है। जैसे अँधेरे में ज्योतिशिखा अकस्मात् जल उठे और फिर एक फूँक से जलकर विलीन हो जाय वैसा ही है मेरा अस्तित्व। मृत्यु में न कोई अवसाद है, न आनन्द। तुम्हें मालूम है इतने तटस्थ रूप से मैं क्यों सोच पाता हूँ? सच मानो, ऐसा लगता है, जैसे मैं अपनी मृत्यु के बारे में नहीं सोच रहा, वह कोई और है, कोई भारती नाम का व्यक्ति जिसका मेरा दूर का परिचय है।

और कल से एक और अजीब बात सोच रहा हूँ, मृत्यु शायद किसी एक अमंगल क्षण में घटित होने वाली विभीषिका नहीं है। वह एक निरन्तर चलने वाली प्रक्रिया है। कहीं न कहीं, हमारा कोई न कोई अंश प्रतिक्षण मरता रहता है। कभी-कभी क्या ऐसा नहीं लगता कि पाँच साल पहले किसी एक व्यक्ति, किसी एक आदर्श, किसी एक भावना को, हमारे जिस व्यक्तित्व ने बेहद प्यार किया था, अपने को उत्सर्ग कर दिया था, आज वह हमारा व्यक्तित्व मर चुका है। पर कभी-कभी इसके बिलकुल विपरीत बात भी लगती है। हमारे व्यक्तित्व का कोई भी अंश कभी भी नहीं मरता। जाने कहाँ बीज की तरह परत-दर-परत जमीन के अन्दर दबा रहता है। मौका पाकर अकस्मात् उसमें जीवन का संचार हो उठता है, हरियाली दौड़ आती है।

सचाई कहाँ है—मैं आज तक नहीं समझ पाया? मैं उस मृत्यु की चिन्ता नहीं करता जो अकस्मात् झटके से साँसों की डोर को तोड़ देगी। मैं उस मृत्यु के बारे में अकसर सोचता हूँ जो क्षण-क्षण घटित हो रही है, हममें, तुममें, सबमें। वह किन क्षणों को, किन स्मृतियों को, किन पवित्रताओं को कब कण-कण कर रीत डालेगी, इसका कुछ पता नहीं। और जब सब रीत जाएगा तब क्या बचेगा? इस शरीर में भोगे हुए जीवन की अवसादपूर्ण थकान, और झूठे समझौतों और सान्त्वनाओं की एक कटुता मात्र।

वैष्णवों ने भी इस समस्या को अनुभव किया था। तुमने तो पढ़ा होगा कि वे मानते थे कि ये सारी ममताएँ, स्नेह, काम, क्रोध, अभिमान तक परिशोधित हो जाते थे यदि ये कृष्णार्पण कर दिये जायँ। फिर ये मरते नहीं थे, कबीर ने लिखा है न : 'हम न मरै मरिहै संसारा, अब मोहि मिला जियावनहारा।' पर वे किसी मानवोपरि सत्ता ईश्वर में विश्वास करते थे। इसलिए उनका सारा मानवीय प्रेम राग, मोह सभी उस प्रभु को अर्पित था और वे मानते थे कि वे क्षण उल्लास, वे विश्वास, वे प्रेम जो कृष्णार्पित हैं, फिर मरते नहीं।

मेरा संकट यह है कि आज मुझे लगता है कि यह उनकी मन समझाने की बात थी क्योंकि या तो प्रभु हैं नहीं या हैं भी तो उनको इसकी कोई चिन्ता नहीं कि मनुष्यों को क्या होता है क्या नहीं? न वे किसी का समर्पण स्वीकार करते हैं, न किसी को अमरत्व प्रदान करते हैं।

इसीलिए अकसर मुझे ध्यान आता है कि यह जो चरम उल्लास, विश्वास,

ममता, प्यार, आदर्श, उत्सर्ग का क्षण हम भी जी रहे हैं, वह कल मर गया तो? और जैसे-तैसे एक तुम्हारे मन में जीवित रहा...पर दूसरों के मन में मर गया तो?

इसीलिए मैंने उस लम्बे वाले पत्र में अन्त में लिखा था कि कौन जाने लाल कनेर का गुच्छा लेकर आने वाला सिर्फ मृगजल साबित हो और अँधेरे में जाती हुई लालटेन वाली नाव सिर्फ एक छलावा मात्र हो और इसीलिए ऐसे क्षणों में मैंने अकसर अनुभव किया है कि समस्त सृष्टि में मैं बिलकुल अकेला हूँ...इतना ही नहीं, कभी-कभी तो यह लगता है कि मैं भी जाने हूँ या नहीं या मेरा अस्तित्व भी एक प्रत्याभास मात्र है। पहाड़ों पर अकसर चरवाहे खूब जोर से गीत की एक कड़ी गाते हैं और गाकर चुप हो जाते हैं पर उसके बाद एक गूँज उसकी बड़ी देर तक घाटियों में सिसकती रहती है। वह गूँज गीत नहीं होती, गीत तो कब का बन्द हो चुका होता है, गूँज एक अवास्तविक प्रत्याभास मात्र होती है। वैसे ही लगता है कि मैं किसी ऐसे निर्जन पहाड़ी संगीत की ध्वनि हूँ जो कब का समाप्त हो चुका है, केवल उसकी गूँज-अनुगूँज हूँ। मैं जो ऊबड़-खाबड़ घाटियों से टकरा-टकराकर बार-बार अपने को दोहरा रहा हूँ और धीरे-धीरे मिटती हुई क्षीण ध्वनि की तरह चीड़ के जंगलों में खो जाऊँगा।

आज से वर्षों पहले मैंने अपनी डायरी में ब्राउनिंग की एक कविता उतारी थी, (बहुत मशहूर कविता है वह...मृत्यु पर ही है वह कविता) पर उसमें एक अदम्य विश्वास था। कविता का भावार्थ संक्षेप में यूँ था :

"मृत्यु से भय? कण्ठ में घुटता हुआ कोहरा
 और चेहरे पर धुँधली छायाएँ महसूस करना!
जब हिमपात प्रारम्भ हो जाए और झंझाओं का गर्जन
 सूचित करे कि हम उस स्थान के निकट आ रहे हैं।

रात की प्रगाढ़ता, तूफान का आवेश
 और शत्रु जहाँ खड़ा है
शत्रु, साकार सदेह भय...
मगर जो शक्तिशाली है वह जाएगा, रुकेगा नहीं
क्योंकि सफर खत्म हो रहा है, चढ़ाई खत्म हो रही है
 अवरोध समाप्त है

यद्यपि अभी एक आखिरी युद्ध बाकी है,
 पर कोई बात नहीं।
मैं योद्धा रहा हूँ, अतः एक युद्ध और
 सबसे खूँखार और सबसे आखिरी!

मैं नहीं चाहता कि मैं आँख पर पट्टी बाँधकर
    काँपते, रेंगते हुए जाऊँ
न! मैं उसे सम्पूर्णतः जानूँगा, निर्बन्ध,

सब सहूँगा, जीवन के सुखों का मूल्य चुकाऊँगा
    दर्द से, अँधेरे से, सर्ददिली से,
क्योंकि अकस्मात् साहसी के लिए, सब बदल जाता है

काला. क्षण तत्क्षण समाप्त हो जाता है
और प्रकृति का उत्पात और चीत्कार करती हुई प्रेत ध्वनियाँ
जर्जर पड़ती हैं, घुलमिल जाती हैं
फिर बदल जाती हैं, दर्द से उभरती हुई एक शान्ति में

फिर एक ज्योति और फिर तुम्हारा कोमल वक्ष,

ओ मेरी आत्मा की आत्मा! मैं तुम्हें फिर बाँहों में समेट लूँगा
और फिर हम प्रभु में निमज्जित हो जाएँगे
सब कुछ उन्हीं के हाथों में छोड़ कर!"

ब्राउनिंग की यह कविता मुझे बेहद पसन्द थी, तब मृत्यु की भावना भी मुझे एक नये संघर्ष की प्रेरक भावना लगती थी। पर धीरे-धीरे पता नहीं क्यों वह अदम्य विश्वास टूटता-सा गया।

ब्राउनिंग की कई कविताएँ अच्छी लगने का एक कारण था जो अब नहीं रहा। इस बार किसी से तुम्हारी भेंट हुई थी न! मेरी एक कविता की एक पंक्ति क्या उसे देखकर तुम्हें याद नहीं आयी...

"वही झुकी मुँदी पलक सीपी में खाता हुआ पछाड़
    बेज़बान समन्दर!"

...तो ब्राउनिंग की एक कविता थी—जो मुझे बेहद अच्छी लगती थी और जिसे मैंने पहली बार उससे सुना था। और तब मुझे पहली बार यह आभास हुआ था कि गहनतम ममता में कैसे शरीर और आत्मा, दिव्य और भौतिक, लौकिक और पारलौकिक बिलकुल घुला-मिला रहता है...वह कविता है—'ए वूमन्स लास्ट वर्ड', जिसमें एक स्त्री के भावनात्मक समर्पण का चरम क्षण दिखाया गया है। वह कहती है :

"लेट अस कण्टेण्ड नो मोर, लव
    स्ट्राइव नॉर वीप :

आल बी ऐज बिफोर, लव
—ओन्ली स्लीप!

बी ए गॉड एण्ड होल्ड मी
विद ए चार्म!
बी ए मैन एण्ड फोल्ड मी
विद दाइन आर्म!

टीच मी ओन्ली टीच, लव!
ऐज आई ऑट
आई विल स्पीक दाई स्पीच, लव!
थिंक दाई थॉट—

मीट इफ़ दाउ रिक्वायर इट
बोथ डिमाण्ड्स,
लेइंग फ्लेश ऐण्ड स्पिरिट
इन दाइ हैण्ड्स!

—मस्ट ए लिटिल वीप, लव!
(फुलिश मी!)
ऐण्ड सो फॉल एस्लीप, लव,
लव्ड बाइ दी।"

इस कविता के दूसरे पद का एक बहुत अच्छा रूपान्तरण मुझे अज्ञेय की प्रारम्भिक काव्य-पुस्तिका 'चिन्ता' में मिला था :

"ईश्वर बनकर मन्त्र-शक्ति से छू दे मेरा भाल
मात्र पुरुष रह, भुजबन्धन से मर्माहित कर डाल!"

पर यह सब केवल प्रारम्भिक प्रतीति थी। इसके बाद मैंने और जाना...और जो जाना वह यह था कि समर्पण के किसी एक स्तर पर हमारा सारा भौतिक जीवन केवल एक प्रतीक मात्र रह जाता है, हमारे आत्मिक जीवन का। हमारे प्यार, हमारी ममताएँ, हमारे सम्बन्ध, हमारी कामनाएँ...उन सबको बहुत गहरा नया अर्थ मिल जाता है और वह अर्थ शारीरिक नहीं होता—वह शरीर से बहुत ऊपर उठा हुआ होता है। और उस स्तर पर शरीर या तो केवल माध्यम होता है या कभी होता ही नहीं, शरीर की चेतना भी हम में नहीं रह जाती, हम सिर्फ भावना मात्र रह जाते हैं, एक दिवा-स्वप्न, एक अदृश्य संगीत, एक अशरीरी समर्पण।

यह सब मैंने पाया था, अनुभव किया था, बरसों पहले और उन दिनों मन में एक अदम्य विश्वास था—मृत्यु के प्रति भी...

लेकिन ज्यों-ज्यों दिन बीतते गये, एक दूसरा कटु सत्य भी उदित हुआ। यह भी—यह भी मरणशील है। इस भावना की भी मृत्यु सम्भव है। और मैंने देखा है—धीरे-धीरे समय के गुजरने के साथ इस भावना को मरते हुए। उन झुकी मुँदी पलक-सीपियों में आज भी समन्दर लहराता है, पर उसमें सब कुछ मर चुका है, मूँगे के हरे-भरे द्वीप मर चुके हैं। फेनोज्ज्वल उत्ताल लहरें, लहरों की ढलान में बहती हुई चन्द्रमा की मोतिया छायाएँ, झूमती हुई नमकीन समुद्री हवा, सब कुछ मर चुका है। वह एक मुर्दा समुद्र है...

और मैंने अनुभव किया है कि जब चीजें मरने लगती हैं तो सिर्फ यही होता है कि उनके गहरे अर्थ खोने लग जाते हैं वह केवल अर्थहीन छिछली बेजान-सी होकर रह जाती हैं। कितना उलटा है यह चित्र ब्राउनिंग के दिये हुए चित्र से जहाँ अँधेरा, उलझन, पीड़ा, धुन्ध सब कुछ पहले एक शान्ति में बदल जाता है—फिर एक ज्योति में और फिर तुम्हारे कोमल वक्ष में।

लेकिन मैं यहाँ अपने को पाता हूँ एक मुर्दा समुद्र के किनारे अकेले खड़ा—क्रमिक मृत्यु के सामने—मृत्यु जो क्षण-क्षण घुन की तरह हमको अन्दर से खा रही है। लगता है एक अन्धा प्रवाह है—दिशाहीन और हम विवश बह रहे हैं...तुमने पुष्टिमार्ग के बारे में पढ़ा है न, निरोध का सिद्धान्त। सभी इस प्रवाह में बहे जा रहे हैं, पर भक्त जनों को प्रभु जल में अंजुली डालकर निरुद्ध कर लेते हैं, फूल की भाँति। मैं जानता हूँ कि अब कोई अंजुली नहीं जो मुझे निरुद्ध कर सके। कोई नहीं क्योंकि मैं तो प्रवाह में बहता हुआ फूल भी नहीं हूँ—मैं तो तट पर छूटी हुई सूखी रेत हूँ। वह सूखी रेत किसी की भी अंजुली में कब तक रुकेगी? चाहे वह प्रभु की भी अंजुली क्यों न हो। कभी तुमने नदी-किनारे बालू का खेल खेला है—सूखी महीन रेत अंजुली में भरना कितना अच्छा लगता है पर ज्यों-ज्यों मुट्ठी कसो त्यों-त्यों और भी तेजी से सूखी रेत के कण खिसकते जाते हैं। और क्या मैं बिलकुल उन्हीं रेत-कणों-सा नहीं हूँ—सभी की स्नेहभरी अंजुलियों से खिसककर धूल में मिलता हुआ।

कोई है जिसके लिए मैं बहुत छोटा हूँ—इतना छोटा कि वक्ष में छिपाकर आँचल में दुबकाकर उसकी इच्छा होती है—कि मुझे लेकर उड़ जाए, कोई है जिसके लिए मैं इतना बड़ा हूँ, इतना महान् हूँ कि उसकी इच्छा होती है कि श्रद्धा से विनत होकर—विश्वास से भरकर वह मुझे सब-कुछ उत्सर्ग कर दे, कोई है जिसके लिए मैं बराबर का हूँ, जिसकी कामना होती है कि मन का रेशा-रेशा खोलकर अपने को मेरे समक्ष बिलकुल उन्मुक्त कर दे...और मैं क्या हूँ...अपने समक्ष? मालूम है?

सिर्फ ऐसा व्यक्ति जो न बड़ा है न छोटा, जो हर क्षण अपनी मृत्यु का क्षण

जी रहा है और जानती हो न कि मृत्यु के क्षण में मनुष्य सबका अतिक्रमण कर जाता है...आयु का, भावनाओं का, बन्धनों का...वह कुछ नहीं रह जाता।

ऐसा मैं हूँ...बाकी सब जो हैं न! मेरा अत्यन्त हँसमुख स्वभाव, मेरा लिखना-पढ़ना, मेरे फूल-पौधे, मेरे प्यार, मेरी ममताएँ, सब आवरण हैं जिनसे मैं अपनी क्रमिक मृत्यु की आन्तरिक ट्रेजडी को बराबर ढाँके रहता हूँ—भूले रहता हूँ—सिर्फ कभी-कभी वह मुझे एकदम आक्रान्त कर लेता है और उस क्षण मैं विचित्र-सा अग्राह्य, सुदूर हो जाता हूँ। जैसा उस दिन सुहागी की रहस्यमय पहाड़ियों पर महाकाल के मन्दिर में सायंकाल की आरती के समय हो गया था। (मैंने तुम्हें लिखा था न उस यात्रा का हाल!) पुजारी एक डमरू बजा रहा था। और पहाड़ियों और घाटियों में फैला हुआ गाढ़ा घना अँधेरा मुझे और दूर, और दूर खींचे ले जा रहा था—पता नहीं कहाँ...

कभी-कभी ऐसी स्थिति में जो सचमुच बड़े लोग होते हैं वे चल देते हैं तो आगे ही चलते चले जाते हैं...लौटते नहीं। मैं तो कमजोर हूँ न? बेहद कमजोर, इसीलिए लौट आता हूँ वापस—इस क्षणिक मृत्यु और अगणित मृगतृष्णाओं के देश में। लौट आता हूँ इस डेड सी के तट पर—यह बेजबान मुर्दा समन्दर जो अब मुझे कुछ नहीं दे सकता...

॥ शब्द-चित्र ॥

आधी रात : रेल की सीटी

आधी रात। पता नहीं कैसे नींद उचट गयी है। कमरे में घुटन महसूस होती है। जाने कैसी घुटन! ठण्डी, नंगी छत पर, फैले-फैले आसमान के नीचे बेमतलब छज्जे के पार पीपल की खामोश टहनियाँ नीले आकाश के परदे पर काले छायाचित्रों की तरह खिंची हुई हैं। दूर-दूर तक कोई आहट नहीं, कोई आवाज नहीं, जिन्दगी का कोई चिह्न नहीं। कुत्ते भी नहीं भूँक रहे हैं। मेरी हर पगचाप को जैसे अँधेरा निगल जाता है। एक गहरी बहुत गहरी उदासी, बेमतलब, बिना बात।

अकस्मात् जैसे किसी मर्मान्तक पीड़ा से रात हृदय फाड़कर चीख उठी हो, वैसी ही एक आवाज तीर की तरह दूर से आती है, खामोशी को चीरते हुए। अँधेरा तिलमिला उठता है, जैसे घाव को रगड़ लग गयी हो। वह आवाज है कहीं दूर पर गुजरती हुई ट्रेन की एक तीखी पैनी सीटी की। जाने क्यों अँतड़ियों को मरोड़ देने की ताकत इस आवाज में है। सीटी की यह आवाज आती है, फिर गूँजती है, फिर जैसे दिशा-दिशा से टकराती है, फिर चौगुनी, अठगुनी, सोलहगुनी होकर दर्द के एक विशालकाय जाल की तरह रात के अथाह समुद्र को ढँक लेती है।

जैसे आधी रात जाल फेंके जाने पर जल की सतह काँप उठती है, वैसे ही रात का फैलाव, रात की खामोशी, रात का अँधियारा काँपने लगता है। नीम और पीपल की टहनियाँ जैसे स्लेट पर खिंची लाइनों की तरह पुँछने लगती हैं, मन की आँखों के आगे टेढ़ी-मेढ़ी रेखाओं से एक दूसरा चित्र उभर रहा है। रेलवे स्टेशन का लम्बा प्लेटफॉर्म, टीन से छाया हुआ। ट्रेन जा चुकी है। फेरी वाले दूसरे प्लेटफॉर्म

पर चले गये हैं। सिर्फ एक बूढ़ा कुली कुछ असबाब उठाकर दूसरे दर्जे के वेटिंग रूम में रख रहा है। रेलवे के वेटिंगरूमों की बेंचें, आराम कुर्सियाँ, बीच की बड़ी खूँटियाँ, इनका एक खास ढंग होता है। वैसी ही बेंचें, वैसी ही कुर्सियाँ, वैसी ही गोल मेज, वैसी ही खूँटियाँ। असबाब एक कोने में लग गया है। मैं मेज पर पैर लटकाये बैठा हूँ। वह आरामकुर्सी पर अधलेटी है। मैं चुप। मैं उसकी बन्द आँखों को एकटक देख रहा हूँ। उसका सारा चेहरा सोनबरनी है पर पलकें गहरे भूरे गुलाब के रंग की हैं। उसका आधा सौन्दर्य उसकी पलकों का सौन्दर्य है। मैं अपने जेब में पड़े प्लेटफॉर्म-टिकट को उलटता-पलटता हूँ। मैं पहुँचाने आया था। गाड़ी छूट गयी थी। हम दोनों खीज गये थे। पर क्या वह खीज सतही नहीं थी? कहीं गहरे उतरकर हम दोनों को सन्तोष था। अगली गाड़ी के वक्त तक हम साथ रह सकेंगे।

"अब?" सहसा वह आँख खोलकर पूछती है–फिर जवाब भी खुद देती है–"अब क्या? रात को दस बजे तक फुरसत। तब तक तो कोई गाड़ी जाती नहीं। ख़ैर, तुम्हारी मनचाही हुई। तुम्हें तो खुशी होगी। और सोचो कि घर पर सब लोग समझ रहे होंगे कि वह ट्रेन पर चली जा रही होगी। और यहाँ आराम से पाँव फैलाये वेटिंगरूम में लेटे हैं। घर कितनी दूर है? सिर्फ चार फर्लांग। मगर लगता है, हम लोग दूसरे लोक में बैठे हों, क्यों?"

मैं कोई उत्तर नहीं देता। कोई सवाल भी तो हो। यह तो उसकी आदत है। या तो बोलेगी नहीं, बोलेगी तो एक साँस में एक पूरा पैराग्राफ।

"सुनो, चलो असबाब यहीं रखकर, घर लौट चलें। पहुँचा दोगे?"

"चलो!" मैं बेमन से कहता हूँ।

"अच्छा जाने दो, फिर सब तवालत में पड़ेंगे। पर तुम छह घण्टे करोगे क्या? घूमने जाओगे? हो आओ।"

मैं कुछ कहता नहीं। वह समझ जाती है। "नहीं जी, मैं तुम्हें जाने दूँगी? अकेले यहाँ करूँगी क्या? जाने कैसे मिले हो तुम? मैं बीस दिन से हूँ यहाँ पर। पर आज तुम्हें समय मिला है, वह भी ट्रेन न छूटती तो?"

मैं सहसा बोलने लगता हूँ। नहीं, मैं नहीं बोल रहा हूँ। पता नहीं कहीं से शब्द आ रहे हैं :

"सुनो। गाड़ी छोड़कर हम लोगों ने जंजीर तोड़ दी समय की।"

"क्यों?"

"और क्या? असल में जिन्दगी के कामों का सिलसिला ही नहीं टूटता। तरतीब ही नहीं बिगड़ती। मैं हूँ कि हर क्षण बँधा हुआ हूँ। हर घड़ी भाग-दौड़। यहाँ से वहाँ। तुम हो कि यहाँ थीं, यहाँ से स्टेशन, स्टेशन से ट्रेन पर, ट्रेन से दूसरे शहर, दूसरे शहर में दूसरे लोग, दूसरी जिन्दगी, दूसरी तरतीब। और आज ट्रेन छूट गयी। अकस्मात् जैसे जिन्दगी की अनिवार्यता का क्रम टूट गया। वक्त का बन्धन जैसे

झटका खाकर टूट गया। लोग समझते हैं तुम ट्रेन में जा रही हो, उसके बाद घर, उसके बाद...और यह किसी को नहीं मालूम कि सहसा सिलसिला तोड़कर बीच में हम वेटिंगरूम में पड़े हुए हैं"...वह चुपचाप मेरी ओर देख रही है। पाँव आरामकुर्सी के हत्थे पर हैं। और उसकी हथेलियाँ मेरे पाँव पर। "और सुनो!" मैं कहता जाता हूँ, मेरी आवाज काँप रही है : "तुम्हें ऐसा नहीं लग रहा है कि इस समय तुम समय के अनवरत प्रवाह से बिलकुल मुक्त हो, और लगता है जैसे पीछे कोई गुजरा हुआ अतीत नहीं है और आगे कोई अनिवार्य भविष्य नहीं है और सिर्फ वर्तमान है, और वह, और वह बहुत सुखद है, बहुत शान्त है।" वह कुछ कहती नहीं, मेरे पाँवों पर रखी अपनी उँगलियाँ उठाकर होठों से लगा लेती है।

वेटिंगरूम के दूसरी ओर मालगाड़ी खड़ी थी जो हट गयी है और पश्चिम की खिड़की से शाम की हलकी नारंगी धूप जाली पर छन-छनकर उसके रूखे बालों पर पड़ रही है।

"सुनो", सहसा वह बोल पड़ती है : "तुम जन्मान्तर में विश्वास करते हो?"

"जन्मान्तर में?"

"यही कि हमारा यह जन्म, यह रूप, यह अस्तित्व ही सब कुछ नहीं है। हम पहले भी थे और आगे भी रहेंगे...अच्छा सुनो, कुछ खाने को निकालूँ। भूख तो बेहद लगी होगी। अपने घर भी नहीं गये। वहाँ से सीधे स्टेशन चले आये हो।"

"खाना? उहुँ।" मैं मना करता हूँ। चाहता हूँ कि जन्मान्तर वाली बात वह फिर कहे। बड़ा सन्तोष होता है। हम पहले भी थे और आगे भी रहेंगे...

अकस्मात् धड़-धड़ करता हुआ एक शण्टिंग इंजन आता है और वेटिंगरूम के सामने रुक जाता है। धुआँ फेंक रहा है, ई. आई. नौ सौ...शायद सैंतीस, नम्बर ठीक याद नहीं।

"वेटिंगरूप में मन ऊबने लगा। चलो, बाहर प्लेटफॉर्म पर ही चक्कर लगा आएँ।"

"चलो।" वह उठ खड़ी होती है।

एक खुला हुआ अन्तरीप जैसा प्लेटफॉर्म रेलवे लाइनों के समुद्र में दूर तक अन्दर चला गया है। बीचोंबीच लैम्पपोस्ट, नल और सीमेण्ट की बेंचों की कतारें। बहुत लम्बा प्लेटफॉर्म। सुनसान। हम लोग चले जा रहे हैं। चुपचाप। उसने अपने कन्धों पर एक शाल डाल रखी है। कितनी बुजुर्ग लग रही है। लगता है हम लोग अन्तरिक्ष चीरकर भविष्य में धँसते जा रहे...गहरे, और गहरे, और गहरे। सहसा मेरी हथेलियों में उसकी नर्म लम्बी पतली उँगलियाँ उलझ जाती हैं। हम लोग हाथ पकड़ते नहीं। उँगलियाँ लताखण्डों की तरह उलझी रहती हैं। एकाएक वह रुक जाती है। मैं भी रुक जाता हूँ। वह मेरी ओर देखती है। ममता, करुणा, विस्मय, अविश्वास,

जाने क्या-क्या घुला-मिला है उन निगाहों में..."हम लोगों की किस्मत भी कितनी अजीब है! है न?"

"हाँ!" मैं सिर हिला देता हूँ। वह जो कुछ कहना चाहती है उसके लिए उसकी शब्दावली कितनी नाकाफी है। मगर इससे आगे कुछ नहीं कहेगी। न, एक हरफ नहीं। मैं उसे जानता हूँ।

बड़ी से बड़ी पीड़ा को झेल गयी वह, पर उसने भला कभी कुछ कहा? हाथ झुलाते चल रही है। सहसा उसने मेरा हाथ पकड़ लिया है। बच्चों की तरह।

"सुनो। अगर यहाँ से हम लोग पुल पार कर कॉफी-हाउस चलें तो!"

"चलो।" मेरे उत्साह की कोई सीमा नहीं..."चलो, अभी तो पाँच घण्टे हैं।"

"नहीं जी, पागल हुए हो क्या, चलो वेटिंगरूम में चाय मँगवा लें।"

हम लोग लौट पड़ते हैं। डूबता हुआ सूरज सामने है। नीचे टेढ़े-मेढ़े उलझे हुए लोहे के साँपों जैसी पटरियाँ रेंग रही हैं जिनकी पीठ पर पिघला मूँगा बह रहा है। बीच-बीच में कुली, कामगार और राहगीर पैदल लाइनों को पार कर रहे हैं। एक बड़े से शेड में टूटे हुए इंजन मरम्मत के लिए पड़े हैं। सूरज का लाल गोला एक मालगाड़ी के पीछे डूब रहा है। 'फौजियों के नहाने की जगह', 'हाथ धोने की मिट्टी', 'कण्ट्रोल रूम'... प्लेटफॉर्म के बोर्ड और लिखावटें पढ़ रहा हूँ। कितना शान्त हूँ मैं, कितना निश्चिन्त। वह साथ-साथ चल रही है और हम समय की पूर्वापर क्रमिकता का बन्धन तोड़ चुके हैं...जीवित वर्तमान...और वह, जो मेरे साथ है।

वेटिंगरूम बिलकुल बदल गया है। उसमें बिजली जल रही है और पता नहीं क्यों अब उसकी वह रहस्यमयता जाती रही जो गोधूलिवेला में थी। एक नव-परिणीता वधू आकर बेंच पर बैठ गयी है। दीवार की ओर मुँहाजरी की सैण्डिल, साँवले पाँवों में मोटा महावर। हाथों में चूड़े। सहसा वह मुड़ती है। चेहरा साँवला है। पर बेहद सलोना। आँखें रोती-रोती सूज गयी हैं। जब तक उसका मुँह दीवार की ओर था, कमरे का वातावरण बड़ा ही हलका और भोंडा-सा लग रहा था। उसके मुँह इधर करते ही कमरे में जैसे करुणा भर-भर उठी, विदाई के लोकगीतों की करुणा :

> मोरे पिछवरवाँ लवँग, केर बिरवा, महकइ बड़े भिनसार।
> मोरे पिछवरवाँ लवँग केर बिरवा, इलग बिलग गई डार?

(मेरे घर के पिछवाड़े लौंग का बिरवा...बड़े सवेरे महकता है। पिछवाड़े लौंग का बिरवा...इसकी एक डाली दूसरी डाली से बिछुड़ गयी।)

अकस्मात् वह आती हुई दीख पड़ती है। तेजी से जरूर रोयी है।

"अच्छा चाय पी ली तुमने। सुनो! इसी शहर की लड़की है। जानते हो इम्फाल में ब्याही है। अब कभी नहीं लौटेगी।" उसका गला रुँधा है। मैं पैसे चुकाकर चल

देता हूँ। जानता हूँ न उसे। यहीं चाय की स्टाल पर खड़े-खड़े आँसू टपकाने लगेगी। दुनिया-भर का दर्द तो उसी के सर-माथे है न? लड़की वह इम्फाल में ब्याही है। रोएँगी आप।

वह मेरा हाथ पकड़कर जैसे खींचे ले जा रही है। फिर वही खुला प्लेटफॉर्म। रात हो चुकी है। हम लोग बढ़ते जा रहे हैं।

एक बेंच आयी।

"बैठोगे यहाँ?" और वह मुझे बिठा लेती है। बेंच के पास का लैम्पपोस्ट खामोश जल रहा है। अँधेरे के अथाह समुद्र में जैसे वह एक छोटा-सा द्वीप है। हम दोनों को ज्वार वहाँ फेंक गया है।

वह गरदन घुमाकर चारों ओर देखती है। फिर सिर झुकाकर कहती है : "वही प्लेटफॉर्म तो है यह?"

"जहाँ से...मेरी विदा हुई थी। तुम्हें क्या याद होगा। तुम तो थे ही नहीं। उस दिन भी कोई काम निकल आया था न तुम्हें, छोड़ कर चले गये थे न?"

मैं चुप।

"सुनो", वह फिर बोलती है : "तुम्हें किसी ने भी ममता नहीं दी!"

"क्यों?"

"दी होती, तो तुम भी दूसरों को देते न?" और उसके बाद दो हिचकियाँ और कन्धे पर गरम-गरम आँसू की एक बड़ी-सी बूँद। मुझे होश नहीं था कि कब उसका स्वर गहरा गया था, कब उसका माथा मेरे कन्धे पर आ टिका था...

"सुनो!" वह रुँधते हुए रुक-रुककर बोल रही है : "जिसे लाना उसे ममता से भर देना। अंग-अंग, पोर-पोर। कहीं भी वह रीती न रहे। ममता से छा देना उसे। न...न...मैं जानती हूँ तुम वैसी ममता दे सकते हो। मैं कहूँ कुछ पर मैं जानती हूँ। मैं जानती हूँ। तुम्हीं वैसी ममता दे सकते हो, सिर्फ तुम्हीं!"

(मैं चुप हूँ। न! आँसू मुझे आ ही नहीं सकते! पर नीचे का होठ काँप रहा है।)

"मैं जानती हूँ", वह सिसकते हुए बोल रही है : "मैं इतने दिन रहकर भी उसे देख नहीं पायी और अकस्मात् मुझे जाना पड़ रहा है। वहाँ से तुम्हारे बुलाने पर आ पाऊँगी या नहीं, मैं नहीं जानती। वह दूसरी दुनिया है, दूसरे लोग हैं। पर...मैं जानती हूँ जिसने तुम्हें जीता है वह बहुत बड़ी होगी। बहुत बड़ी। नहीं, मैं जानती हूँ मुझसे भी बड़ी। पर सुनो, उसे उतनी ही बड़ी ममता देना,...उतनी ही बड़ी...तुम दे सकते हो।" और अकस्मात् बाँध टूट जाता है। वह फूट-फूट कर रो पड़ती है। हिचकियाँ...आँसू...

अकस्मात् दूर खड़ी मालगाड़ी में तेजी से आकर एक इंजन जुड़ता है।

खड़-खड़-खड़-खड़-खड़ डिब्बे टकराते हैं। पहले से दूसरा, फिर तीसरा, चौथा, पाँचवाँ, आखिरी डिब्बा कटकर अलग हो जाता है। पीछे लाइन पर चला जा रहा है। एक मोड़, दूसरा घुमाव, तीसरा घुमाव...

खड़-खड़-खड़-खड़...सामने के पीपल में पक्षी पर खड़खड़ाते हैं। जैसे पानी में कंकड़ पड़ते ही छायाएँ हिलकर मिटने लगती हैं वैसे ही स्मृति-चित्र बिखर रहा है, जलरंग पुछ रहे हैं। इन्द्रजाल की तरह स्टेशन लुप्त हो जाता है...मैं लौट आता हूँ वर्तमान में...आधी रात, उचटी नींद, ठण्डी छत, बेमतलब टहलना,...ठण्डक बढ़ गयी है। सामने नीम और पीपल के मूर्च्छित छाया-चित्र।

पिछले दिसम्बर में मैं उधर से गुजरा। कुम्भ की तैयारियों ने स्टेशन का नक्शा बदल दिया था। उस प्लेटफॉर्म पर की सारी इमारत ढह गयी थी। प्लेटफॉर्म सपाट कर दिया गया था। कोई निशान तक नहीं उस वेटिंगरूम का। बिलकुल अजनबी लगा मुझे अपना स्टेशन।

हवा चलने लगी है। पीपल के पत्ते खड़खड़ा रहे हैं। पंचमी का हँसिये-जैसा चाँद कब आकर पीपल की शाखों में उलझ गया यह मुझे मालूम नहीं हुआ। नींद आने लगी है। पाँव थक गये हैं टहलते-टहलते। मैं कमरे में आ जाता हूँ। मेरे कमरे का बेड-लैम्प जल रहा है। बगल वाले तकिये पर ढेर के ढेर रेशम जैसे केशपाश बिखरे हुए हैं। रोशनी की हलकी जर्द पाँखुरियाँ उसके नींद-डूबे प्रोफाइल पर जम गयी हैं। ये दूसरी पलकें हैं...गुलाबी नहीं। आमों की कटी फाँक की तरह लम्बी, नुकीली। पतली लहरें।

वह करवट बदलती है। काजल की पतली लहरों में कम्पन होता है। लहरें टूटती हैं। वह आँखें खोल देती है...होठों पर स्नेह की, ममता की मुस्कान दौड़ जाती है। दो अर्द्धनिद्रित बाँहें उठती हैं फैली हुई, आमन्त्रण भरी, जैसे कहती हैं 'दे दो। सब मुझे दे दो। मैं सहेज लूँगी। सब कुछ।' गोरोचन का बड़ा-सा टीका हलके उजाले में चमक उठता है। उस एक रहस्यमय क्षण में जैसे सब उसे दे रहा हूँ। जो कुछ पाया वह भी, जो कुछ खोया है वह भी। ममता के एक गहरे क्षण में कितना प्यार, कितनी उपलब्धियाँ छिपी रहती हैं, जो हमने दूसरों से पायी हैं। हमारा अपना अंश कितना रहता है, कौन जाने?

उसके केश मेरी पलकों पर बिखर गये हैं। बाँहें फूल-मालाओं की तरह कण्ठ में लिपटी हैं। मैं नींद में डूबता जा रहा हूँ, गहरे और गहरे रात के सन्नाटे को चीरकर एक उनींदी रेल की सीटी बोल उठती है। कोई ट्रेन छूट रही है। वहीं पहुँचेगी जहाँ के लिए छोड़ी गयी है? इतना जटिल टाइमटेबल कौन बनाता है?

पार्क, चिड़ियाँ और सड़क की लालटेन

कोई कहानी कहने नहीं जा रहा हूँ। आप खुद सोचिए—पार्क, सड़क की ये लालटेन और चिड़ियाँ, ये भी कोई कहानी के विषय हो सकते हैं? कितने भिन्न, कितने बेमेल! 'कहीं की ईंट कहीं का रोड़ा, भानमती ने कुनबा जोड़ा।' लेकिन भानमती की शिकायत करने से होता ही क्या है, उस कुनबे की कथा तो कहनी ही है। तो मैं आपको एक सचमुच का पार्क, एक सचमुच की लालटेन और कुछ वास्तविक चिड़ियों की अजब-सी जिन्दगी के बारे में बताऊँगा। हाँ, एक बात पहले से कह दूँ, श्रोताओं में बहुत से ऐसे होंगे जिनके मन में पार्क के नाम से ही किसी ऐसे हरे-भरे पार्क का ध्यान आ गया होगा जहाँ अकसर उपन्यासों के या कहानियों के नायक-नायिका अकस्मात् मिल जाते हैं और मिलते रहते हैं। बदकिस्मती से यह पार्क कहानियों के पार्कों जैसा बिलकुल नहीं है। सूखा, जिसकी रेलिंग जगह-जगह पर टूट गयी है। ऐसा है यह पार्क, निम्न-मध्यम वर्ग के लोगों की एक बस्ती में, तंग गलियों के बीच में स्थित। यूँ तो कई प्रसिद्ध नगर ऐसे हैं जिन्हें पार्कों का नगर कहा जाता है। जहाँ न केवल भूमि पर किन्तु लोगों की बुद्धि, सभ्यता, संस्कृति में भी बड़े-बड़े पार्क ही हैं। किन्तु यह नगर, अभाग्यवश पार्कों की दशा में इतनी उन्नति नहीं कर पाया। इसीलिए पार्कों की अपेक्षाकृत कमी को देखते हुए इस तंग गलियों वाली बस्ती में इस पार्क का अस्तित्व अचरज में डाल देता है।

वास्तव में इस पार्क के निर्माण के पीछे एक अजब-सा इतिहास है। वह इतिहास आपको सरकारी कागजात में नहीं मिलेगा, लेकिन इस बस्ती के लोगों को वह इतिहास मालूम है। आज से पन्द्रह वर्ष पहले, जहाँ यह पार्क बसा है, वहाँ नमी, सीलन, कीचड़-भरी एक गन्दी बस्ती थी। मिट्टी की मोटी बेडौल दीवारें, फूल के छप्पर, और गलियों के नाम पर बदबूदार कीचड़ में रखी हुई तरतीबवार ईंटें जो मुख्य गली से लोगों की देहरियों तक रखी रहती थीं। जाड़ा, गरमी, बरसात, हर मौसम में लाखों मच्छरों के झुण्ड उस कीचड़ पर आराम से तैरते रहते थे। उस तमाम बस्ती में सभ्यता का विकास मोहिंजोदारो और हड़प्पा के भी पहले के काल का था क्योंकि हड़प्पा में तो पुरातत्त्ववेत्ताओं ने नालियाँ खोद निकाली हैं, उस बस्ती में नाली-जैसी

कोई भी चीज नहीं पायी जाती थी। इस बस्ती में कुछ खटिक, कुछ चमार और कुछ डोम रहते थे। खटिक मुर्गियाँ पालते थे, बत्तखें पालते थे और चिड़ियों के नाम पर बड़ी-बड़ी बूढ़ी और मैली बत्तखें अपने छातेदार पंजों से कतारों में चलती हुईं, उस कीचड़ में चोंच डालकर खाना ढूँढ़ती थीं। (आप क्षमा करेंगे, चिड़ियों के नाम पर मैं मोर, हंस, चकोर, चकई, चकवा या कोयल की बात न बता पाऊँगा क्योंकि ये उस बस्ती में पाये ही नहीं जाते थे।) ये बत्तखें छोटे खटिक की थीं और इनके कारण बिरादरी में उसका मान था। जब ये बत्तखें स्कूली लड़कियों की तरह गोल बाँधकर, पंख फड़फड़ाती हुई आपस में चीख-चीख कर बातें करती हुई चलती थीं तो बस्ती भर की निगाह उन पर जम जाती थी और छोटे खटिक की छाती गर्व से फूल उठती थी। वह हर शनिवार को 'कैण्टूमैण्ट' और 'सिविल्लेन' के बँगलों में बत्तखों के अण्डे पहुँचाने जाया करता था। अगर उसका पड़ोसी बसन्तू का इक्का उधर आता हुआ हो तो वह उसी पर बैठ जाता था। बसन्तू और उसकी बिरादरी के सभी चमार इक्के हाँकते थे पर बसन्तू के घोड़े को कोई नहीं पा सकता था। किले के किसी अधगोरे साहब ने यह घोड़ा उसे फौज में से जाने कैसे दिलवा दिया था। शिकोटी[1] और नागपंचमी के दिन बसन्तू, घण्टियों, कौड़ियों, दुपट्टे और कलँगी से अपने घोड़े को सजाता था और फिर गहरेबाजी में क्या मजाल कि लाल मुहम्मद का घोड़ा[2] उसके आगे निकल जाए। ये लोग उस कीचड़ में रहते थे मगर कीड़ों की तरह नहीं। अभिमान से सिर उठाकर। हाँ, उस तमाम बस्ती में एक अजब-सा व्यक्ति था मित्तू डोम। उसकी औरत उसको छोड़कर भाग गयी थी। उसके घर का छप्पर आँधी में उड़ गया था, दरवाजे बस्ती के लड़कों ने उखाड़कर चौराहे की होली में जला दिये थे और मित्तू कनस्तर के टीनों की छाजन में, एक बँसखट पर पड़ा रहता था और दरवाजे पर चार बाँसों को कैंचीनुमा बाँधकर टिका देता था। उसके तीन काम थे। यदि कहीं कोई जानवर मर जाय तो म्युनिसिपैलिटी की ओर से उसे उठाकर नदी में प्रवाहित करता था, सरकारी अस्पताल में या कोतवाली में कोई लावारिस मुरदा हुआ तो उसे गाड़ी में लादकर घाट तक ले जाता था और अकसर तार का एक बड़ा फन्दा लेकर लोहे की बड़ी सीखचेदार गाड़ी में घूम-घूमकर कुत्ते पकड़ता था। शहर भर के कुत्ते उसे पहचानते थे और उसे देखते ही विचित्र त्रास, आशंका, भय और विरोधमिश्रित स्वर में भागते जाते थे और भूँकते जाते थे। न सिर्फ कुत्ते वरन शहर भर के बच्चे उससे डरते थे, उनमें यह किंवदन्ती मशहूर थी कि मित्तू डोम कुत्तों की जीभ से दवा बनाकर गोरों को दे आता है। बसन्तू चमार और छोटे खटिक भी मित्तू से नफरत करते थे। ये लोग जिन्दा जानवरों के मालिक

1. प्रयाग का एक स्थानीय मेला।
2. गहरेबाजी में मशहूर एक घोड़ा जिसे बाद में किसी ने जहर दे दिया।

थे, मित्तू डोम मुरदों का। और इसीलिए अपने छाजन में टूटी खाट पर दिन-रात दारू में धुत्त मित्तू डोम लेटा रहता था और जाने किसे निरन्तर डाँटता रहता था, दीवारों को, कड़ियों को। ये थे वे लोग और यह थी उनकी जिन्दगी, जिसका यह ढर्रा जाने कब से चला आ रहा था।

हाँ, कुछ दिनों बाद, एक नयी बात हुई। एक बंगाली बाबू ने इस बस्ती के पीछे वाली एक टूटी हवेली इसाक मियाँ से खरीदी और उसमें आने के दूसरे ही दिन बाद उन्होंने छोटे खटिक को बुलाकर दो मुर्गियाँ खरीद लीं। फिर तो उसके बाद पीछे की ओर बाबुओं की एक बस्ती ही बस गयी। चूँकि उनके आने-जाने का रास्ता उसी बस्ती में से हो कर था इसलिए एक दिन देखा गया कि कुछ म्युनिसिपैलिटी के मजदूर एक खम्भा और लालटेन लादकर लाये हैं। वह लालटेन लगी और एक हलकी धीमी रोशनी शायद कई सदियों बाद उस बस्ती में पहली बार चमकी। सच मानिए, वह एक चमत्कार था। उस दिन बसन्तू ने जल्दी घोड़ा खोल दिया, छोटे खटिक कैण्टूमैण्ट नहीं गया, सभी उस लालटेन के नीचे बैठे रहे। हाँ, मित्तू डोम जरूर नजदीक नहीं आया। दूर से ही पड़ा-पड़ा इस लालटेन को गालियाँ देता रहा। तीसरे दिन बसन्तू की औरत मुँह अँधेरे टोटके लिये चौराहे पर जल चढ़ाने गयी तो उसने लौटते वक्त एक लाल फूल लालटेन मैया के नीचे भी रख दिया, कि वह अप्रसन्न न हो और छोटे बच्चे तो महीने भर तक उस लालटेन के पास तक नहीं आये, क्योंकि उन्होंने सुना था कि जिन्न लोग उस लालटेन को जलाते हैं और उसके नीचे चुड़ैलें नाचती हैं, जिनके पंजे पीछे की ओर होते हैं। इस लालटेन की एक गाथा बन गयी थी। लोग उसे भय, श्रद्धा और आश्चर्य से देखते थे। वह लालटेन रोशनी भी देती है, उससे रास्ता भी ढूँढ़ा जा सकता है, इसे कोई नहीं जानता था। हालाँकि वह उन्हीं की बस्ती में लगी थी।

और फिर एक दूसरी नयी बात हुई। एक कोई गाँधी बाबा पैदा हुए। जेल में बिलकुल श्रीकृष्ण भगवान् की तरह उनका जन्म हुआ था। पैदा होते ही उनके हाथ में सुदर्शन चक्र नाचने लगा जिसमें से सूत निकलने लगा। फिर गाँधी बाबा ने सुदर्शन चक्र को कुल्हाड़े में बदल दिया और ताड़ के पेड़ कटने लगे। गोरे उन्हें बन्द करने आये तो देखा कि ताड़ के पेड़ में से तो दूध निकल रहा है। ये सब बातें छोटे खटिक ने मुहल्ले वालों को बतायी थीं, क्योंकि इतवार को वह ताड़ी पीता था। मगर अब ताड़ीखाने पर गाँधी जी के चेले धरना देते थे। होते-होते हुआ यह कि एक दिन छोटे खटिक भी गाँधी जी का चेला हो गया। उसने ताड़ी पीना छोड़ दिया। उसकी औरत, जिसे वह ताड़ी पीकर मारता था, इससे इतनी खुश हुई कि अगले माघ में उसने गाँधी जी के नाम गंगा जी का एक झण्डा उठाने की मानता की। बढ़ते-बढ़ते गाँधी जी बाबा के चेलों ने राजपाट सम्भाला। फिर क्या था, 'ओट' पड़ा और छोटे खटिक बिगुल बजा-बजाकर जुलूस निकालता रहा। उधर जो नये बाबू लोग बसे थे

उनके लड़के सब गाँधी के चेले थे। गाँधी बाबा जीते। छोटे खटिक ने उस दिन बसन्तू का इक्का सजवाया और बसन्तू ने एक भेली गुड़ की मित्तू डोम को भिजवायी।

लेकिन दुश्मन सबके होते हैं। महीने भर बाद दशहरा और मुहर्रम साथ पड़ रहे थे और लोग कहते थे कि गाँधी जी के दुश्मनों ने सैकड़ों लठबन्द देहात से बुलवाये हैं। जिनमें से कुछ ताजियों के साथ रहेंगे और कुछ महाबीरी अखाड़े में, और उस दिन शहर में जो न हो जाय, थोड़ा है। जुलूस इस बस्ती के बगल से होकर जाता था। बहुत सनसनी थी, फौज का पहरा था। त्योहार के चार दिन पहले पीछे वाले बाबू लोग घर छोड़कर दूसरे सुरक्षित मुहल्लों में चले गये थे। पर छोटे खटिक निश्चिन्त था। इसाक मियाँ, पीरे, रसूल ये लोग भी वहीं थे। उनको क्या लेना-देना।

मगर जब अगले चौराहे पर दल और ताजिया मिला तब एकाएक लाठियाँ हवाओं में उठ गयीं और ईंटें बरसने लगीं। हजारों लठबन्दों का रेला ज़ब इस बस्ती की ओर आया तब बसन्तू, छोटे, इसाक, पीरे, सभी लाठियाँ लेकर दौड़े। सवाल इस वक्त हिन्दू-मुसलमान का नहीं था, सवाल मुहल्ले की रक्षा का था। छोटे की औरत को पीरे काकी कहता था और इसाक मुहल्ले के रिश्ते से बसन्तू के दादा थे। इसाक बूढ़े थे, पर गजब की हिम्मत थी उनमें। छोटे उन्हें रोकता ही रह गया पर वे भीड़ में घुस ही गये। पर लठबन्द तो टिड्डी दल की तरह घुसते ही चले आ रहे थे। इसाक घूमकर लौटे और औरतों-बच्चों को फौरन पीछे की ओर से निकाल ले गये। इतने में मित्तू डोम का छप्पर जलता हुआ नजर आया और धुआँ दीख पड़ा। छोटे, बसन्तू सब भागे। रात उन्होंने एक पेड़ के नीचे काटी। दूसरे दिन शहर में मार्शल लॉ था, पर चुपचाप बसन्तू, पीरे, इसाक, छोटे अपने मुहल्ले की ओर लौटे तो देखा सारा मुहल्ला भस्म हो गया है। लालटेन के शीशे फूटे पड़े हैं। मित्तू डोम का कुछ पता नहीं था। कुछ लोग कहते हैं मौका पाकर आग उसी ने लगायी थी। मगर क्यों? यह कोई नहीं जानता था।

दंगा खत्म होने के बाद बाबू लोग अपने-अपने घरों में लौट आये पर छोटे, बसन्तू, पीरे, इसाक—ये लोग न लौट पाये। बाबुओं ने दरख्वास्त दी थी कि स्वास्थ्य और खुली हवा के लिए यहाँ पार्क बनाया जाय और यह दरख्वास्त मंजूर हो गयी थी। और तब इसी लालटेन के उत्तरवाली जमीन में पार्क बना। छोटे और बसन्तू और पीरे को मुआवजा मिला परन्तु उतने में बसन्तू अपना घोड़ा नहीं रख सका। जिस दिन उसने घोड़ा बेचा उस दिन वह इतना फूट-फूटकर रोया जितना घर जल जाने पर भी नहीं रोया। और इस तरह यह लालटेन लगी, यह पार्क बना। कुछ दिनों रौनक रही पर धीरे-धीरे लड़ाई ने और बाद की महँगाई ने बाबुओं की भी रीढ़ तोड़ दी। सुबह के निकले-निकले रात को घर आते थे। पार्क साफ हवा के लिए बना था पर बाबुओं की किस्मत में वक्त नहीं। महँगाई के सात-आठ सालों ने उन्हें बूढ़ा

बना दिया था। पार्क धीरे-धीरे उजड़ गया, रेलिंग टूट गयी, बेंच उखाड़कर लोग ले गये। लालटेन लगी है, पर जलती नहीं क्योंकि जो कहार बत्तियाँ जलाने के लिए तैनात है वह उसका तेल चुराकर चुपके से बाबुओं को बेच आता है, वरना बच्चों को खिलाये क्या? हाँ, चिड़ियाँ अब नहीं रहीं। पहले छोटे की बत्तखें गयीं। फिर घरों में कुछ गौरैयाँ थीं जब तक दाना था, अब बाबुओं के घरों में दाना पूरा ही नहीं पड़ता।

और इस क्षण भी यह कहानी इसी तरह चल रही है। पहले छोटे, बसन्तू, पीरे इनके पाँव उखड़े और वे तिनके के सहारे बह गये। फिर बाबुओं के पाँव उखड़े और वे तिनकों के सहारे बह रहे हैं। साफ हवा है पर किसी को मयस्सर नहीं, लालटेन है पर उसमें रोशनी नहीं, चिड़ियों के संगीत हैं पर उनके लिए दाना नहीं। आज पार्क, लालटेन और चिड़ियों की यही कहानी है।

कहानी मैंने आपको सुना दी, अब मैं आपसे थोड़ी-सी मदद चाहूँगा। इसका अन्त मुझे आप सुझा दें। क्या हमेशा इसी तरह एक के बाद दूसरे लोग तिनकों की तरह बहते जाएँगे? या कभी वे तिनके एक साथ मिलकर नया किनारा बनाएँगे, नयी दिशा में धार को मोड़ देंगे? क्या ये पार्क और लालटेन इसी तरह सुनसान पड़े रहेंगे या पार्क में कभी स्वस्थ नयी पीढ़ी साफ हवा पाएगी, चिड़ियों के कण्ठों में नयी सुबह के गीत फूटेंगे और लालटेनों में वह रोशनी वापस आएगी, वह ज्योति जिसके लिए हमारी जनता ने संस्कृति के उषाकाल में ही प्रार्थना की थी, 'तमसो मा ज्योतिर्गमय' हमें अन्धकार से प्रकाश की ओर ले चलो। मैं जानना चाहूँगा कि आप अँधेरे में रहेंगे, या प्रकाश के लिए लड़ेंगे? आप मुझे जो उत्तर देंगे वैसा ही अन्त मैं कहानी में जोड़ दूँगा, तब तक इस कहानी को अधूरा रहने देता हूँ।

कैक्टस

अब मुझे याद आ रहा है—आधुनिक साहित्य और कैक्टस वाली बात दिनकर जी ने कही थी। गरमियों की बात है। हम लोग ताकुला से पैदल नैनीताल की ओर जा रहे थे। मराठी के प्रख्यात कवि बोरकर, डॉ. लक्ष्मीनारायण लाल तथा कुछ लोग और थे। बात किस पर चल रही थी मुझे ठीक-ठीक याद नहीं रहा, शायद नये प्रतीकों पर—और दिनकर जी पैनी नुकीली फब्तियों से हँसाते-हँसाते तीन मील की चढ़ाई पार करा ले गये। जाने कैसे बात बागबानी पर आयी और दिनकर जी बोले—"दिल्ली में कैक्टस लगाने और सजाने का शौक बढ़ रहा है। क्यों कोई चीज कब अधिक लोकप्रिय होने लगती है इसके पीछे युग-मानस रहता है। और सच पूछो तो यह कैक्टस बिलकुल प्रतीक है नये साहित्य का, नयी कविता का—क्यों भारती?" सब हँस पड़े। इसके पहले कि मुझ पर यह बात आगे बढ़े मैंने देखा कि ऊपर टेलीफोन के तारों में पास के क्वाटरों से उड़कर आयी हुई किसी की साड़ी फँसी हुई है और हवा में खूब लहरा रही है। बोरकर जी बड़े ही कुशल गीतकार भी हैं। मैंने बात उन पर टाली और तुरन्त बोला—"देखिए, यह बोरकर जी के साहित्य-दर्शन का प्रतीक है।" सबकी निगाह ऊपर गयी और फहराती हुई तार में फँसी साड़ी को देखकर बोरकर जी भी ठठाकर हँस पड़े और बोले—"प्रतीक क्यों, यह तो पूरा झण्डा है!"

बात मेरे भी ध्यान से उतर गयी थी, पर कल अपने कैक्टस के गमलों को सँवार रहा था तो अकस्मात् याद आ गयी। दिनकर जी सही कहते थे। कैक्टस में

और आधुनिक साहित्य-दृष्टि में साम्य है जरूर! कुछ ऐसा अनगढ़ आकर्षण है इन पौदों में जो नये साहित्य से मेल खाता है। परम्परागत साहित्य की लयबद्धता, तराश, पच्चीकारी, सजाव-सिंगार में अपना आकर्षण हो पर वह कैक्टस वाला आकर्षण तो नहीं ही है। कैक्टस को वनस्पति-शास्त्र की भाषा में 'जीरोफिटेड' कहा जाता है। अर्थात् बालू हो, कँकरीली मिट्टी हो, कड़ी धूप हो, पानी न हो, खाद न हो, देख-भाल भी न हो, पर यह पौदा जीवन की अदम्य घोषणा करता हुआ उगता रहता है, बाहर काँटे, अन्दर रस। सामन्ती मनोवृत्ति वाला कवि—जो बादशाओं से खिलअतें और जागीर पाने का आदी था, कैक्टस (सेंहुड़, नागफनी आदि) का महत्त्व नहीं समझ सकता था। उसे तो कैक्टस कंजूस राजा की तरह लगता था—"अब बागन बिच देखियत सेंहुड़ कंज करीर!" पर वास्तव में कैक्टस सचमुच किसका प्रतीक था यह पहचाना आज के विद्रोही कवि ने जिसने कैक्टस के छोटे भाई कुकुरमुत्ता को गुलाब से बेहतर माना! क्योंकि केवल वही सुन्दर नहीं है कि जिसे अतीत की परम्परागत विलासी दृष्टि सुन्दर कहती आयी है बल्कि वह भी है जो कूड़े में से उगता है, पर स्वाभिमान से सिर उठाकर खड़ा रहता है। और यह बात यद्यपि आज नये कवियों या कथाकारों और समीक्षकों ने पूरे जोर से उठायी है पर छायावाद के दोनों महत्त्वपूर्ण कवि निराला तथा पन्त पहले ही इसका संकेत दे चुके थे। निराला ने कुकुरमुत्ता का प्रतीक अपनाया और पन्त ने स्पष्ट कहा—"कूड़ा कर्कट सब भू पर, लगता सार्थक औ' सुन्दर!" और जब आधुनिक साहित्य-चेतना अतीत की प्राणहीन रूढ़ियों और सामन्ती विलासजन्य सौन्दर्य-दृष्टि की संकीर्णता को त्याग कर विराट् जीवन के अनगढ़ आकर्षण को आत्मसात् करने के लिए बढ़ी तो उसकी अनिवार्य परिणति उस नये सौन्दर्य-बोध में होनी थी जो आज नयी कविता में, नये कथा-साहित्य में, नये समीक्षा-सिद्धान्तों में बार-बार, अगणित रूपों में प्रकट हो रहा है।

साहित्य-दृष्टि के इस परिवर्तन की भूमिका तो बहुत पहले से बन रही थी पर इधर कुछ इतनी तेजी से इसका परिवर्तित रूप सामने आया है कि काफी लोग इसका स्वागत करते हुए भी संशय में पड़ गये हैं, द्विविधा है, दबा और खुला दोनों प्रकार का विरोध भी है, फिर भी यह परिवर्तित साहित्य-दृष्टि बिना पराजित हुए चारों ओर विकास करती चली जा रही है।

हो सकता है आप यहाँ मुझे रोककर पूछना चाहें—

"क्यों भाई, जो कुछ विरोध के बावजूद बढ़ता चला जाय वह सही ही होता है, यह तो कोई तर्क नहीं है। बहुत रोक-थाम के बावजूद महामारी फैलती चली जाती है! तो यह नयी साहित्य-दृष्टि भी—" सवाल आपका बहुत उचित है और आपने तो बड़ी सज्जनतापूर्वक पूछा है, (वैसे हिन्दी में तो कुछ लोग न केवल नाराज हो बैठते हैं वरन् लगता है सारा सन्तुलन ही उनका खो जाता है जब वह नये का विरोध करने चलते हैं!) मैं जानता हूँ कि आपका प्रश्न उस भावना से प्रेरित नहीं है। आप

सचमुच समझना चाहते हैं कि आखिर नया लेखक क्यों उन चीजों को नहीं उठाता जिन्हें आप अभी तक सुन्दर कहते आये हैं।

सुन्दर क्या है और असुन्दर क्या है, इस बहुत विवादास्पद प्रश्न को अगर हम नये सिरे से न भी उठायें तो भी इतना तो बताना बहुत आवश्यक है कि नया लेखक यदि देखता है कि पिछली दो शताब्दियों से एक कोई चीज साहित्य में बराबर आ रही है जो अब घिस-घिसकर अपना महत्त्व खो बैठी है तो वह उस चीज को त्याज्य समझेगा, चाहे परम्परागत दृष्टि से वह अति सुन्दर और अनिवार्य ही क्यों न मानी जाती रही हो। इसकी अपेक्षा यदि कोई चीज है जिसका जिक्र अभी तक साहित्य में वर्जित माना गया हो पर यदि उसके बारे में लिखकर वह आपमें एक नया परिप्रेक्ष्य जगा सकता है, अपनी जीवन-प्रक्रिया को और भी उद्‌बुद्ध कर सकता है तो वह उसके बारे में अपने ढंग से लिखने में नहीं हिचकेगा। और फिर जब वह युग के समग्र परिवेश में अपना यह सृजन-कार्य करेगा तो उसकी कला-शैली भी उसी के अनुरूप अपने को बदलेगी ही।

आखिर कैक्टस का यह विकास रेगिस्तानों में हुआ होगा जहाँ सूरज से आग बरसती है, उसे अपने मर्म को इतनी कड़ी रेशेदार मोटी छाल में छिपाकर रखना पड़ा वरना रेतीली भूमि से उसने कण-कण कर जो रस खींचा है वह एक ही क्षण में उड़ जाता। इतना तेज अन्धड़ बहता है इसीलिए उसको कड़ी रीढ़ विकसित करनी पड़ी वरना वह एक ही झोंके में टुकड़े-टुकड़े हो जाता। उसे काँटे विकसित करने पड़े ताकि वह ऐसे पशुओं से अपनी रक्षा कर सके जो हफ्तों के लिए अपने पेट की थैली में जल संचित कर भी किसी नये हरे पौदे को देखकर बलबलाकर मुँह मारने का लोभ नहीं छोड़ पाते।

(काँटों की बात करते-करते मुझे एक बात याद आ गयी। गमले में जब मैं अभी उस कैक्टस को सँवार रहा था तो अकस्मात् उसका एक त्रिशूलनुमा काँटा टूट गया। काँटा टूटते ही उसमें से टप-टप दूध की बूँदें टपकने लगीं। अन्दर कितनी दुग्ध-स्निग्धता भरी थी उस टेढ़े-मेढ़े कैक्टस में!)

आज का युग मानव-चेतना के लिए कितना भयानक रेगिस्तान साबित हुआ है, उसमें कितनी पथभ्रष्ट करने वाली मृगमरीचिकाएँ रही हैं, (जिनमें से कुछ की असलियत वर्षों पहले खुल गयी है और कुछ की अब खुल रही है) कितने भयानक अन्धड़ चलते रहे हैं और मानव की सहज रस-स्निग्धता को निगलने के लिए, कितने भूखे पशु विचरण करते रहे हैं—मनुष्य को जड़ बनाने वाला जड़वाद, आर्थिक सुविधाएँ, छीनकर कुण्ठित और बौना बनाने वाला पूँजीवाद, विचार-स्वातन्त्र्य का अपहरण कर मनुष्य को पशुधर्मी बनाकर व्यक्ति-पूजा कराने वाला तथाकथित समष्टिवाद और जाने कितनी ही पद्धतियाँ और सत्ताएँ जो इस जड़वादी युग की देन हैं, वे मनुष्य से उसकी सहज रागात्मकता, श्रद्धामयता तथा उसके विकास की

अमित सम्भावनाएँ छीनने में तत्पर हैं। आज दार्शनिक, वैज्ञानिक, समाजशास्त्री, सभी इस व्यापक संकट के प्रति सचेत हैं और अपनी दिशा में इसके निराकरण के उपाय ढूँढ़ रहे हैं। आधुनिक साहित्य भी इसका सामना कर रहा है। उसने इस चुनौती को स्वीकार किया है। जो इस चुनौती की वास्तविक प्रकृति को समझते हैं वे इस नये सौन्दर्य-बोध को भी समझ सकते हैं। जो इस आधुनिक युग में मानवीय संकट की विडम्बना को ही नहीं समझ पाये हैं वे अगर किसी चीज को सही तौर पर समझने की जिद करें, पचास वर्ष पूर्व की धारणाओं को ही अपनी कसौटी बनाये रखें तो वे इस आधुनिक साहित्य-दृष्टि से बुरी तरह चौंक भी सकते हैं। यों तो उनका चौंकना भी खासा मनोरंजक होता है पर उससे एक नुकसान हो सकता है, वह यह कि किसी को उनके चौंकने में इतना रस आने लगे कि वह ठोस काम छोड़कर उन्हें चौंकाने में ही लग जाए। नया साहित्य चौंकाता है, यह एक गलत कथन है। सही यह है कि नये साहित्य से रूढ़िवादी चौंकता है और यह कोई नयी बात नहीं। हमेशा ऐसा होता आया है। किसी भी गहरे और नये विचार को जनमानस में जड़ पकड़ने में कुछ देर लगती ही है और यह अच्छा ही है, क्योंकि उस बीच में वह विचार मँजता है, उसके अनावश्यक काँटे टूटते हैं और अन्दर का रस बाहर झलक आता है, जैसा आज उस गमले में उस कैक्टस को सँवारते समय घटित हुआ।

राज्य और रंगमंच

मराठी के वयोवृद्ध नाटककार मामा वरेरकर को भारत सरकार ने संसद की सदस्यता प्रदान की है, यह समाचार पढ़कर मन में दोनों प्रकार के भाव जगे। प्रसन्नता तो हुई ही, मामा ने रंगमंच के लिए अपने जीवन भर जो अथक संघर्ष किया है उसके सम्मान में और आज भी उनके मन में रंगमंच के उत्थान के जो स्वप्न हैं उनकी पूर्ति के लिए जो भी किया जा सके वह थोड़ा है। आशा है कि संसद् में, संगीत-नाटक अकादमी में तथा अन्य राजकीय समितियों में उनकी उपस्थिति रंगमंच-सम्बन्धी एक जीवन-व्यापी अनुभव का लाभ प्रदान करेगी—किन्तु एक आशंका भी होती है। इन राजचक्रों में जाकर बड़े-बड़े स्वप्नद्रष्टाओं ने कुछ ऐसी सीमाओं का अनुभव किया है जो धीरे-धीरे स्वप्नों को धूमिल कर देती हैं। केवल चक्र शेष रह जाते हैं वह भी धीरे-धीरे कुचक्र लगने लगते हैं। पिछले वर्ष मुझे उनसे न केवल मिलने वरन काफी दिनों साथ रहने और अत्यन्त निकट से उन्हें जानने का सौभाग्य हुआ। तब पहली चीज जो मैंने उनमें पायी थी वह यह कि वे शासकीय सत्ता के सामने नतशिर होने के बजाय छोटे से छोटे लेखक के स्वाभिमान की रक्षा के प्रति अधिक सचेत थे। उनका वह स्वर इस सम्मान की वेला में भी दबे न, खण्डित न हो, यह उन बहुत से लोगों की कामना होगी जो उनके प्रति आदर की भावना रखते हैं।

वास्तव में मामा ने जीवन में जितना कष्ट उठाया है, रंगमंच के पीछे उसको उन्हीं के मुख से सुनना एक रोमांचकारी अनुभव है। सफेद खद्दर का कुरता, धोती, कृश मुख, तथा उन्नत भाल पर श्वेत केश, अखण्ड धूम्रपान के बीच-बीच एक बहुत उदार और मधुर मुसकान—उनमें व्यावहारिकता की कमी नहीं है। जिसने नाटक लिखे हैं, खेले हैं, बड़ी-बड़ी मण्डलियों का संगठन किया है और मानव-स्वभाव को चित्रित करने, अभिनीत करने और मानव-स्वभाव की सारी दुर्बलताओं को जाँचने और परखने में सारा जीवन बिता दिया हो, वह किसी अतीन्द्रिय लोक का जीव नहीं होगा, इसी राग-द्वेषमय संसार का प्राणी होगा, किन्तु सबसे महत्त्वपूर्ण बात यह है कि जीवन के इतने विचित्र चढ़ाव-उतार देखने के बाद भी उनमें कटुता नहीं है, और उससे भी बड़ी बात यह है कि अपने अभावों और कष्टों के प्रति उनमें किसी प्रकार की जटिल मनोग्रन्थि नहीं दीख पड़ती है। उनको बीसों वर्ष डाकखाने में नौकरी

करनी पड़ी। उसी दौरान वे नाटक लिखते रहे और खेलते रहे और कभी-कभी तो यदि बीस मील दूर किसी कस्बे में नाटक होने वाला होता था तो वे ड्यूटी समाप्त कर रेल से वहाँ जाते, आधी रात रिहर्सल कराते और रात को ही चलकर सुबह आकर फिर ड्यूटी करते, और यह क्रम महीनों चलता। डाकखाने की इस अत्यन्त असुविधाजनक नौकरी को बड़े प्रेम से स्मरण करते हुए कहते : "मैं तो अगर नाटक न भी लिखता तो भी स्वतःसिद्ध महान् लेखक था।" "कैसे?"—अगर कोई पूछता तो भी गम्भीर मुखमुद्रा बनाकर वे कहते : "जिन्दगी डाकखाने में गुजार दी। चिट्ठियों के आने-जाने का जिम्मेदार था इसलिए, 'मैन ऑफ लेटर्स' तो सरकारी नौकरी के बल पर ही हो गया। कोई नाटकों के बल पर 'मैन ऑफ लेटर्स' थोड़े ही हूँ।"

वे तो सरकारी नौकरी के बल पर साहित्यिक होने की बात केवल विनोद में कहते थे पर आज जब उन्हें सरकार ने संसद के लिए नामजद कर दिया है तब उन्हें सचमुच ऐसे वातावरण में जाना पड़ रहा है जहाँ अगर लोग सरकारी नौकरी के बल पर साहित्यिक नहीं बनते तो भी कम से कम साहित्य के बल पर अधिक से अधिक सरकारी प्रश्रय प्राप्त कर अपनी आजीवन कुण्ठित महत्त्वाकांक्षाओं के लिए प्रयत्न करते जरूर पाये जाते हैं। उससे भी ज्यादा बड़े खतरे की बात यह है कि नेहरू या राधाकृष्णन् या इस प्रकार के जो भी इने-गिने बुद्धिजीवी केन्द्रीय शासन में हैं, वे चाहे साहित्य को शासन की छाया से अलग रखने की बात करते भी हों (जैसा साहित्य, या नाटक अकादमी के उद्घाटन-भाषणों और समय-समय पर प्रकाशित वक्तव्यों से झलकता है) किन्तु शासनयन्त्र का वास्तविक संचालन जिनके हाथों में है वे लोग साहित्यकारों की इस कमजोरी का लाभ उठाकर विभिन्न प्रलोभनों के आधार पर उनका प्रचार-परक उपयोग करने का अवसर नहीं छोड़ना चाहते। इस बात को वे चाहे कितना घुमा-फिराकर कहें पर 'साहित्य को प्रोत्साहन' देने के नाम पर वे साहित्य को भी अपने अगले चुनाव जीतने का माध्यम बनाने की फिराक में हैं, यह बात धीरे-धीरे सामने आ रही है।

इसी वर्ष की बात है कि एक हिन्दी-भाषी प्रान्त में प्रचार-विभाग की ओर से एक साहित्य, संस्कृतिप्रधान मासिक पत्र का प्रकाशन प्रारम्भ किया गया जिसके उद्देश्यों में यह वाक्य भी था कि यह पत्रिका : "राजनीति के कोलाहल-कलह से दूर स्वस्थ, प्रेरक और जीवित साहित्य का स्वागत करेगी।" किन्तु इस पत्रिका का सम्पादकीय ही प्रचार-मन्त्री के अभिनन्दन से प्रारम्भ हुआ। बीच में एक बार प्रचार-मन्त्री ने एक वक्तव्य में यह दुःख प्रकट किया कि हिन्दी संसार कुण्ठा से ग्रस्त है और उसके तुरन्त बाद उसके एक अंक का सम्पादकीय देखने में आया जिसमें सम्पादक ने उस वक्तव्य का पूरक प्रस्तुत करते हुए बताया था कि "ओ साहित्यकारो! अगर कुण्ठा से पीछा छुड़ाना है तो आओ, देश में सरकार जो

निर्माण-कार्य करा रही है उसकी प्रशंसा गाओ और अपनी कुण्ठा से मुक्त हो जाओ।" (अगर, साहित्यकार हिचके तो उसके लिए आप्त वाक्य 'महाजनो येन गतः स पन्था', क्योंकि वैदिक ऋषि वाल्मीकि, अश्वघोष, भास, कालिदास, राजशेखर, सूरदास, तुलसीदास, कबीरदास और भारतेन्दु के हाथों दरबारी प्रशस्ति की परम्परा और भी दृढ़ होते हुए आगे बढ़ी है। विश्वास कीजिए, इस प्रसंग में ये सभी नाम उस सम्पादकीय में गिनाये गये हैं, मैंने इसमें एक नाम भी नहीं जोड़ा। किसका नाम जुड़ेगा? इतिहास पर छोड़ दीजिए, वही एक निर्णय करेगा कि इस नामावली में किसका नाम जुड़ेगा? राजा की प्रशस्ति करने वालों का या दुःख-सुख, वेदना और सौन्दर्य-बोध का साहसपूर्ण चित्रण करने वालों का। निर्माण और ध्वंस दोनों पर राजा की दृष्टि से लिखने वालों का या प्रजा की दृष्टि से लिखने वालों का।)

नेहरू और राधाकृष्णन् के समस्त सदाशयपूर्ण प्रयासों और वक्तव्यों के बावजूद यदि सरकारी मशीन देश की जनता पर अपना दृष्टिकोण आरोपित करने के लिए सन्नद्ध हो ही जाय तो निस्सन्देह रंगमंच से अधिक उपयुक्त साधन उसे क्या मिल सकता है? साहित्य के अन्य अंग तो पाठ्य हैं, पर यह दृश्य है। जनशिक्षा के नाम पर राजनीतिक प्रचार (चाहे वह किसी दल का क्यों न हो) करने के लिए रंगमंच का वह वैसा ही दुरुपयोग कर सकता है जैसा समय-समय पर व्यवसायियों ने जनता की कुरुचि को उभारकर रुपया कमाने के लिए किया है। पिछले दिनों दिल्ली में इस प्रश्न को लेकर जो महत्त्वपूर्ण वाद-विवाद हुआ उसमें श्रीमती कमलादेवी चट्टोपाध्याय ने शासन की छाया से साहित्य और रंगमंच के विकास की राह में आने वाले खतरों से समूचे राष्ट्र को सावधान करने का साहसपूर्ण प्रयास किया है। नचिकेता ने 'ये विपदाएँ' शीर्षक से प्रकाशित एक बहुचर्चित वक्तव्य में बिलकुल स्पष्ट कहा है : "इस फसल को और भी भय घेरे है। यार लोगों ने सुझाया कि साहित्य, लोकगीत, कला ये सब बहुत ही शक्तिशाली माध्यम हैं जनता को जीतने के। और प्रभुओं ने फरमाया 'कवि-सम्मेलन' और 'फोकट्यून' से योजना का अभिवर्धन तो होगा ही, आई. सी. एस. का दिमाग चरखी की तरह डोल उठा, पंचवर्षीय योजना लोकगीतों के, नाटकों और कविताओं के साँचे में ढाली जाने लगी, पत्र-पुष्प की सुन्दर व्यवस्था हुई। इन प्रभुओं को और उनके परामर्शदाताओं को समझाने के लिए हमारे पास समय नहीं है क्योंकि ये उखड़े हुए बिरवे हैं, उनको कहीं भी रोपा जा सकता है, पर कहीं भी रोपा जाय उसमें फल नहीं आने वाले।"

कुछ दो-चार अपवादों की बात जाने दें तो ब्रिटिश वातावरण में पनपा हुआ अधिकांश अफसर वर्ग अज्ञान और अन्धकार का विचित्र सम्मिश्रण प्रस्तुत करता है। उत्तर प्रदेश के एक साहित्यिक केन्द्र में एक बड़ी रोचक चर्चा सुनने में आयी। ऐसे ही एक उखड़े हुए बिरवे को वहाँ रोपा गया। नाटकों के प्रस्तुतीकरण के लिए एक परिचर्चा-गोष्ठी में जहाँ वह तथा कई साहित्यकार उपस्थित थे, रेडियो के प्रसंग

में कुछ नाटकों की बात चल पड़ी। उसके दौरान में कुछ महत्त्वपूर्ण तथ्य बताये, सरकार साहित्यिक नाटकों को भी प्रश्रय देना चाहती है पर शर्त यह है कि वे नाटक क्लिष्ट न हों। किसी ने पूछा कि अगर कामायनी को प्रस्तुत करना हो तो क्या होगा; उत्तर मिला : "शौक से कीजिए, बस जरा उसकी जबान ऐसी कर दीजिए कि समझ में आ जाए। आप लोग तो बड़े-बड़े साहित्यकार हैं। चाहें तो उसे सरल जबान में लिख सकते हैं।" यह समाधान सुनकर साहित्यकारों के कान खड़े हुए और उन्होंने पूछा : "यदि जबान न बदली जाय तो कामायनी को 'रूल आउट' कर दिया जाएगा?" उत्तर मिला : "हमें बहुत दुःख होगा, पर हमें मजबूर होकर रूल आउट कर देना पड़ेगा?" सौभाग्य या दुर्भाग्य से वहाँ सुमित्रानन्दन पन्त भी विराजमान थे। एक दिलजले ने पूछ ही तो लिया, "पन्त जी, यहाँ उपस्थित हैं, क्षमा करेंगे, पर फिर क्लिष्ट होने के नाते आप 'शिल्पी' आदि को भी रूल आउट कर देंगे?" इसका जवाब देना जरा टेढ़ी खीर थी। क्षण भर के सन्नाटे के बाद हिचकता हुआ उत्तर आया : "नहीं! नहीं! अब ऐसा भी क्या? एक आध 'क्लिष्ट' तो चल सकता है।"

जब चन्द्रधर शर्मा गुलेरी की अमर कहानी 'उसने कहा था' पढ़ी थी तो लहना सिंह और लपटन साहब के उस वार्तालाप में बड़ा मजा आया था जिसमें साहब ने अज्ञानवश यह मान लिया था कि सिख सिगरेट पीते हैं, जगाधरी में नीलगायें होती हैं, नीलगायों के सवा दो फुट के सींग होते हैं, अब्दुल ख़ानसामा मूर्तियों पर जल चढ़ाता है, और लपटन साहब खोते पर चढ़ते हैं। बहुत दिनों बाद वैसा मजा इस उपर्युक्त वार्तालाप में आया। पर जब उसके बाद ख्याल आया कि प्रश्न इस पदाधिकारी या उस पदाधिकारी का नहीं है...प्रश्न तो यह है कि राजकर्मचारियों के हाथ में जब नाटक और रंगमंच के विकास के सूत्र पहुँच जाएँगे और ऐसे लोगों की निरन्तर वृद्धि होती रही तो नाटक के भविष्य का तो फिर ईश्वर ही मालिक है।

इससे बिलकुल विपरीत एक दूसरा चित्र सामने आता है। कुछ साधनहीन तरुण अभिनेताओं की एक छोटी-सी परिवार जैसी मण्डली। कोई उनमें से अभी पढ़ता है, कोई किसी दफ्तर में काम करता है, कोई ग्रेजुएट है पर बेकार है, कोई किसी छोटे-मोटे रोजगार में लगा है। अपने फुरसत के समय में वे नाटक खेलने की योजना बनाते हैं। न उनके पास साधन है, न सुविधाएँ हैं, है तो केवल एक उमंग नाटक खेलने की। जैसे-तैसे मिलकर वे नाटक खेलने का निर्णय करते हैं। मालूम होता है खेलने लायक नाटक हिन्दी में है ही नहीं। पुस्तकालयों, किताबों की दूकानों, प्रख्यात नाटककारों के दरवाजे सैकड़ों चक्कर लगाने के बाद कोई नाटक मिला तो प्रश्न आता है स्त्री-पात्रों का। जैसे-तैसे रिहर्सल शुरू हुए। हाथ-पाँव जोड़कर कोई हाल मिल भी गया। परदे कहाँ से आवें? रुपये कहाँ से मिलें? पब्लिसिटी कैसे हो? टिकट कौन खरीदेगा? और यह लीजिए, ठीक आठ रोज पहले एक लड़की बीमार

पड़ गयी। पेण्टर ने उधार काम करने से इनकार कर दिया। हाल के मालिक अपने पूरे परिवार के लिए 80 पास चाहते हैं और वह भी आगे की दोनों पंक्तियों का, परिचय-पत्रिका छपने में एक लड़के का नाम नीचे छप गया और वह रूठकर बैठ गया है। इसी वक्त 500 रुपये की जरूरत है, कहाँ से मिलें? पर यह उत्साह, उमंग, लगन और अथक परिश्रम। सभी विपत्तियों में सीना तानकर नाटक खेला ही गया। अच्छा! इनका यह प्रथम नाटक था? खूब किया इन लड़कों ने। बड़े लगन के लोग हैं। मगर तीसरे दिन। स्थानीय पत्र में किसी पत्रकार ने निन्दा के तीन कॉलम लिख डाले। बहुत खोजने पर कारण मालूम हुआ। उस पत्रकार का कोई दूर का नातेदार उस नाटक के प्रमुख अभिनेता से किसी बात पर दो साल पहले नाराज हो गया था। बेचारे लड़के। उनके सारे उत्साह पर पानी फिर गया।

यह संकट किसी एक स्थान या किसी एक मण्डली का नहीं है। हर छोटे-बड़े नगर में नाटक खेलने वालों को कमोबेश ऐसी ही दिक्कतों का सामना करना पड़ता है पर रंगमंच के जग में यह जो साधारण व्यक्ति है, साधनहीन, पदहीन, सत्ताहीन किन्तु रंगमंच के प्रति अदम्य उत्साह और अमिट उमंग वाला, यही साधारण व्यक्ति रंगमंच का सच्चा उन्नायक है। राष्ट्र के द्वारा रंगमंच के उत्थान की जो भी सुविधाएँ हैं उसका सच्चा अधिकारी यही साधारण व्यक्ति है, न कि वेतनभोगी राजकर्मचारी या निहित स्वार्थों वाली, बड़े नाम वाली, छोटे काम वाली संस्थाएँ। इस व्यक्ति तथा उस जैसे न जाने कितने साधारण लोगों ने, छात्रों ने, बेकार ग्रेजुएटों ने, क्लर्कों ने, छोटे-मोटे रोजगारियों ने, निर्धन साहित्य-प्रेमियों ने दिल्ली, आगरा, लखनऊ, इलाहाबाद, काशी, पटना, कलकत्ता, नागपुर तथा अन्य कितने ही हिन्दी-केन्द्रों में रंगमंच की परम्परा कायम रखी है केवल अपने उत्साह के बल पर। आधुनिक हिन्दी रंगमंच का जो भी थोड़ा-बहुत इतिहास है वह वास्तव में उन्हीं लोगों के त्याग और अथक परिश्रम का इतिहास है। सम्मान का अधिकारी वह है, सुविधाओं का अधिकारी वह है। रंगमंच के क्षेत्र में अगर कोई असाधारण है तो इन्हीं साधारण लोगों के बल पर असाधारण है, बड़ा है तो इन्हीं छोटे लोगों के बल पर बड़ा है।

इसीलिए आज मामा वरेरकर तथा उनकी कोटि के जिन भी साहित्यकारों का स्वर सत्ता के कानों तक पहुँच सकता है उनकी यह जिम्मेदारी है कि इस रंगमंच-प्रेमी साधारण व्यक्ति को सुविधाएँ मिलें। नाटककारों और इन रंगमंच-प्रेमियों के बीच एक स्वस्थ सहयोग कायम हो सके, दोनों एक-दूसरे को समझ सकें, दोनों मिलकर जनता से सम्पर्क स्थापित कर सकें। सही दिशा में उसकी रुचि का विकास कर सकें, उसके सुख-दुःख को चित्रित कर सकें, उसके बहुमुखी जीवन के आयामों और गहराइयों के प्रति सामान्य जन को जाग्रत कर सकें। उन पर शासन की ऐसी छाया न पड़े जो उनका अपना सहज विकास कुण्ठित कर उन्हें गलत दिशाओं में, जनहित के नाम पर राजहित की दिशाओं में मोड़ दे। वे प्रजा के दृष्टिकोण से निर्भीक देख

सकें। वेतनभोगी अफसर या निहित स्वार्थों वाले संस्थाधीशों के द्वारा यह काम सम्भव नहीं है। इसके लिए संगीत-नाटक-अकादमी तथा उसके संरक्षकों को ऐसा उपाय सोचना है कि वे रंगमंच के क्षेत्रों में जो स्वस्थ रक्त-संचार करना चाहते हैं वह केवल हृदय-प्रदेश के सीमित वृत्त में ही न बँध जाए। अन्यथा रंगमंच का आन्दोलन उस पंगु व्यक्ति की भाँति रह जाएगा, जिसका हृदय तो सक्रिय है किन्तु आँखें दृष्टिहीन हैं, हाथ-पाँव लुंज हैं, होठ हिलते नहीं, क्योंकि वहाँ तक रक्त पहुँच नहीं पाता और रंगमंच-प्रेमी, अभिनयोत्सुक, साधनहीन साधारण व्यक्ति...वास्तव में यही रंगमंच का हाथ, पाँव, दृष्टि और वाणी है। सभी साधनों और सुविधाओं की सार्थकता इसी में है कि वे उस तक पहुँच सकें।

होना और करना

अभी उस दिन मेरे एक दिल्लीवासी मित्र ने एक दिलचस्प घटना सुनायी। वहाँ किसी एक बहुत बड़ी राजकीय दावत में एक अत्यन्त सुशिक्षित, साथ ही कुछ विलक्षण प्रकृति वाले एक चिन्तन प्रवण सज्जन एक अमेरिकन की बगल में बैठे हुए थे। दावत खत्म होते-होते वह तीव्र आवेग और उलझी हुई लयों वाला संगीत शुरू हुआ जिसे अमेरिकन 'जॉज' कहते हैं। उसके प्रारम्भ होते ही अमेरिकन के मुख पर आभा दौड़ गयी, हाथ-पाँव में थिरकन दौड़ने लगी पर बिलकुल उसी अनुपात में इस वहशत-भरी ध्वनियों की भूलभुलैया को सुनते ही भारतीय सज्जन के माथे पर शिकन दौड़ गयी, कुछ बेचैनी-सी अनुभव करने लगे और जरा हैरत से उन्होंने अमेरिकन बगलगीर की ओर देखा। उसने अपनी रौ में कहा : "क्यों, कैसा लगा आपको हमारा जॉज?"

"क्या है इसमें?" भारतीय सज्जन ने कुछ उपेक्षा से कहा।

"इसमें? मैं तो ज्यों ही इसे सुनता हूँ, मेरी सारी निष्क्रियता भाग जाती है। मुझे अदम्य प्रेरणा मिलती है, उठने की, कुछ अच्छा काम करने की!"

"अच्छा काम करने की या अच्छा आदमी होने की?"

"होने की नहीं, काम करने की!" अमेरिकन ने पहले निश्चयपूर्वक कहा, फिर क्षण भर रुककर बहुत हैरत से बोला : "पर, होने और करने में क्या कुछ अन्तर है?"

पता नहीं इस प्रश्न का क्या उत्तर दिया गया? पता नहीं वह अमेरिकन इस होने और करने के अन्तर को समझ सका या नहीं? मुझे लगता है, वह न समझ सका होगा, और इसे न समझ सकने की असमर्थता केवल उसकी नहीं है, यह इस पूरी भौतिक सभ्यता की असमर्थता है जो सिर्फ करने पर आधारित है, होने पर नहीं और करने (मानवीय सक्रियता) के भी केवल उस अंश पर जिसमें मनुष्य भौतिक साधनों से जूझता है, उन्हें दास बनाता है, और उनका दास बनता चला जाता है। क्या हो सकता था, क्या हो गया, इस पर विचार नहीं होता, यह तो वह सभ्यता है जिसमें उसने क्या-क्या कर डाला (चाकू बनाने से अणुबम बनाने तक) इसकी माप होती है। इसका परिणाम यह होता है कि वस्तुतः मनुष्य स्वयं अच्छा है या बुरा, यह प्रश्न ही निरर्थक पड़ने लगता है। वह भी एक मशीन है। मशीन न अच्छी

होती है न बुरी, वह तो अपना काम करती है। वेद छापने वाली मशीन पण्डित नहीं होती, अश्लील साहित्य छापने वाली मशीन कामुक नहीं होती। उसकी अच्छाई-बुराई की जाँच तो इससे होती है कि वह छापती कैसा है, काम कैसा करती है? बस! आन्तरिक दृष्टि से न वह नैतिक है, न अनैतिक। वह विनैतिक है। आन्तरिक आधार पर उसमें नैतिकता की कोई मान्यता नहीं! धीरे-धीरे मनुष्य को मशीन बनाया जा रहा है। आन्तरिक रूप से वह कुछ हो पाया है या नहीं, क्या कोई जीवन-दर्शन उसने अपने लिए चुना है? नहीं। उसके लिए यह काम तथाकथित प्रजातन्त्री देशों में दूषित समाज व्यवस्था से उद्भूत अनिवार्यताओं ने चुना है और तथाकथित साम्यवादी देशों में शासन करने वाले राजनीतिक दल ने चुना है। वह दोनों के हाथ में मशीन है।

और मान लीजिए, किसी दिन मशीन में विवेक और आत्मबल आ जाय तो? वह वेद छापे, पर अश्लील साहित्य छापते समय ठप्प हो जाया करे, चले ही नहीं? तो व्यवसायी का तो बड़ा नुकसान हो! या प्रजा का दुःख-सुख तो छापे पर राजा या डिक्टेटर या नेता का झूठ, निर्लज्जता-भरा वक्तव्य छापने से इनकार कर दे तो? तो शासन कै दिन चलेगा? सौभाग्य से मनुष्य में विवेक और आत्मबल है, वह अपना शोषण और दुरुपयोग किये जाने से इनकार कर देता है, विद्रोह कर बैठता है।

इस प्रकार मनुष्य का 'होना', उसकी आन्तरिकता, उसका मनोबल, उसका विवेक इस मशीन-सभ्यता के लिए एक समस्या बन कर आता है। उसके रास्ते में चट्टान सरीखा पड़ता है। चट्टान है तो उसे डाइनामाइट से उड़ा दो। विवेक और आत्मबल है तो उसे कुण्ठित कर दो, नष्ट कर दो, समूल उच्छेद कर दो। भय दिखाकर, आतंक फैलाकर, मनुष्य को भूखे रखकर, या असीम वैभव का लोभ देकर, इतिहास को झुठलाकर, स्वतन्त्र चिन्तन को वर्जित कर या मानवता, आजादी, प्रजातन्त्र जैसे पवित्र शब्दों का कुटिल प्रयोग कर उसके 'होने' और 'करने' में खाई उत्पन्न कर दो। वह मूलतः शान्तिप्रेमी होगा पर आपके इंगित पर खुशी-खुशी सेना में भरती हो जाएगा, या वह अन्दर से कल्पनाहीन, कलाहीन, सृजनहीन शून्य होगा पर आपके इंगित पर न्यूयार्क की गगनचुम्बी अट्टालिकाएँ खड़ी कर देगा या स्टालिन की कद्देआदम प्रतिमा बनाकर खड़ी कर देगा। मानवीय यथार्थ के होने और करने की अन्तर्ग्रथित प्रक्रिया को चीर दिया गया है। यह मानवीय अणु भी तोड़ दिया गया है, प्रक्रिया वही है, प्रयोगशाला चाहे अमेरिका में हो या रूस में, या इनकी देखा-देखी भारत में, चीन में या ब्रिटेन में। वास्तविक नैतिक मूल्यों से शून्य मनुष्य के होने या करने के बीच एक खाई, जिससे वह विघटित हो जाए, जिससे उसका मनुष्यपन मुरझाये और मशीनपन पनपे।

मनुष्य के विघटन का यह संकट चिन्तन के सभी क्षेत्रों के लिए एक चुनौती था पर साहित्य के लिए इसका महत्त्व सबसे अधिक था क्योंकि उसका 'एप्रोच'

दर्शन, विज्ञान, राजनीति, अर्थशास्त्र से पृथक् है...वह मानवीय यथार्थ को रागात्मक स्तर पर उसकी समग्रता में ग्रहण करता रहा है।

वही यथार्थ आज इस खाई के कारण इतना जटिल हो गया है कि मनुष्य अपने ही घर में निर्वासित है और अपने ही अन्दर विभाजित है। पर उससे अधिक दयनीय स्थिति तो यह है कि वह अपनी स्थिति से अवगत नहीं है। उसका विवेक नष्ट हो गया या अवगत होकर भी वह कुछ कर नहीं पाता, उसका साहस नष्ट हो गया है। शेक्सपीयर ने हैमलेट के चरित्र की जो कल्पना की थी उसमें ऐसी ही विघटन की समस्या थी और उस समय भी हैमलेट ने प्रवंचनाओं और कुण्ठाओं के बीच यह जाना था कि होने के बिना करना तो एक प्रवंचना और धोखा भी हो सकता है, असली प्रश्न तो है : 'टु बी ऑर नॉट् टु बी।' पर आज तो स्थिति और भी गम्भीर है। तब तो एक हैमलेट था, आज तो लगता है कि मनुष्य मात्र को कुण्ठित और अपदस्थ करने का षड्यन्त्र सफल हो गया है। सत्ताधारियों ने उसकी विवेक-शक्ति को रखैल बना लिया है, पर उसकी ओर से बोलने वाला कोई नहीं, अधिकांश कलाकारों, चिन्तकों, साहित्यिकों ने मनुष्य को पीछे छोड़कर सत्ता से समझौता कर लिया है। कटु मानवीय यथार्थ से अपना मुँह फेर लिया है। मनुष्य के होने या करने के बीच विघटन की जो अथाह अँधेरी खाई पड़ गयी है उसमें उन्हें झाँकने से डर लगता है। अभी उस दिन विदेशयात्रा करके लौटे हुए हिन्दी के एक लेखक से पूछा गया, "विदेशी लेखकों और कलाकारों से मिलकर आपके मन पर सबसे पहला प्रभाव क्या पड़ा?" वही उत्तर मिला कि "वे सोचने से भागते हैं, यथार्थ को देखना नहीं चाहते।" जब वहाँ के कलाकारों और चिन्तकों का यह हाल है तब उस बेचारे साधारण नागरिक का क्या हाल हुआ होगा जिसके सामने अकस्मात् उस दावत में संगीत सुनते-सुनते होने और करने का अन्तर एक समस्या बनकर खड़ा हो गया था।

अब प्रश्न यह है कि जब तक साहित्य मनुष्य के इस वर्तमान विघटन को चुनौती के रूप में स्वीकार नहीं करता तब तक क्या उसे अपने को मानववादी साहित्य कहने का अधिकार है? या जब तक इस यथार्थ से आँखें चुराता है और होने या करने के किसी एक एकाकी पक्ष को चित्रित करके सन्तोष कर लेता है तब तक क्या उसे यथार्थवादी कहा जा सकता है। पिछले दिनों हिन्दी के एक शीर्षस्थ आलोचक ने यथार्थवाद से 'आतंकित' होकर एक लेख लिखा था कि आधुनिक साहित्य में उदात्त आदर्शों की कमी है। पर जहाँ तक मैं समझ पाया हूँ, यथार्थवाद के नाम पर आने वाले अधिकांश साहित्य का मुख्य दोष यह नहीं है कि उसमें आदर्श की कमी है। बल्कि यह है कि उसमें यथार्थ की कमी है। लेखक यथार्थ में पूरी तरह उतरा नहीं, उसके वास्तविक अर्थों को पहचान नहीं पाया या यथार्थ के एक खण्ड को ही उसने समग्र मानने का आग्रह किया : ऐसे दोष अकसर मिल जाते हैं। इसी

प्रसंग में अकसर हिन्दी के समकालीन लेखन में निर्माणपरक साहित्य की बात उठती रहती है। निर्माण को यथार्थ का विरोधी तो मान ही लिया जाता है, किन्तु पता नहीं कैसे यह भी समझ लिया जाता है कि निर्माणपरक दृष्टिकोण का अर्थ है वह दृष्टिकोण जो सरकारी निर्माण-योजनाओं का समर्थन करता हो। निर्माण का यह अर्थ सरकार के सूचना एवं प्रचार विभाग के शब्दकोश में भले ही दिया गया हो किन्तु साहित्य के क्षेत्र में निर्माण का अर्थ होता है ऐसा दृष्टिकोण अपनाना जो मनुष्य के विघटन को उसके सही परिप्रेक्ष्य में समझे, उसका परिहार करे और उसे मनोबल और विवेक से पुनः संयुक्त कर ऐसी कर्मठता की ओर प्रेरित करे जो उसे अपनी नियति का संचालक बना सके। इसके लिए वह किसी कल्पित श्रद्धा या आस्था की ओट छिपकर नहीं बैठता, उसकी श्रद्धा भी यथार्थ में गुँथी हुई है, उसका धर्म भी पारलौकिक नहीं, पार्थिव है। इसीलिए वह मानवीय यथार्थ से आँखें नहीं चुराता, इस विघटन, अनस्तित्व और असामंजस्य की स्थितियों में गहरे उतरकर बुनियादी प्रतिमान खोजता है और साहसपूर्वक अपनी उपलब्धियों को प्रस्तुत करता है।

किन्तु क्या दार्शनिक की भाँति केवल तर्क के द्वारा, वैज्ञानिक की भाँति केवल वस्तुपरक बौद्धिकता के द्वारा राजनीतिक नेताओं की भाँति केवल स्वार्थपरक अवसरवादिता के द्वारा या आश्रमवासी महर्षियों की भाँति केवल एकान्त आत्मचिन्तन के द्वारा इस जटिल मानवीय यथार्थ तक पहुँचा जा सकता है? शायद नहीं। साहित्यकार जब तक दिव्यात्मा का नेता होने का दम्भ करता रहेगा तब तक उसे चाहे 'अष्ट सिद्धि नव ऋद्धि' मिल जाए लेकिन मानवीय यथार्थ की झलक तो नहीं मिल सकती। वह तो उसे तभी मिलेगी जब वह यह सारे लबादे फेंककर प्रजा के साथ आ खड़ा होगा, साधारण जन, छोटे परिवेश में अपनी असंगतियों से संघर्ष करते हुए छोटे आदमी से अपनापन स्थापित करेगा, उसी की नियति को अपनी नियति मानेगा, उसी के प्रति अपने दायित्व का अनुभव करेगा। अपने आन्दोलनात्मक साहित्य के द्वारा उसे केवल करने की ओर प्रेरित करना और उसके होने की उपेक्षा करना, और उसके होने में जो अमित सम्भावनाएँ निहित हैं उनको उद्घाटित न करना उतना ही हानिकर है जितना उसके यथार्थ से मुँह फेरकर उसे कल्पित श्रद्धा, झूठी अलौकिकता और अयथार्थ स्वर्ण सन्देशों के जाल में उलझा देना। इसके बजाय अपदस्थ जनसामान्य को पुनः प्रतिष्ठित करना, उसके होने और करने में जो भी व्यवधान हैं, आर्थिक शोषण के कारण, राजकीय नियन्त्रण के कारण, मृत रूढ़ियों के कारण, या स्वतः उसके अहंकार, भीरुता या उसके अज्ञान के कारण—उन पर खुलकर साहसपूर्वक चोट करना, उसके विवेक और मनोबल को पुनः जाग्रत कर उसे जीवन्त प्राणी बनाकर उसे आन्तरिक सामंजस्य और बाह्य समृद्धि की ओर ले चलना, यही निर्माण की वास्तविक दिशा है। इसे ही साहित्यकार के दायित्व के रूप में ग्रहण किया जा सकता है।

पुरानी प्रतिमाएँ : नये प्रतिमान

"पिछले दिनों लिखा गया अधिकांश सोवियत साहित्य निष्प्राण है। ये लेखक यथार्थ से कोसों दूर हैं, ये सोवियत जीवन को जानते ही नहीं!" ये शब्द मेरे नहीं हैं। ये शोलोखव के शब्द हैं : वह शोलोखव जिसने डॅन के तट-प्रदेश पर लिखे अपने तीन उपन्यासों से अन्तर्राष्ट्रीय ख्याति अर्जित की थी और जो बीस साल से चुप बैठा था, बिलकुल चुप, और बीस साल बाद बोला भी तो ऐसा वाक्य कि वे सोवियत लेखक जो राज्य के खर्च पर स्टेट फार्म, बाँध, कारखानों और बन्दरगाहों में गये, जिनके एक-एक उपन्यास की लाखों प्रतियाँ छपीं, जिनको स्टालिन पुरस्कारों से लाद दिया गया, उनके समस्त आभामण्डल को शोलोखव ने उसी एक वाक्य से निस्तेज कर दिया।

पर जिस दिन यह खबर मैंने अखबार में पढ़ी, उस दिन मेरे मन में जाने क्यों वह वार्तालाप घूम गया जो मराठी के ख्यातिप्राप्त कवि बोरकर से एक दिन हुआ था। बात उस साल की है जब गोआ-आन्दोलन जोर पकड़ रहा था। बोरकर गोआ के निवासी हैं और वहाँ से उन्हें आजन्म निर्वासन दे दिया गया है। बात गोआ से शुरू हुई और पता नहीं कैसे कविता पर आ टिकी। उदास पहाड़ी शाम, सामने कॉफी का ठण्डा प्याला, और बोरकर के संघर्षाहत माथे पर रूखे कविसुलभ बाल! खासी गरमागरम बहस के बाद हम लोग इस नतीजे पर पहुँचे कि व्यक्ति की अपनी निजी मुक्ति बेमानी है, निरर्थक है, जब तक जनसाधारण की मुक्ति नहीं होती। मैंने प्रोमेथ्यूज पर लिखी हुई अपनी एक कविता का हवाला देते हुए कहा : "प्रोमेथ्यूज तब तक चट्टानों से बँधा रहेगा, जब तक अग्नि सबके हृदयों में जागकर सबको प्रोमेथ्यूज नहीं बना देगी।"

बोरकर अपने ही विचारों में डूबा था। अकस्मात् उसने कॉफी का प्याला अलग हटाकर कहा : "सुनो, तुम्हें अपनी कविता सुनाता हूँ।" कविता जवाहर लाल पर थी। "जवाहर, तुमने हमारी प्रतिष्ठा समस्त संसार में बढ़ायी है, तुमने हमें ऊँचा उठाया है, तुम हमारे देश के मुकुट हो!"...मैं सुनता रहा, वही चारणात्मक प्रशस्ति पर बोरकर अकस्मात् रुका, उसके स्वर में एक अजीब-सा कम्पन आया और उसने कहना शुरू किया : "लेकिन सुनो जवाहर, तुम्हारी ताकत बढ़ी पर हम पंगु होते गये। तुम्हारा यश बढ़ा पर उस अभिमान में हम निष्क्रिय होते गये। तुम ऊँचे उठे पर

तुम्हारी उठान में भूलकर हम अपनी राह पर भटक गये...हम कैसे ऊँचे उठें? हम कैसे सक्रिय बनें? हमारी पंगुता, हमारी निष्क्रियता, हमारी रिक्तता का परिहार कैसे हो?" (भाव यही थे, शब्द मुझे याद नहीं!) कविता एक बहुत बड़े दर्द की छाप छोड़ गयी, एक राष्ट्रव्यापी संकट, इतिहास के एक मोड़ पर छलक जाने वाली जनव्यापी वेदना! जनसाधारण वहीं रहता है, नीचे कीचड़ में कीड़ों की तरह बिलबिलाता हुआ : विवेक, बुद्धि, सुख-सुविधा, स्वाभिमान, प्रतिष्ठा, स्वतन्त्र विकास के समस्त अधिकारों से रहित, और उसका काम रह जाता है केवल जयध्वनि करना किसी एक आदर्श नायक के लिए, जो हेलिकॉप्टर की तरह ऊँचा उठता जा रहा है!

और यह संकट केवल रूस का रहा हो ऐसा मैं नहीं मानता। 19वीं शताब्दी में समस्त संसार में जनसाधारण की सहज मानवीयता के प्रति जो आस्था जागी थी वह हर जगह दिग्भ्रमित हुई, कहीं किसी सिद्धान्त के नाम पर, कहीं किसी सिद्धान्त के नाम पर। सोवियत रूस में तो व्याधि दोहरी थी। वहाँ विरोध करने की स्वतन्त्रता भी नहीं थी।

मेरे विचार में यहीं लेखक को एक साहसपूर्ण चुनाव करना था : वह किस के प्रति उत्तरदायी रहेगा, उस ऊँचे उठते नायक के प्रति, या नीचे छूटती हुई सामान्य सहज मानवीयता के प्रति? मध्ययुग ने नायकों की प्रतिष्ठा साहित्य में की थी। आधुनिक युग ने उन्हें निर्वासित कर दिया। आधुनिक दृष्टि ने जनसाधारण की सहज मानवीयता को अपना बुनियादी प्रतिमान माना, साधारण मनुष्य, छोटे लोग; यश, गौरव, सत्ता, शक्ति से हीन लोग, पर सच्चे इतिहास-निर्माता, उनका संघर्ष, उनकी पीड़ा, उनका संकट, उनकी उपलब्धि, सहज मानवीय धरातल पर! पर निर्वासित नायक तो फिर-फिर लौटता है, नया-नया रूप धारण करता है। ठीक है, तुम जनसाधारण की बात कहते हो, मैं भी तो जननायक हूँ। मेरी प्रशस्ति गाओ, चाहे जनता के नाम पर गाओ। मेरी पूजा करो, चाहे जन-कल्याण के नाम पर करो। और यहीं प्रसुप्त विवेक वाला लेखक धोखे में आ जाता है, वह जनसामान्य के प्रति अपने दायित्व को भूल जाता है। जनसाधारण दूसरे स्तर पर जी रहा है, उसका यथार्थ, नायक के यथार्थ से पृथक् है, कहीं-कहीं विरोधी भी है। हर जगह जनसाधारण मुखर भी नहीं है, वह चुपचाप सह रहा है। कहीं-कहीं तो उसका विवेक भी सुला दिया गया है, चाहे तानाशाही तरीकों या प्रजातान्त्रिक तरीकों से, पर लेखक है कि इस जटिलता को समझना नहीं चाहता, और वह पुरानी नायक-पूजा के खोखले, झूठे और मानव-विरोधी प्रतिमानों के पीछे दौड़ जाता है। धीरे-धीरे उसका आन्तरिक लगाव युग के जटिल यथार्थ से टूट जाता है और उसकी कृति निस्तेज पड़ने लगती है। ऐसी स्थिति में कोई भी ऐसे साहित्य के बारे में पूछ सकता है : "काहे री नलिनी तू कुम्हिलानी!" तो उसे बताया जा सकता है कि नलिनी का दोष यह था कि वह सभी पाँखुरियाँ खोलकर ऊपर चमकते हुए सूर्य का स्वागत तो करती रही पर उसकी

जड़ कहीं गन्दे, नीचे बैठे हुए, कुरूप कीचड़ से उखड़ तो नहीं गयी, इसका उसे ध्यान ही नहीं रहा।

ऐसा समस्त साहित्य चाहे वह सोवियत रूस में लिखा गया हो, या उसके बाहर, साम्यवादी साँचे में हो या गाँधीवादी साँचे में या किसी अन्य साँचे में, वह समकालीन साहित्य होते हुए भी आधुनिक नहीं है। आधुनिक साहित्य-दृष्टि तो पूरी शक्ति से इस वैषम्य पर चोट करती रही है। साधारण, छोटे, महत्त्वहीन, नगण्य मनुष्य की मुक्ति, उसकी निहित सम्भावनाओं का विकास, उसकी चेतना पर जकड़ी हुई राजनीतिक, सामाजिक, धार्मिक, मनोवैज्ञानिक जंजीरों को खोलकर उसे अपने विवेक, अपनी जीवन-पद्धति से व्यापक सत्य की निजी उपलब्धि करने का अवसर देना, उसके यथार्थ के सारे जटिलतम ताने-बाने को ठीक-ठीक समझना और किसी काल्पनिक भविष्य नहीं वरन् इसी कटुतम वर्तमान में सामान्य मानव की नियति को संस्कार दे सकने की क्षमता, यही नये साहित्य की मानववादी प्रकृति है। इसके अतिरिक्त जो कुछ है, चाहे वह मानव के नाम पर ही हो, वह मानव-विरोधी है। क्योंकि उसमें हम चाहे किसी नायक को ऊँचा उठाते रहें या किसी ईश्वर की पूजा करते रहें पर जन की मुक्ति उससे नहीं होनी है, वह छोटा ही बना रहेगा, पशुधर्मी बना रहेगा।

जब उसकी मुक्ति के लिए नया लेखक आगे आता है, विशेषतः हमारे देश में, तो बहुत-कुछ तोड़ना अनिवार्य हो जाता है। मध्ययुग का वह नायक जो असाधारण है, दिव्य है, विशिष्ट है, अवतारी पुरुष है, जन से पृथक् है, जिसकी धारणा भारतीय मानस में गहरी पैठी है, उसे तोड़ना है। आधुनिक युग में भी वह नायक जो नये-नये रूप धारण कर बार-बार प्रकट हो जाता है, उसको भी अनावृत करना है! इतना ही नहीं बल्कि उससे उद्‌भूत जो मूल्यों की पुरानी परम्परा है, जिनका इस युग के साधारण जन के जटिलतम यथार्थ से कोई सम्बन्ध नहीं है, उन्हें बदलना है। सुन्दर, उदात्त, पवित्र, कल्याणकारी की नयी व्याख्याएँ करनी हैं। नया लेखक आधुनिक यथार्थ की कसौटी पर नायक के स्थान पर प्रजा को स्थापित करता है। ऐसा नहीं है कि नये लेखक में आस्था नहीं है, पर यह अवश्य है कि उसमें बहुत-सी ऐसी चीजों के प्रति आस्था नहीं है, जिनमें पुराने संस्कार वालों की आस्था है।

हिन्दी में कविता, कहानी, उपन्यास तथा समीक्षा के क्षेत्र में आज यह प्रक्रिया बहुत तेजी से घटित हो रही है। वे जो पुराने संस्कार वाले हैं इस चहल-पहल से तो अवगत हैं पर इसकी वास्तविक प्रकृति नहीं समझ पा रहे हैं। स्वातन्त्र्योत्तर हिन्दी साहित्य पर 'आजकल' के एक विशेषांक में डॉ. नगेन्द्र का महत्त्वपूर्ण लेख इसका उदाहरण है। उन्होंने एक परिधि बनायी है। पन्त, सियारामशरण गुप्त, नवीन, दिनकर, बच्चन, नरेन्द्र और सुमन की। उन्होंने यह तो माना कि इस परिधि के बाहर "एक ऐसा कविवर्ग है जो सक्रियता की दृष्टि से पिछड़ा नहीं है और अपने ढंग

से जीवन की व्याख्या भी करने का दावा करता है", किन्तु फिर भी उनके मत में, "यह काव्य-प्रवृत्ति नास्तिकता पर आधृत है", अतः सत्य या ग्रहणीय नहीं।

स्पष्ट है कि नया लेखक जो कर रहा है उससे वे असन्तुष्ट हैं। पर फिर वे चाहते क्या हैं? एक महाकाव्य जिसके नायक का स्वरूप-विवेचन वे कवि रवीन्द्र के शब्दों में करते हैं (चिरपरिचित मध्ययुगीन नायक-पूजा के शब्द) 'महत् व्यक्ति', 'महापुरुष', 'परम पुरुष'; "जिसके मन्दिर की भित्ति पृथ्वी के गम्भीर अन्तर्देश में रहती है, जिसका शिखर मेघों को भेदकर आकाश में उठता है।" पर वे यह नहीं समझ पाते कि नया लेखक इसी को तो ध्वस्त कर रहा है : इस महत् व्यक्ति को, इस परम पुरुष को जो उसकी दृष्टि में अयथार्थ है, प्रवंचना है, झूठे प्रतिमानों का जनक है, और उसके स्थान पर वह प्रतिष्ठित कर रहा है : "आज का मनुष्य : धक्के देकर गर्भ से निकाला हुआ ऋषिपुत्र!" (राजेन्द्रकिशोर, नयी कविता : 2) वे जो पुरानी मनोवृत्ति के हैं, इस पर चौंक सकते हैं! परम पुरुष के स्थान में गन्दे, छोटे, संस्कारहीन, अज्ञातकुलशील लोग! वे इनकी राह भी रोकते हैं, पर नया तो ललकार कर कहता जाता है, "सिंहासन खाली करो कि जनता आती है!" (यह बात दूसरी है कि जिसने यह पंक्ति लिखी हो बाद में उसने सिंहासन के विषय में अपनी धारणा बदल दी हो, पर इससे उसकी उक्ति का सत्य तो नहीं बदलता!)

नगेन्द्र जी के इस लेख में एक और दिलचस्प बात है। जिस परिधि को उन्होंने स्वीकृति दी है उसकी उपलब्धि के बारे में उन्होंने क्या कहा, वह ज्ञातव्य है। 1. विश्वमैत्री, जिसके बारे में लिखी गयी कृतियों में "अधिकांश का काव्यगुण नगण्य नहीं है।" (यदि आप इसे प्रशंसा मान सकें।) 2. देश का विभाजन, परन्तु हिन्दी के "अधिकांश समर्थ कलाकारों ने इस लज्जा को छिपाने का प्रयास किया है।" (अर्थात् उस पर कुछ नहीं लिखा।) 3. गाँधी जी का जीवन-मरण : "जिस पर लिखी अधिकांश कविताएँ विषय की गरिमा के अनुरूप नहीं बन पायीं।" (अर्थात् वे हलकी और महत्त्वहीन हैं।) अगर यह उपलब्धि है तो शून्य क्या होगा?

एक कहानी बचपन में सुनते थे। एक बुढ़िया लायी तीन हाँडी! दो तो टूटी-फूटी थीं, एक में पेंदा ही नहीं। जिसमें पेंदा नहीं उसमें पकाये तीन चावल! दो तो जल-जला गये एक पका ही नहीं। जो पका नहीं उस पर बुलाये तीन ब्राह्मण ...इस प्रकार कहानी चलती जाती है। फिर भी पुराने संस्कारों का यह आस्तिक समीक्षक हिम्मत नहीं हारता, कहता है : "प्रश्न किया जा सकता है कि इसकी उपलब्धि क्या है। इसका उत्तर यह है कि अभी वर्तमान काव्य की अन्तश्चेतना का निर्माण हो रहा है। आज नहीं तो कल कोई समर्थ कवि अपनी अमृतवाणी में इसका उद्गीथ करेगा।"

सदाशयपूर्ण आशाएँ अच्छी चीजें हैं बशर्ते उनका आधार यथार्थ पर हो, किन्तु यथार्थ तो यह है कि 'महत् का उद्गीथ' करने वाला प्रतिमान आज झूठा पड़ गया

है। नया साहित्य तो, बोरकर के शब्दों में, उसकी जयध्वनि करना ही नहीं चाहता जो ऊँचे उठ रहा है, वह तो उसे देखता है जो नीचे छूट गया है, पंगु और निष्क्रिय है। और अगर जरूरत पड़ी तो वह महत्, दिव्य और परम को भी इसी लघु और सामान्य की कसौटी पर कसने के लिए नीचे खींच लाएगा।

उदाहरण के लिए फणीश्वरनाथ रेणु का सर्वप्रथम उपन्यास 'मैला आँचल' लिया जाए। यह उपन्यास इसलिए भी कि नगेन्द्र जी ने इसका जिक्र अपने लेख में किया है, किन्तु इसके स्थायी मूल्य पर उन्हें सन्देह है। वस्तुतः रेणु ने अपने इस उपन्यास में महत् और उदात्त नायक की प्रतिमा को खण्ड-खण्ड कर डाला है। नहीं कहा जा सकता कि इस उपन्यास का केन्द्रीय व्यक्तित्व कौन है? सम्भवतः कोई नहीं! एक विशाल अंचल का सारा जीवन छोटी-छोटी चित्रात्मक झलकियों के द्वारा दिखाया गया है, जो बीच-बीच में विवरणों के द्वारा जोड़ दी गयी हैं। जिनमें अगणित छोटे-छोटे पात्रों की उलझी हुई शृंखलाएँ एक विशाल मानवीय वितान का आभास देती हैं। किन्तु इस भीड़-भाड़ में भी पात्रों का व्यक्तित्व खोया नहीं है, हर छोटे से छोटे व्यक्ति की अपनी प्रतिष्ठा है, पर कोई ऐसा महत् और उदात्त नहीं है जो सब को आच्छादित कर ले। तीन प्रमुख पात्र, डाक्टर, बालदेव और बामनदास भी केवल सामान्य मानवीय स्तर को ही विशिष्ट कोण से उभारते-से प्रतीत होते हैं। बालदेव और बामनदास का चरित्र तो और भी रोचक है। दोनों ही गाँधीवादी आन्दोलन के सक्रिय कार्यकर्ता रहे हैं। गाँधीवाद जिस दिव्यता के पीछे दौड़ता था, वह दिव्यता इन दोनों सामान्य व्यक्तियों के जीवन में मात्र मरीचिका सिद्ध होती है। बालदेव जो तरुण है, संयमी है, आदर्शवादी है, उसी दिव्यता की वंचना में लक्ष्मी कोठारिन जी को भारतमाता का प्रतिरूप जानकर अन्त में एक हास्यास्पद प्रेम-दुर्घटना का शिकार होता है। बामनदास महात्मा गाँधी के पत्रों को सहेजकर रखे हुए हैं, किन्तु जिस त्याग और बलिदान को दिव्य नायक का गुण माना जाता था और यह माना जाता था कि आदर्श नायक के ये दोनों गुण इतिहास को बदल सकते हैं, वे आधुनिक प्रसंग में बामनदास के लिए व्यर्थ सिद्ध होते हैं। चोरबाजारी के माल से भरी हुई बैलगाड़ियाँ उसको कुचलती चली जाती हैं। उनके नीचे वही टूटता है, इतिहास का क्रम नहीं। परम और दिव्य, सामान्य की कसौटी पर कितने विवश या निःशक्त, कभी ट्रैजिक और कभी हास्यास्पद साबित होते हैं इसके ज्वलन्त उदाहरण बालदेव और बामनदास हैं। यदि मैं यह कहूँ कि इस लेखक ने गाँधीवाद युग के दिव्य-नायक की रिक्तता आज के सन्दर्भ में दिखायी है, तो अनुचित न होगा।

हर नायक के साथ एक दल भी रहता है जो उसे प्रतिष्ठित करता है। नया लेखक जो लघु, सामान्य या नगण्य को ही उठाना चाहता है वह जन की कसौटी पर बिना किसी अपवाद के इन सभी नायकों और उनके दलों को कसता है और उनके खोट का उद्घाटन करता है। रेणु ने एक सीमित अवधि और सीमित अंचल

के जीवन को सहज मानवता के धरातल पर परख कर इस नये प्रतिमान को स्थापित किया है। इसीलिए इस उपन्यास का एक ऐतिहासिक महत्त्व माना जा सकता है। इसकी भाषा-शैली तो अपूर्व है ही, उस अंचल के जीवन के जटिल यथार्थ का, उसकी अनगढ़ कुरूपता और रसात्मक सौन्दर्य, दोनों का ही सूक्ष्म बोध रेणु को पूरी तरह है। वैसे प्रथम उपन्यास की कुछ स्वाभाविक कमजोरियाँ भी हैं। कथ्य की अपेक्षा कथन के चमत्कारपूर्ण ढंग की ओर असन्तुलित झुकाव। कहीं-कहीं मँजाव की कमी और भावुकता का अतिरेक भी, पर नयी दिशा में नये मानवीय प्रतिमानों पर दृढ़ रहकर इस लेखक ने जो उपलब्धि प्रस्तुत की है उसने कथा-साहित्य की नयी दिशा के प्रति जागरूक पाठक के मन में एक बहुत बड़ी आशा का संचार किया है।

इसी भूमिका में श्री इलाचन्द्र जोशी के नये उपन्यास 'जहाज का पंछी' की चर्चा शायद और भी रोचक होगी। जोशी जी के दृष्टिकोण में नये प्रतिमानों के प्रति एक प्रशंसनीय जागरूकता और कुछ कुण्ठापूर्ण दुराग्रहों का एक विचित्र-सा सम्मिश्रण सदैव मिलता है। पिछले युग के महत् और दिव्य नायक के प्रति एक अरुचि उनमें प्रारम्भ से रही है। मुझे याद है कि एक बार 'प्रतीक' में प्रकाशित मेरे लेख में पुंसत्वहीन कथानायकों की विवेचना से कुछ अंशों में सहमत होने पर भी उसके निष्कर्षों की अवैज्ञानिकता की ओर उन्होंने संकेत किया था। आज मैं भी उन निष्कर्षों को केवल अंशतः ही स्वीकार कर पाता हूँ। जोशी जी ने तो बाद में 'जिप्सी' तक में यह प्रश्न उठाया। उनके एक पात्र ने कहा है : "वीर नायकों की गाथा लिखने वालों की कमी नहीं है पर दुर्बल स्वभाव वाले व्यक्तियों को कथानक बनाने का सौभाग्य अकेले मुझे ही है।"

पर प्रश्न केवल दुर्बल स्वभाव वाले व्यक्ति का ही नहीं है। प्रश्न यह है कि खुद नये प्रतिमान की कसौटी पर वह खरा उतरता है या नहीं। ऐसा तो नहीं है कि मन में तो वह वीरतापूर्ण कृत्य, चमत्कार, शिरोपेच और राजछत्रों में विश्वास करता है पर चूँकि उसे आज के युग में वह सब उपलब्ध नहीं है, अतः वह अपने को ऐसा शापग्रस्त राजकुमार समझता है जो किसी तरह जालिम मालिकों की नौकरी में दुःख के दिन काट रहा है, पर किसी राजकुमारी के मिलते ही उसका सुन्दर स्वरूप प्रकट हो जाएगा और शेष जीवन वह सुखपूर्वक राजपाट करते हुए बिताएगा। जोशी जी का नायक इसी प्रवृत्ति का परिचय देता है।

इसका एक कारण है। जोशी जी ने छायावाद का काफी विरोध किया है, पर उसके संस्कारों से वे मुक्त नहीं हो पाये। फिर कवि रवीन्द्र की धारणाओं का भी उन पर गहरा प्रभाव है। ऐसा व्यक्ति आज के युग में और भी अन्तर्मुखी हो जाता है। जब कभी बाहर निकलता भी है तो केवल चोट करने के लिए।

'जहाज का पंछी' की यही सुन्दरता है और उसकी कमजोरी भी। जोशी जी का अन्तर्मुखी नायक बाह्य जीवन की बहुत-सी असंगतियों का बड़ी तीखा और

मार्मिक विश्लेषण करता है। अस्पताल के प्रसंग में सामन्तवादी दया का खोखलापन, भादुड़ी परिवार के प्रसंग में इसी दया का उघड़ा हुआ रूप, जिसमें झूठी मानवता के 'कान्शेंस' को साफ रखने की कामना, लाण्ड्री के उस कमरे का वर्णन करते हुए पूँजीवादी ह्रासोन्मुख मूल्यों पर आधारित फ्री वर्ल्ड की धारणा की आन्तरिक रिक्तता, इनको बड़े ही सफल ढंग से चित्रित किया है। पुराने परम्परागत मूल्य इस तरह विस्थापित हो चुके हैं कि उनके पुराने प्रसंग में आज जो एक ठग धूर्त मनोवृत्ति वाला है, वही शायद ईमानदार है : यह दिखाने का बड़ा साहसपूर्ण प्रयास जोशी जी ने किया है। यह सचमुच वह ऐतिहासिक विद्रोही भावना है, पुरानी प्रतिमाओं को तोड़ने की वह प्रक्रिया है जो नये को स्थापित करने के लिए आवश्यक है।

परन्तु...यहीं पर एक बहुत बड़ी फिसलन है। विपिन अग्रवाल की एक मनोरंजक कविता है, जिसकी पहली तीन लाइनें हैं :

"ईश्वर, तुम सबसे बड़े हो
मैं तुमसे छोटा हूँ
बाकी सब मुझसे छोटे हैं"...

यहीं पर उनमें यह भाव जागता है : "बाकी सब मुझसे छोटे हैं" ; और यही भावना 'जहाज का पंछी' के नायक के चरित्र और कृतियों में एक असत्य का, अयथार्थ का आभास देने लगती है। अपने को बड़ा सिद्ध करने के लिए वह रसोइया होते हुए भी साहित्य-गोष्ठी में रवीन्द्र पर लम्बा-चौड़ा भाषण दे आता है। यह भावना उभरते ही उसके हाथ से यथार्थ के सूत्र छूटने लगते हैं और उसका अवचेतन मानस अभावपूर्ति के दिवास्वप्नों की सृष्टि करने लगता है जिसे वह यथार्थ घटनाओं के रूप में पाठक के सामने रखने लगता है। इस उपन्यास के चरित्र-चित्रण, घटनाचयन के जो भी दोष हैं, वे केवल शिल्पगत नहीं हैं, उनके मूल में यह मनोवृत्ति है, यथार्थ भूलकर दिवास्वप्न बुनने की। दुःख तो यह है कि यही मनोवृत्ति अन्त में विजय पाती है। समस्त ह्रासोन्मुख सभ्यता की सीवन उधेड़कर रख देने के लिए कृतसंकल्प विद्रोही अन्त में बीस लाख की सम्पत्ति वाली एक रमणी का आश्रय लेता है और मानवता के कल्याण के लिए एक आश्रम स्थापित करता है (एक आश्रम जो आज से बीसों वर्ष पहले प्रेमचन्द ने 'सेवासदन' में खुलवाया था, पर जो आज के प्रसंग में एक बचकाना समाधान मालूम होता है।)

संक्रमण-काल में पुराने और नये प्रतिमानों का संघर्ष कैसे अद्‌भुत स्तरों पर होता है, इसका ज्वलन्त उदाहरण जोशी जी का यह उपन्यास है। 'सुबह के भूले' या 'जिप्सी' की तुलना में यह शायद इसीलिए ज्यादा पठनीय और सफल है, क्योंकि इसमें स्थान-स्थान पर नया स्वर उभरता है, पर दुःखद बात यह है कि इसमें भी अन्त में जीतता वही है जो पुराना है, निष्प्राण है।

'पुराने संस्कारों वाला आस्तिक समीक्षक' सोचता है कि आज नहीं तो कल 'महत् का उद्‌गीथ' अमृतवाणी में होगा। पर कल जो होगा सो होगा। पर आज ही जो लघु को भूलकर महत् की प्रशस्ति करने लगता है, अकस्मात् उसकी वाणी का अमृत क्यों समाप्त हो जाता है? इसमें प्रश्न क्या केवल लेखक के रचना-कौशल का ही है या नये-पुराने प्रतिमानों का भी है? सारे कौशल और पच्चीकारी के साथ पुराने प्रतिमानों से ही चिपके रहकर कोई भी लेखक किसी भी युग में क्या प्राणवान् साहित्य की सृष्टि कर सकता है? यह प्रश्न विचारणीय है।

अनास्था

हिन्दी समीक्षा के क्षेत्र में इधर जब से 'गतिरोध' शब्द का फैशन उठ गया है तब से एक दूसरा शब्द अकसर सुनाई देने लगा है—'अनास्था'। किसी से मिलिए, कोई समीक्षा पढ़िए—"अमुक चीज लिखी गयी है—उसमें बल है, पर भाई बड़ी अनास्था है उसमें? थोड़ी-सी आस्था भी होती..." पहले तो केवल कविता के सिलसिले में यह शब्द सुनाई पड़ता था, इधर कहानियों के सिलसिले में भी सुनाई पड़ने लगा है। मैं नहीं जानता कि हिन्दी का समीक्षा-साहित्य शब्दों की दिशा में इतना विपन्न है, या और कोई कारण है कि ज्यों ही एक नया शब्द सुन पड़ा कि समीक्षक बड़े उत्साह से उसे सही-गलत हर जगह चस्पाँ करने लगता है। कभी समझ-बूझकर, कभी नये शब्दाविष्कार के उत्साह में और कभी-कभी शुद्ध भावावेश में। यही भाग्य इस बेचारी अनास्था का भी रहा है।

कहानियों के प्रसंग में मैंने यह देखा कि कई समीक्षकों का तो यह रुख रहा है कि जो उनके सिद्धान्त हैं, जो उनकी राजनीति है, जो उनके विचार हैं, उन पर कहानीकार की आस्था है या नहीं? अगर नहीं तो वह अनास्थावान् है। एक समीक्षक को तो मैंने पाया है कि उनकी समीक्षा उनकी कुशाग्र बुद्धि और रसज्ञता का भी परिचय देती है, एक विशिष्ट कथाकार की कृति से वे बहुत प्रभावित भी थे किन्तु उनका दुःख यह था कि वह कथाकार उनकी राजनीति का अनुसरण नहीं करता, उसकी अलग नीति है, वह अनास्थावान् है अतः आज वह अच्छा लिख ले तो लिख ले, पर अगर वह कुपथ से पाँव नहीं हटाता है तो कल जरूर बुरा लिखेगा।

पास के चौराहे पर नीम के नीचे दरी बिछाकर एक बहेलिया चन्दन-टीका लगाकर, विप्र-वेष धारण कर, बैठता है। बगल में एक पिंजड़े में एक पक्षी, सामने कुछ बन्द लिफाफों की ढेरियाँ। एक इकन्नी देने पर पिंजड़ा खुलता है, पक्षी बाहर निकलता है—ढेर में से एक लिफाफा चुनकर देता है। उसमें ग्राहक का भाग्य लिखा है, "मुकदमे में आपकी जीत होगी।" "वो आपको मिलेगी विश्वास रखो।" "यात्रा पर जाएँगे।" तीर्थयात्रियों की भीड़ लगी है, सब आस्था में विभोर और विस्मय से स्तब्ध हैं। कल्पना करता हूँ कि अगर कोई अभागा कथाकार इस भीड़ में आ जाय और यह धन्धा देखकर हँसने लगे, लोगों को बताये कि यह सब फरेब है, रोजी रोजगार का डौल है, तो क्या होगा? निस्सन्देह विप्र महोदय तो जान देने, जान लेने

पर तुल जाएँगे। यह अनास्था और कमाई के दिन? भुजा फटकार शाप देंगे—"बड़ा कथाकार बनता है—आज गर्व में फूला-फूला घूम, कल भगवान् तुझे दण्ड देंगे।"

हिन्दी की समकालीन समीक्षा में बार-बार जो नवलेखन से अनास्था की शिकायत की जाती है, दुर्भाग्य से उसकी प्रकृति बहुत-कुछ बहेलिया-विप्र के शाप-जैसी है। समीक्षक ने मानव-भविष्य के बारे में जो आस्थाएँ लिफाफा बन्द कर सामने सजा रखी हैं, उनको अगर लेखक फरेब मानता है, अगर वह मानता है कि मनुष्य का भविष्य एक अत्यन्त जटिल प्रक्रिया में उलझा है जिससे उसका विवेक और उसकी जिजीविषा बार-बार उलझती है, जूझती है, टूटती है, बिखर-बिखर जाती है, फिर बनती है, फिर—तो लेखक अनास्थावान् है क्योंकि यथार्थ पर उसकी पकड़ समीक्षक से ज्यादा गहरी है, ज्यादा सूक्ष्म है। ऐसे प्रसंगों में समीक्षक द्वारा अनास्था शब्द का जो आरोपपूर्ण प्रयोग निस्सन्देह दबे हुए आक्रोश का परिचायक होता है, उसको विशेष महत्त्व नहीं देना चाहिए।

पर विचारणीय प्रसंग वे हैं जहाँ अनास्था का आरोप कुछ सैद्धान्तिक आधारों पर लगाया जाता है। अकसर यह देखा जाता है कि यदि लेखक की कृति में प्रचलित मान्यताओं का खण्डन है, विक्षोभ और कटुता है, उसका रुख ध्वंसात्मक है, तब भी अकसर समीक्षक उस पर अनास्था का आरोप लगाने लगता है। अगर यह नकारात्मक दृष्टिकोण, यह ध्वंसात्मक रुख ही अनास्था है तो देखना यह होगा कि क्या इस अनास्था का कोई उपयोग है या यह पूर्णतया अमंगलकारी है। पिछले दिनों संसार के पत्रों में जर्मन नाटककार बर्तोल्त ब्रेख़्त की खासी चर्चा रही है। वह कम्युनिस्ट था, पूर्वी बर्लिन में रहता था पर साम्यवादी-गैरसाम्यवादी सारे 'यूरोपीय लेखक एकमत होकर' उसे विश्व का सर्वश्रेष्ठ जीवित नाटककार मानते हैं। आज से तीन दशक पूर्व जब उसने लिखना शुरू किया था तो इतना ध्वंसात्मक रुख था उसका कि यूरोप के जो आभिजात्य संस्कार के लोग थे वे ब्रेख़्त का नाम सुनते ही दाँत पीसने लगते थे। इधर उसने फिर एक वक्तव्य में कहा—मैंने तो एक ही सत्य जीवन से पाया है—"अनास्था पहाड़ों को डिगा देती है।" कहावत थी "फेथ (आस्था) मूव्स माउण्टेंस"। उसने पाया कि आस्था इसके लिए समर्थ नहीं, यह काम तो अनास्था के द्वारा ही हो सकता है। जिस समय पाखण्डपूर्ण प्रवचनकर्ता झूठे नकाब लगाकर, मन में पाप, गन्दगी, स्वार्थ, मुनाफे और कलंकित समझौते छिपाकर ऊपर से जनसामान्य को उदात्त आस्थाएँ वितरित करने लगे उस समय नकारात्मक चित्रण और ध्वंसात्मक रुख मानवीय विवेक की प्रथम आवश्यकता बन जाता है। अभी उस दिन जियोवैनी पैपिनी द्वारा लिखी हुई जीसस की जीवनी पढ़ रहा था। एक अध्याय है जिसमें जीसस जैरूसलम के मन्दिर को ध्वस्त करने पर तुल गये हैं। पैपिनी ने लिखा है—"वह मन्दिर पवित्रता का आवास है, पूजा का स्थल है, भक्तजन का आश्रय है पर जीसस उसे ध्वस्त करने को कटिबद्ध हैं। मन्दिर की मीनारों और

तहखानों में चढ़ावे की अतुल सम्पत्ति भरी है जिनका बाजार लगता है, खरीद-फरोख़्त होती है। उसके सहन में दरबारी इकट्ठे होते हैं, हकीम दवाएँ बेचते हैं, वेश्याएँ घूमती हैं। दलाल टोह में रहते हैं, अँधेरे कोनों में अभिसार होते हैं। जीसस इस मन्दिर को ध्वस्त करने को कटिबद्ध है। उसने उन पुराने प्रतिमानों को पहले ही ढहा दिया है जिन पर काली शिलाओं का स्वर्ण-तोरणों वाला मन्दिर खड़ा है। इस मन्दिर को ध्वस्त करने के पहले वह इसके चारों ओर लगे हुए बाजार को ध्वस्त करेगा। उसने रस्सियों के टुकड़े बट-बटकर कोड़ा बना लिया है और निर्ममतापूर्वक दायें-बायें कोड़े चलाता हुआ वह भीड़ में से रास्ता बना रहा है।" आस्था के मन्दिर को ध्वस्त करता हुआ यह अनास्था-पुरुष कौन है? अनन्त क्षमामूर्ति जीसस। इस रूप में क्यों? क्योंकि यह इस समय अनिवार्य है, क्योंकि ऐसी ही अनिवार्यता में तो तुलसी ने कहा था "तुलसी मस्तक तब नवे धनुष-बाण ल्यो हाथ" और विनय की मूर्ति राम भी तो उस दिन धनुष-बाण लेकर ध्वंस पर तुल गये थे, जब उन्होंने देखा कि "विनय न मानत जलधि जड़"—वह समुद्र जो पिता है, वरुण है, गुरुजन है, सोने की पापनगरी लंका को घेरकर लहरा रहा है, विनय का उस पर कोई असर नहीं! तब रुख बदला और उसे राह देनी पड़ी। पूजा ने राह नहीं दिलायी, आस्था ने राह नहीं दिलायी—विनय ने राह नहीं दिलायी—अनास्था ने राह दिलायी। ब्रेख़्त ठीक कहता है—अनास्था पहाड़ों को डिगा देती है, समुद्र को चीरकर राह बना देती है।

अतः यह कथन कि अनास्थापूर्ण कृतियों में जो नकारात्मकता या ध्वंसात्मकता है इसीलिए वे अनुपयोगी हैं, नितान्त भ्रमात्मक साबित होता है। सत्य कम से कम आज के प्रसंग में इसके बिलकुल विपरीत ही सिद्ध होता है। पर एक समस्या यहाँ पर उठायी जा सकती है और मैं समझता हूँ अनास्था के प्रसंग में वही एकमात्र प्रश्न है जो संगत है, जो विचारणीय है। यह जो पुराने झूठे पड़े हुए प्रतिमानों, परिवेशों, व्यवस्थाओं के प्रति नकारात्मकता है, जो ध्वंसात्मकता है, वह अपने में ही स्वतः सिद्ध तो नहीं है। आखिरकार लेखक किसी नवीन, अधिक प्राणवान्, प्रतिमान परिवेश या व्यवस्था की प्रतिष्ठा के लिए ही तो यह ध्वंस करता है। वह प्रक्रिया भी सोद्देश्य होनी चाहिए।

यहाँ तक तो बात ठीक है पर यहीं पर समीक्षकों का एक दुराग्रह उभरने लगता है जो मेरे मत में अवैज्ञानिक है। इस सोद्देश्यता को सिद्ध करने का एक ही उपाय समीक्षकों को समझ में आता है—या तो कहानी के अन्त में 'नया विहान' या 'मानवता की विजय' आदि दो-चार ऐसे वाक्यांश जरूर रख दिये जायँ चाहे उसकी संगति शेष कहानी के यथार्थ से बैठती हो या न बैठती हो या कथाकृति में कहीं न कहीं आध पाव निराशा में चुटकी भर आशा की किरण मिलाकर मानवता की खरल में घोट-पीसकर एक घूँट अर्क श्रद्धा के साथ गट-गट पी जाने का विधान जरूर हो। पर कथाकृति अपनी सोद्देश्यता सिद्ध करने के लिए अभिधा का सीधा

लट्ठमार तरीका न अपनाकर व्यंजना का अप्रत्यक्ष ढंग भी अपना सकती है, पता नहीं क्यों ध्वंसात्मक अनास्था के सन्दर्भ में यह बात समीक्षक समझ कर भी भूल जाता है। मेरे विनम्र मत में ध्वंसात्मक अनास्थामय कथाकृति अपनी सोद्देश्यता एक-दूसरे ढंग से सिद्ध करती है। वह उपदेशक, राजनीतिक नेता या स्कूल-मास्टर की तरह अन्त में भाषण नहीं देती, वह पाठक के मर्म में प्रवेश कर उसे अन्दर से बदलती है। पाठक कोई छोटा बच्चा नहीं कि उसे गोद में उठाकर आस्था के पालने में डाल दिया जाय। अगर कथाकृति की मूल संवेदना पाठक को झकझोर कर उसकी भाव-प्रक्रिया को उद्‌बुद्ध करती है, उसके रागबोध को विस्तृत करती है, उसकी जर्जर, पतनोन्मुख, मरणासन्न आस्थाओं को ध्वस्त करती है और उसके विवेक को सक्रिय बनाकर उसे अपनी आस्था खुद ढूँढ़ने की दिशा में प्रवृत्त कर देती है तो मेरे विचार में कथाकृति अपना दायित्व पूरा कर देती है, अपनी सोद्देश्यता सिद्ध कर देती है। पूछा जा सकता है कि क्या ऐसी कथाकृति सारी पुरानी मान्यताएँ ध्वस्त कर बिना एक सुनिश्चित आस्था का विधान किये, पाठक को एक गहन शून्य में नहीं छोड़ देती जहाँ से निस्तार असम्भव प्रतीत होने लगता है? मेरा उत्तर है—"नहीं।" हो सकता है कुछ समय तक ऐसा लगे पर अन्त में उसकी सोद्देश्यता सिद्ध होकर रहती है। अगर आप क्राइसेन्थमम उगाने के शौकीन होंगे तो मेरी बात आसानी से समझ जाएँगे। उसका एक बहुत बड़ा फूल खिलाने के लिए माली नीचे की सभी टहनियाँ काट देता है, इधर-उधर लगने वाली सभी कलियाँ तोड़ देता है। कुछ दिन तक वह ध्वस्त पौधा खड़ा रहता है। पर बाद में उसमें ऊपरी सिरे पर बड़ी-सी कली फूटती है, जिसका फूल बहुत सुन्दर, बहुत बड़ा होता है। होता है यह कि टहनियाँ काट देने से, अनावश्यक कलियाँ तोड़ देने से सारा प्राणद्रव उसी एक बिन्दु की ओर प्रवाहित होने लगता है और फिर अपने आप वहाँ एक बड़ा-सा फूल खिलता है। इसीलिए मैं कहता हूँ, कोई जरूरत नहीं कि कथाकार कहानी के अन्त में पाठक पर आस्था थोप ही दे। उसने अगर अनावश्यक जर्जर तत्त्वों को ध्वस्त कर उसके समस्त विवेक को, भाव-प्रक्रिया को, उद्‌बुद्ध करके छोड़ दिया है तो आस्था का फूल एक न एक बिन्दु पर तो खिलेगा और वह स्वार्जित आस्था बाह्यारोपित आस्था से ज्यादा बड़ी, ज्यादा ताजी, ज्यादा प्राणमयी होगी। क्योंकि वह पाठक की निजी उपलब्धि होगी।

पर शर्त यह जरूर है कि कथाकार आस्था का स्पष्ट निरूपण चाहे न करे पर कहीं न कहीं उसके मन में मनुष्य के लिए बहुत गहरा लगाव जरूर होना चाहिए। पर यहाँ पर यह भी बता देना आवश्यक है कि किसी भी लगाव का ढंग सदा एक ही नहीं होता। वह नकारात्मक भी हो सकता है अतः यह सोच लेना ठीक नहीं कि जो कथाकृति बहुत ध्वंसात्मक है या कटु है उसमें मनुष्य के प्रति बहुत गहरा लगाव जरूर होना चाहिए। पर यहाँ यह भी बता देना आवश्यक है कि किसी भी लगाव

का ढंग सदा एक ही नहीं होता। वह नकारात्मक भी हो सकता है अतः यह सोच लेना कि जो कथाकृति बहुत ध्वंसात्मक है या कटु है उसमें मनुष्य के प्रति रागात्मक लगाव है ही नहीं—गलत है। पूर्वजों की साक्षी है—"तुलसी अपने राम को रीझि भजौ कै खीझि।" तथाकथित अनास्था वाला कथाकार खीज कर भजता है। भक्ति-सूत्रों में तो जहाँ साधक अपनी आस्था, श्रद्धा अर्पित करता है वहीं उससे कहा गया है कि अपना क्रोध और अभिमान (ध्वंस और अनास्था) भी अर्पित कर दे, क्योंकि वे भी सार्थक हैं, वे भी ग्राह्य हैं। यह मैं मानता हूँ कि ऐसी कथाकृतियों में यह आशंका होने लगती है कि लेखक की यह खीज प्यार की न होकर प्रतिशोध की तो नहीं है। लेखक न केवल उन परिवेशों और प्रतिमानों को ही ध्वस्त कर रहा है जो मनुष्य को कुण्ठित करते हैं बल्कि वह स्वतः मनुष्य को ही क्षत-विक्षत करने पर तुल गया है। ऐसी कई कृतियों को पढ़कर मेरे मन में भी ऐसी ही आशंकाएँ उठी हैं किन्तु सहानुभूति से विश्लेषण करने पर मुझको अधिकतर यही मिला है कि लेखक की चरम कटुता और गहनतम निराशा भी उसके आहत मनुष्य-प्रेम का ही परिवर्तित रूप मात्र सिद्ध हुई है।

मनुष्य-प्रेम ऐसी कृतियों में कितने जटिल भावस्तर पर छिपा है इसका एक बड़ा सूक्ष्म विवेचन मोपासाँ की एक कहानी में मैंने एक बार पढ़ा था। उस कहानी का नायक सरकस का एक बूढ़ा कलाकार है जो लकड़ी के एक तख्ते के सामने अपनी पत्नी को खड़ा कर उस पर छुरा फेंकता है। हर बार छुरा पत्नी के कण्ठ, कन्धे, बाँह या पाँवों को बिलकुल छूता हुआ लकड़ी में धँस जाता है। आध इंच इधर या उधर निशाना पड़ा कि उसके प्राण गये। इस खेल को दिखाते-दिखाते उसे तीस साल हो गये हैं। वह अपनी बड़ी कर्कशा पत्नी से न केवल ऊब गया है वरन् घृणा करने लग गया है। इतना कटु हो गया है कि वह दिन-रात यह सोचता है कि काश एक बार, सिर्फ एक बार उसका फेंका हुआ छुरा पत्नी के गले में या छाती में धँस जाए। पिछले पाँच वर्ष से रोज शाम को खेल के समय जब वह छुरा उठाता है तो होठ भींचकर, दाँत पीसकर पत्नी के हृदय पर निशाना साध, घृणा और प्रतिशोध की सारी शक्ति लगाकर छुरा फेंकता है, आवेग से आँखें बन्द कर लेता है पर जब आँख खोलता है तो पाता है कि छुरा सदा की भाँति बदन को छूता हुआ निकल गया है और वह अछूती, अनाहत, खड़ी मुसकरा रही है। वह फिर घृणा और प्रतिशोध से पागल होकर छुरा उठाता है और...वह रोकर स्वीकार करता है कि पिछले पाँच साल से प्रतिदिन यह होता है, पर पता नहीं या तो वह प्रेम अब भी जीवित है या तीस वर्ष से रोज बचा-बचाकर छुरा फेंकने से उसके हाथ इस तरह अभ्यस्त हो गये हैं कि वह अपनी ही कला के सामने पराजित है—वह मार सकता ही नहीं।

मैंने अधिकतर यही पाया है कि वे अनास्थामयी कृतियाँ जो बड़ी सशक्त, प्रभावशाली लगती हैं पर उनमें इतनी कटुता, क्षोभ और निराशा होती है कि वे

कलाकार के मानव-प्रेम के प्रति भी आशंकित कर देती हैं, अन्त में ऐसी ही छुरी सिद्ध होती हैं जो घृणा और प्रतिशोध से उठाई गयी है पर पता नहीं वह कैसे सदा की भाँति आध इंच बचकर निकल जाती है, मनुष्य को क्षत-विक्षत नहीं करती। मार तो सकती ही नहीं। और अन्त में उनकी उस चरम घृणा में कहीं बड़ी जटिल ग्रन्थि के रूप में आहत प्रेम ही छिपा मिलता है। वैसे यह खतरनाक है कि इतनी जटिल ग्रन्थियाँ लेखक के मन में बन जायँ। इतना बड़ा नर्वस टेंशन अन्त में लेखक को तोड़ भी देता है, ऐसा अकसर पाया गया है। और इस संक्रान्ति-काल में कितने ही ऐसे प्रतिभाशाली लेखक आस्था-अनास्था के ऐसे ही विचित्र मानसिक संघर्षों के दबाव में टूट गये हैं...मायकाव्स्की, स्टीफेन, ज्वीग, मण्टो, निराला। पर मेरी निश्चित धारणा है कि संक्रान्ति-काल में चुनौती स्वीकार कर टूट जाना ज्यादा सम्मानजनक है बनिस्बत इसके कि जटिल यथार्थ की उपेक्षा कर, छोटे-छोटे समझौतों, सतही आस्थाओं, शॉर्टकट वाले समाधानों द्वारा अपने तथा अपने पाठकों को भुलावा देने का प्रयास किया जाए। उससे कथाकृति में कमजोरी ही आती है। ऐसी झूठी आस्थाओं की तुलना में तो तथाकथित नकारात्मक 'एप्रोच' यथार्थ को अधिक जटिल और सूक्ष्म रूप में ग्रहण कर सकने में समर्थ हो पाता है। और पाठक की समस्त रागात्मक प्रक्रिया और उसके विवेक को आस्था की खोज की दिशा में अधिक उद्‌बुद्ध करने में सफल होता है और ऐसी कृतियों में किसी न किसी बिन्दु पर आस्था में अनास्था की गुणात्मक परिणति परिलक्षित होती है।

अनास्था और आस्था की इस अन्तर्ग्रथित प्रक्रिया को इन गहरी जटिलताओं में समझने का प्रयास वर्तमान हिन्दी समीक्षा में कहीं भी हुआ हो, ऐसा मुझे नहीं याद आता। इसलिए बिना समझे इन शब्दों का जितनी बहुलता से प्रयोग होने लगा है उससे कभी-कभी मनोरंजक स्थितियाँ उत्पन्न होती रहती हैं। विशेषतया यदि कृति में कहीं भी समीक्षक को ऐसे तत्त्व मिलते हैं जिन्हें वह अनास्था कहता है तो बड़े धैर्य और सहिष्णुता से यह परख लेना होगा कि यह मनुष्य के प्रति उसके आन्तरिक लगाव का ही आहत नकारात्मक रूप तो नहीं है? और तथाकथित आस्था के बारे में यह जाँच करनी होगी कि यह कथाकृति के यथार्थ में से उद्‌भूत है, आरोपित तो नहीं। यह भी देखना होगा कि यह आस्था विवेक पर आधारित है या नहीं? अगर कहीं किसी रूप में भी वह मानव-विवेक को कुण्ठित करती है तो वह निश्चय ही अन्ध-श्रद्धा की ओर ले जाएगी। विवेक का ह्रास होते ही बहुत-सी ऐसी व्यावसायिक प्रवृत्तियों को प्रोत्साहन मिलने लगता है जो समीक्षा या साहित्य-चिन्तन का वेष बनाकर ढेरों कागजी आस्थाएँ, भविष्य-वाणियाँ और शॉर्टकट समाधान लिफाफों में बन्द कर साहित्य के राजमार्ग पर आ बैठती हैं, किन्तु आस्था के नाम पर वे जो कुछ देती हैं उनका मानव-नियति के लिए कभी महत्त्व नहीं रहा है।

॥ संस्मरण ॥

उसने कहा था : एक संस्मरण

पिछले दिनों श्री विजयदेवनारायण साही के कई प्रतिमाभंजक लेखों की खासी चर्चा रही है और मुझे तो यह जानकर विस्मय और कुछ-कुछ आनन्द भी हुआ कि कई क्षेत्रों में उनका नाम बिलकुल हरिसिंह नलवा के वजन पर लिया जाता है। जहाँ तक मैंने तथा उनके सभी मित्रों ने उन्हें निकट से जाना है, उनका व्यक्तित्व नलवा के विपरीत है। पर अब जनश्रुति तो जनश्रुति—फैली तो उसे रोकना किसके वश की बात है! वैसे यह जरूर है कि प्रयाग की साहित्यिक जनता के सामने एक बार वे बहादुर फौजी सरदार के रूप में आये हैं, पर वह भी स्टेज पर केवल घण्टे भर के लिए—और उसमें अन्त में उनका प्रेमी रूप ही सामने आया, आतंककारी रूप नहीं।

यह चमत्कारपूर्ण घटना थी—'उसने कहा था' कहानी का नाटकीय रूपान्तरण जिसे श्री सुमित्रानन्दन पन्त के निर्देशन में 'परिमल' द्वारा आयोजित एक विराट् पर्व के अवसर पर प्रस्तुत किया गया था और यह न समझिए कि मैं उस मौके पर दर्शकों में बैठा साही जी के इस रूप पर मन्द-मन्द मुसकरा रहा था। मुझे भी एक उधार का फौजी ओवरकोट पहनकर, भयानक दाढ़ी-मूँछ लगाकर वजीरासिंह बनना पड़ा था और कहानी के अनुसार यद्यपि बार-बार लहनासिंह बने हुए शाही जी हुक्म देते थे—"वजीरा पानी पिला!" पर पानी की सच्ची जरूरत मुझे थी क्योंकि साही जी तो कई बार रंगमंच पर उतर कर अपना सिक्का जमा चुके थे—मैं ही नौसिखिया था और सामने इतनी जनता को देखकर मेरी ज़ुबान तालू से चिपकी जा रही थी—पर मैं एक घूँट पानी पी सकूँ इसका कोई विधान उस स्क्रिप्ट में नहीं था और साही

जी थे कि घायल प्रेमी लहनासिंह बने थे और मिनिट-मिनिट पर पानी पी रहे थे।

'उसने कहा था' का अभिनय हम लोगों की अत्यन्त सुखद स्मृतियों में से एक है। असल में परिमल-पर्व के उस अवसर पर यह सोचा जा रहा था कि एक ऐसा नाटक प्रस्तुत किया जाए जिसमें परिमल के सदस्य ही अभिनय करें और वे ही उसका निर्देशन करें। पन्त जी ने निर्देशन करने का भार लिया और पहले श्री जगदीशचन्द्र माथुर का 'कोणार्क' चुना गया। उसके लिए जब पन्त जी अभिनेताओं का चुनाव कर रहे थे तब की एक मनोरंजक घटना मुझे याद है। एक विशिष्ट वार्तालाप कई लोगों से पढ़वाया जा रहा था ताकि उसके लिए अभिनेता चुना जा सके। कई लोग असफल हुए। अन्त में श्री जगदीश गुप्त से कहा गया कि वे ही पढ़ें। वे तैयार नहीं थे पर सामूहिक आग्रह। अन्त में जब उन्होंने पढ़ा तो चारों ओर सन्नाटा। संवाद बोलकर वे झिझकते हुए आकर फिर कुरसी पर बैठ गये पर सन्नाटा बदस्तूर बना रहा। अन्त में पन्त जी ने सन्नाटा तोड़ा और गम्भीरता से बोले—"जगदीश जी को अभी रहने दीजिए। आखिर कोणार्क के विशाल मन्दिर का पार्ट कौन करेगा?" और ठहाकों से कमरा गूँज उठा। पर सिर्फ वही नहीं, एक-एक कर हम सभी उस परीक्षा में असफल उतरे और अन्त में 'कोणार्क' करने का विचार त्याग दिया गया।

और दूसरा कोई छोटा अभिनेय नाटक नहीं मिला जो ऐसा भी हो कि उस में स्त्री-पात्र न हों। अब तो खैर इलाहाबाद का हिन्दी रंगमंच इस रूढ़ि को तोड़ चुका है पर उस समय ऐसा नहीं था। अन्त में कई चिन्तापूर्ण दिन और निराशापूर्ण रातों के बाद अकस्मात् यह विचार कौंध गया कि 'उसने कहा था' का नाटकीय रूपान्तर क्यों न खेला जाय। पर उसमें स्त्री-पात्रों की समस्या कैसे सुलझे?

अन्त में एक हल खोजा गया। रंगमंच में अभिनय के साथ-साथ छाया-नाट्य का तत्त्व जोड़ा गया और तय किया गया कि लहनासिंह का बचपन में बालिका से मिलने वाला, 'तेरी कुड़माई हो गयी' वाला दृश्य, सूबेदारनी से मिलने वाला दृश्य और अन्त में स्मृति-दृश्य छाया-नाट्य में दिये जायँ और शेष सब आगे रंगमंच पर अभिनीत हों। इसके लिए एक तो दृश्यों के सीक्वेंसेज ऐसे चुने गये जिनमें अभिनीत दृश्यों और छाया-नाट्य का गुम्फन ऐसा हो कि वह नाटक का संवेदनात्मक धरातल विकसित करता चले और अस्वाभाविक भी न लगे, और दूसरे रंगमंच की व्यवस्था ऐसी करनी पड़ी कि सारा नाटक एक ही सेट पर और एक ही दृश्य में सम्पूर्ण हो और एक बार भी सामने का परदा न खींचना पड़े, नहीं तो नाटक के प्रभाव की एकसूत्रता विच्छिन्न हो जाती।

अन्त में रंगमंच का आयोजन इस प्रकार हुआ कि स्टेज पर तीन ओर खूब ऊँचे-ऊँचे बालू के बोरे रख-रखकर खाई का रूप प्रस्तुत किया गया। और खाई की जो पीछे वाली दीवार बनायी गयी वह कमर तक ऊँची थी और उसके ऊपर उसमें

खूब ऊँचाई तक हलकी नीलिमा लिये हुए एक पतला मारकीन का परदा लगा दिया गया। उसके पीछे तख्त लगाकर इतना ऊँचा एक और मंच बनाया गया जिस पर परदे के पीछे छाया-नाट्य के अभिनेता काम कर सकें। जब आगे के रंगमंच पर प्रकाश होता था और अभिनय होता था तो वह परदा नीले आकाश का आभास देता था और जब छाया-नाट्य दिखाना होता था तो आगे की बत्तियाँ बुझा दी जाती थीं, खाई में घना अन्धकार हो जाता था और परदे के पीछे की एक बत्ती जला दी जाती थी जिससे वह छाया-नाट्य के परदे का काम देता था। लेकिन ये छाया-नाट्य के दृश्य तो अधिकतर स्मृति-चित्र थे जो लहनासिंह आगे खाई में बैठा-बैठा सोचता था, अतः कभी-कभी नाटक में सजीवता लाने के लिए यह भी सोचा गया कि इन स्मृति-चित्रों के दौरान लहनासिंह के मुख पर आने वाले भावों को भी प्रदर्शित किया जा सके तो उसका प्रभाव अत्यन्त मार्मिक होगा। पर यह किया कैसे जाए। वर्तमान लहनासिंह तो आगे खाई में बैठा है और खाई की बत्तियाँ बुझ गयी हैं और उसमें घना अन्धकार है अतः उसका चेहरा दीख नहीं पड़ता, और अगर आगे की एक भी बत्ती जल गयी तो छाया-नाट्य का सारा प्रभाव खत्म हो जाएगा। परदे पर छायाएँ विकीर्ण हो जाएँगी। इसका तरीका यह सोचा गया कि जब छाया-नाट्य हो रहा हो उस समय बायें बाजू से एक तेज टार्च की रोशनी सिर्फ लहनासिंह के मुख पर डाली जाए ताकि स्मृति-चित्रों की अनुभूति के समय उसके मुख का भाव-परिवर्तन भी दर्शकों द्वारा लक्षित किया जा सके।

जहाँ तक मुझे स्मरण है, छाया-नाट्य के प्रकाश की व्यवस्था डॉ. जगदीश गुप्त ने और बायें बाजू से प्रकाश की व्यवस्था डॉ. लक्ष्मीनारायण लाल ने की थी। लहनासिंह की भूमिका में साही जी का अभिनय आज तक लोगों को भूल नहीं पाता, और जब नाटक समाप्त हुआ तो बहुत-से दर्शक ऐसे थे जिनके नेत्र आर्द्र थे और स्त्रियाँ तो अधिकतर फूट-फूटकर रो पड़ी थीं। वजीरासिंह मैं था, बीमार बोधासिंह का अभिनय डॉ. रघुवंश ने किया और लपटन साहब का अभिनय श्री गोपीकृष्ण गोपेश ने। छाया-नाट्य के दृश्यों में सूबेदारनी और लहनासिंह का अभिनय कुमारी कृष्णा वर्मा और उमा वर्मा ने किया था और वस्तुतः छाया-नाट्य के भावपूर्ण दृश्यों ने लहनासिंह के परिपक्व अभिनय की मार्मिकता को द्विगुणित कर दिया था।

जो दोष रह गये थे उनमें एक तो ऐसा था जिसका पूरा जिम्मा मेरा था। बात यह थी कि उसमें स्वाभाविकता लाने के लिए कई जगह वजीरा के संवादों को पंजाबी में कर दिया गया था और पंजाबी लहजा तो खैर पूरे नाटक के दौरान रखा जाए इसकी हिदायत मुझे कर दी गयी थी। अपनी जान मैंने डटकर पंजाबी बोली और जब नाटक समाप्त हुआ तो मैं यह जानने को बहुत उत्सुक था कि मेरी इस पंजाबी वक्तृत्व-कला का क्या प्रभाव दर्शकों पर पड़ा। नाटक समाप्त होने के बाद पन्त जी, डॉ. वर्मा, तथा परिमल के तमाम सदस्य और बहुत-से अतिथि रुक गये

कि हम लोगों को बधाई देकर जाएँ। अज्ञेय जी भी थे। इन सबों में वही एक पंजाबी थे। मैंने बहुत आहिस्ते से उनसे पूछा कि उनका क्या ख्याल है मेरी पंजाबी के बारे में। उनके शब्द तो याद नहीं पर जो बहुत धीमे से उन्होंने कहा उसका अर्थ यही था कि जिन्हें पंजाबी जबान नहीं आती वे जरूर मेरे अभिनय से बहुत प्रभावित होकर गये होंगे।

छाया-नाट्य के सम्बन्ध में एक और रोचक घटना हुई थी। छाया के दो या तीन दृश्य हैं। उनमें से पहले में तो लहनासिंह और वह लड़की काफी छोटे-छोटे हैं। पर दूसरे दृश्य में जब सूबेदारनी के रूप में वह उससे भेंट करता है तब वह बड़ा भरपूर उम्र का फौजी जवान है। निर्देशन में पन्त जी के सहायक थे श्री केशवचन्द्र वर्मा, और उनकी बड़ी मुसीबत थी। वाद्य-यन्त्रों से लेकर उद्घोषणा तक का जिम्मा उनका था। क्या सम्भालें और क्या न सम्भालें? पहले दृश्य में तो कृष्ण और उमा ने 'कुड़माई' वाला अंश प्रस्तुत कर दिया और फिर आगे खाई वाले रंगमंच पर अभिनय होने लगा। छाया-नाट्य का दूसरा दृश्य जब निकट आने लगा तभी उन्हें किसी ने याद दिलाया कि इसमें पहले अभिनेताओं से काम नहीं चलेगा, इस दृश्य में तो दोनों भली-भाँति प्रौढ़ हो गये हैं। अब क्या किया जाय? दो मिनट बाकी! कहाँ से नये अभिनेता आएँ? और नाटक रोका नहीं जा सकता। बेचारे दौड़कर गये। सामने दर्शकों में एक भलेमानस सरदार बैठे दीखे। उनके पास गये। कान में कहा—"बस आप चले आइए, वरना हम लोगों की खैर नहीं!" सरदार जी बेचारे कुछ समझे नहीं। हिचकिचाये—कि केशवचन्द्र वर्मा जी ने हाथ जोड़कर कहा—"बस, अब हमारी इज्जत आपके ही हाथ में है!"...

—"आखिर मुझे करना क्या होगा!" उन्होंने घबराकर पूछा। वर्मा जी उन्हें ले आये और नाटक के परदे के पीछे उन्हें घुटनों के बल बिठा दिया और कहा—"आप ऐसे ही बैठे रहें।" बेचारे छाया-नाट्य वाले लहनासिंह बनाकर बिठा दिये गये। बस उनके सामने एक सूबेदारनी लाकर खड़ी कर दी गयीं और समय आते ही पीछे की बत्ती ऑन और माइक्रोफोन पर वार्तालाप बोल दिये गये—दर्शकों को क्या मालूम कि इसी बीच में कितना बड़ा ड्रामा ग्रीनरूम में हो गया। इतना हो जाने के बाद वर्मा जी ने अपने माथे का पसीना पोंछा और ईश्वर को धन्यवाद दिया, और अगले दृश्य में लगे। पर बेचारे इस हड़बड़ी में सरदार जी से यह कहना भूल गये कि अब उनका काम खत्म हो गया, वे जाएँ। नतीजा यह हुआ कि बीस मिनिट बाद जब नाटक खत्म हुआ तब भी सीधे-सादे सरदार जी बेचारे उसी मुद्रा में घुटने टेके सूबेदारनी की ओर देखते हुए पाये गये—जाहिर है कि सूबेदारनी कब की जा चुकी थीं।

एक ऐसा ही बड़ा संकटपूर्ण क्षण नाटक होने के डेढ़ घण्टे पहले उपस्थित हुआ जब मेकअप हो रहा था। मेरे जीवन में स्टेज के लिए मेकअप किये जाने का यह पहला मौका था। ऐसा-ऐसा रोगन और चमकदार पाउडर मलना पड़ा चेहरे पर

कि मेरे तो होश फाख्ता हो गये। रघुवंश जी शायद इस मुसीबत से बच गये क्योंकि उन्हें बीमार बोधासिंह बनना था और अधिकतर वे लेटे रहते थे। जब पाउडर वगैरह लगाकर शीशा देखा तो पहला ख्याल आत्महत्या का ही आया। अब जी कर क्या करेंगे? पर जब ध्यान में आया कि इसके बाद सिक्खों वाली दाढ़ी-मूँछ भी लगानी है और अधिकांश चेहरा तो उससे ढँक जाएगा तब दिल को तसल्ली आयी और स्टेज पर उतरने के लिए मन को पोढ़ा करने लगा। इसी समय अकस्मात् दो अत्यन्त उदात्त स्वर कान में पड़े और मैं चौंक उठा। मालूम हुआ कि नायक (साही जी) और खलनायक (गोपेश जी) में यहीं सज्जागृह में तनातनी हो गयी। कारण पूछने पर मालूम हुआ कि झगड़ा एक पिस्तौल के सम्बन्ध में है। डॉ. हरदेव बाहरी ने मिलिटरी से तमाम पोशाकें और असली हथियारों का इन्तजाम कर दिया था। वे बन्दूकें तो कई ले आये थे पर पिस्तौल एक ही थी। अब वह पिस्तौल रखे कौन? नायक या खलनायक? नाटक में जरूरत दोनों को पड़ती है पिस्तौल की। माँग दोनों की सही थी पर पिस्तौल थी एक। अब क्या हो? सभी लोग इस समस्या को सुलझाने में लगे तो कुछ ने इनको और कुछ ने उनको जो नेक सलाहें दीं उसका परिणाम यह निकला कि दोनों के मन से ममता-मोह का अज्ञान दूर हो गया, दोनों बड़े विरक्त भाव से बोले—"रहने दीजिए, मुझे पिस्तौल की ज़रूरत नहीं!" यहाँ तक ठीक था, पर यह देखिए कि उनका वैराग्य तो इस सीमा तक पहुँचा कि दोनों ने मुँह फुलाकर घोषित किया कि यह नाटक आदि सब मायाजाल है, और वे अब इसमें नहीं फँसेंगे। अगर निर्देशक चाहते हैं कि नाटक हो तो दूसरे अभिनेता ढूँढ़ लें—"अब लौं नसानी, अब न नसैहों।"

अब आप यह ध्यान रखें कि वह महत्त्वपूर्ण घोषणा उन्होंने साढ़े पाँच बजे शाम को की जबकि सात बजे से नाटक आरम्भ होना था। अब लगा कि पूरा परिमल-पर्व तो भगवान् ने निबाह दिया पर आज भगवान् गहरे मजाक के मूड में हैं। फिर भी निर्देशक पन्त जी, सहायक निर्देशक केशवचन्द्र वर्मा, डॉ. बाहरी सभी किसी प्रकार लगे तब जाकर वह सज्जागृह का नाटक दुःखान्त होते-होते बचा तथा नायक और खलनायक ने एक-दूसरे को गले लगाया और हम लोगों की जान में जान आयी।

उस दिन बेहद जनता आयी थी। नाटक का आयोजन युनिवर्सिटी के ड्रामेटिक हाल में किया गया था और बहुत सीमित प्रवेशपत्र दिये गये थे। पर जब लोग आये तो बैठने के लिए तिल भर जगह नहीं और बाहर सैकड़ों लोग मौका पाते ही अन्दर आने को तैयार। आगे का तो सारा प्रबन्ध डॉ. हरदेव बाहरी ने सम्भाला पर खतरा पीछे के दरवाजे से था जहाँ विद्यार्थियों की भारी भीड़ अनधिकार प्रवेश के लिए लालायित खड़ी थी। उसे सम्भालना कठिन था और हम सबको अन्दर अभिनय करना था। अन्त में कोई उपाय न देखकर श्री गंगाप्रसाद पाण्डेय से प्रार्थना की गयी

कि वे उस स्थान को सम्भालें। पाण्डेय जी के ओजस्वी स्वभाव से परिचित होने के कारण एक आशंका मन में उठती थी कि कहीं किसी से जरा भी कहा-सुनी हो गयी तो भीड़ को अनियन्त्रित होते कितनी देर लगती है, पर फिर भी यह विश्वास था कि इस स्थिति को उनके सिवा कोई सम्भाल नहीं सकता है। वे गये और द्वार पर जाकर एक बाँह द्वार के आर-पार टेक कर अडिग खड़े हो गये। पहले लोगों ने धक्का-मुक्की की पर वे टस से मस न हुए। अन्त में उन्होंने तर्क-वितर्क किये—वे बहुत संयत उत्तर देते रहे। अन्त में एक किसी ने ब्रह्मास्त्र चलाया। बिलकुल निकट आकर उनके मुँह पर बोला—"आप मूर्ख हैं।" उनका मुँह लाल हो आया, पर तुरन्त अपने को साध कर बोले—"मैं मूर्ख सही, पर आपको अन्दर नहीं जाने दूँगा!"

भीड़ हार गयी।

बाद में मैंने जब यह सुना तो मन कृतज्ञता से भर आया। उस समय जरा-सा असंयम सारी स्थिति बिगाड़ सकता था, पर नहीं—जो जहाँ भी था, रंगमंच से लेकर प्रवेश-द्वार तक सबने अपनी गहन जिम्मेदारी समझी थी। और रंगमंच की सफलता का शायद सबसे बड़ा रहस्य यही होता है, एक गहरा विश्वास-भरा सहयोग-सूत्र और यह भावना कि हम सब, या हमारा पद, अधिकार, बड़प्पन कहीं कुछ नहीं—मुख्य वस्तु है नाटक और उसकी आत्मा को सही-सही रंगमंच पर प्रस्तुत कर देने का नशा—और यही चीज होती है जो सभी को एक सहज स्नेह में गूँथे रखती है और उनके सारे अभावों के बावजूद उनके सर्वश्रेष्ठ तत्त्व को उभार लाती है।

और उसी सहज विश्वास और स्नेह के सहारे किस-किस का सहयोग नहीं मिला? पन्त जी ने तो अस्वास्थ्य के बावजूद निर्देशन-सूत्र लिया। डॉ. रामकुमार वर्मा तो अध्यक्ष-मण्डल के सदस्य भी थे और उन्होंने प्रदर्शन प्रारम्भ होने के पूर्व स्वतः अपने प्रिय श्लोक के द्वारा सरस्वती-वन्दना की। बाद में आयोजकों को ध्यान में आया कि नाटक के अधिष्ठाता देवता हैं नटराज, तो क्यों न शिव-स्तोत्र का पाठ प्रारम्भ में हो। पर पाठ करे कौन? डॉ. हजारीप्रसाद द्विवेदी पर्व का उद्घाटन करने आये थे और प्रदर्शन तक रुक गये थे। उनके सम्मुख समस्या रखी गयी तो बिना किसी संकोच के अत्यन्त सरलतापूर्वक वे माइक्रोफोन के सामने आ खड़े हुए और उत्साहपूर्वक पढ़ना शुरू कर दिया—"जटा कटाह सम्भ्रम..."

साहित्यिक स्तर पर वैसा नाटकीय आयोजन प्रयास में पहला था और आगे कभी इतने व्यापक सहयोग से, इतने मधुर वातावरण में वैसा कुछ किसी के द्वारा भी हो सके, इसकी आकांक्षा ही रह गयी। अब ज्यादा साधन हैं, ज्यादा उदार वातावरण है, रंगमंच के लिए जनता में ज्यादा उत्साह है, पर कठिनाई यह है कि अब रंगमंच या तो सरकारी योजना के प्रचार का माध्यम रह गया है, या कैरियर का, या सरकार से संस्था के लिए अनुदान लेने का। वह बेलौस नशा जाता रहा नाटक खेलने का जिसमें सारा अहं और कल्मष धुल जाता था।

राम जी की चींटी : राम जी का शेर

मेरे बचपन में मेरे पड़ोस में एक ताई रहती थीं। उनके पति रिटायर्ड दारोगा थे, बहुत पढ़े थे, खाट पर लेटे-लेटे हुक्का पिया करते थे और चौबीसों घण्टे ताई पर खीजते रहते थे। इसका कारण यह था कि हमारी ताई दरियादिल थीं और दरियादिल भी ऐसी-वैसी नहीं, यह समझिए कि अगर चूल्हे के पास कोई चींटी रेंगती दीख जाये तो खाना बनना बन्द हो जाता था। उस चींटी की बाँबी ढूँढ़ी जाती थी, उसके बाद दारोगा ताऊ को खड़ाऊँ पहनकर गुड़ की मण्डी जाना पड़ता था, वहाँ से कच्ची राब लानी पड़ती। राब यानी कच्ची शक्कर। चींटियों की बाँबी पर, वह राब बिखेरी जाती थी, दारोगा ताऊ खाली पेट भूखे-प्यासे मचिया तोड़ते बड़बड़ाते, ताई को खरी-खोटी सुनाते रहते थे और ताई सब ओर से कान बन्द किये चुटकी-चुटकी राब डालती रहती थीं, और भावविभोर होकर कहतीं, "राम. जी की चींटी राम जी की राब।" दारोगा ताऊ का हुक्का भी जब ठण्डा पड़ जाता तब वे खुले आम ताई जी को सस्नेह गालियाँ देते हुए कहते थे, "पाँच हाथ के आदमी की सेवा नहीं की जाती, चींटिन के खिलाएँ..." और ताई बीच में कहती, "उँह, जिन्दगी भर पुलुस में अधरम की कमाई कियो, मरती बिरियाँ चुटकी भर धरम नाहीं किया जात।" और फिर इस पर जो कोहराम मचता, चिलम फूटती, चूल्हा तोड़ दिया जाता, मुहल्ले भर की नींद हराम हो जाती और राम जी की चींटियाँ, राम जी की राब खाती रहतीं, और जब

शाम को दारोगा ताऊ भूख के मारे व्याकुल हो जाते तब हम लोगों के घर आते और हम लोग उनके सामने पराठे-तरकारी लाकर रख देते और वे रो-रोकर बताते कि उन्हें तीस रुपये पिंशन मिलती है जिसमें से चींटियों की राब, गौरैयों की किनकी, गऊ माता का टिक्कड़, कौओं की रोटी, एकादशी का सीधा, कल्यानी मैया का सिंगार, भवानी माई की भीख, पाँच कुँआरे-कुँआरियों का भोजन, झूला-झाँकी, अन्धे सबराती मियाँ की बख्शीश, इन तमाम बहुत जरूरी खर्चों में चौबीस रुपये खतम हो जाते हैं। छह रुपये बचते हैं। कहाँ से खाएँ? और हर महीने दारोगा ताऊ को किसी न किसी से दस रुपये उधार लेने पड़ते थे।

अब आज आपको अपनी एक बहुत प्राइवेट बात बताऊँ कि जो इतने दिनों तक मैंने शादी नहीं की थी, उसका बहुत-सा कारण बहुत-से लोग समझते हैं, भावुकता, कैरियर, स्वच्छन्दतावाद आदि-आदि...पर असली बात साहब यह थी कि इस ताई-ताऊ पुराण से ऐसी दहशत मेरे मन में बैठ गयी थी कि मुझे लगता था मैंने शादी की कि मेरी दशा वैसी ही हुई जैसी दारोगा ताऊ की। अन्त में मेरी एक बहन जी ने, जो मुझे बहुत चाहती थीं, मुझे बहुत-बहुत समझाया कि देख भइया, ये सब पुराने जमाने की औरतों में होता था। अब ये जो आधुनिकाएँ हैं वे इन सब मूर्खताओं से मुक्त हो गयी हैं। मैं तेरे लिए ऐसी लड़की ढूँढ़ दूँगी, जो सोलह आने आधुनिक होगी। घर का हिसाब अँगरेजी में बनाएगी, जिसने बी. ए. में गृहविज्ञान और एम. ए. में अर्थशास्त्र लिया होगा। टिप-टॉप होगी, आदि-आदि। मैं साहब अपनी बहन जी के कहने में आ गया। उन्होंने लड़की ढूँढ़ दी। मैंने शादी कर ली। पर आप मेरी भयंकर अन्तर्वेदना का अनुमान नहीं कर सकते, जब मैंने हफ्ते भर के अन्दर यह पाया कि यह जो भारतीय नारी नाम का जन्तु है इस पर डार्विन के विकासवाद का सिद्धान्त लागू ही नहीं होता। इसमें आदि काल, मध्य काल, आधुनिक काल होता ही नहीं, यह तो सदा से प्रागैतिहासिक काल में थी, प्रागैतिहासिक काल में है, प्रागैतिहासिक काल में रहेगी। ऊपर से यह भारतीय नारी ऊँची एड़ी की सैंडिल पहन ले, नाइलन की साड़ियाँ पहन ले, तन के चले, ऊँचा जूड़ा बनाये, सर्राटे से मोटर चलाये, अँगरेजी में धोबी का हिसाब लिखे, पर अन्दर से यह हमारी वही पुरानी बचपन वाली ताई है—"राम जी की चींटी, राम जी की राब!" दरियादिली, वही दरियादिली...

इस सत्य का इलहाम मुझे कैसे हुआ, यह आपको क्या बताऊँ। अब मान लीजिए कि गरमी आ गयी है और हम लोगों को कुछ गरमियों के कपड़े खरीदने हैं। बाजार गये। तय हुआ कि एक चक्कर यूँ ही लगाएँगे फिर जो दूकान बहुत फैंसी और आधुनिक रुचि की लगेगी वहाँ से खरीदारी होगी। अब दूकानों के सामने चल रहे हैं, चमाचम बिजली की रोशनी, रंग-बिरंगे शो-केसेज, सजाकर लटकायी हुई वॉयल की साड़ियाँ। मैं अपनी धुन में चला जा रहा हूँ कि अचानक पाया कि अरे

वो तो पीछे छूट गयीं। मुड़ के देखता हूँ तो एक बन्द दूकान के सामने आप खड़ी हैं। पीछे लौटता हूँ–"कहो भाई, इस बन्द दूकान के सामने क्या कर रही हो?" "उँह, अरे बन्द कहाँ है, दीखता भी नहीं तुम्हें? वाह!" मैं ध्यान से देखता हूँ, सचमुच दूकान खुली है पर अन्दर मोमबत्ती जल रही है और एक अधेड़ मियाँ जी बहुत गमगीन, सिर झुकाये गद्दी पर बैठे हैं। बगल की आलमारियाँ खाली हैं, दो-चार खानों में कपड़े पड़े हैं। आप बोलती हैं, "बेचारा कितना दुःखी है। इसकी दूकानदारी नहीं चलती।" "होगा, आगे चलो।" मैं कहता हूँ। "क्यों, तुम्हें जरा दया-ममता छू नहीं गयी। लगता है बेचारे की बोहनी नहीं हुई। मैं तो यहाँ से कुछ न कुछ जरूर लूँगी।" "भाई, पर यहाँ तो बिजली भी नहीं है।" मेरा यह वाक्यांश दूकानदार मियाँ सुन लेते हैं और तुरन्त पिनक में से चौंक के बोलते हैं, "तशरीफ लाएँ सरकार, बिजली है, आप जैसे गाहक आते हैं तो जला देते हैं बिजली, वरना जो देहाती गँवार आते हैं उनके लिए क्या बिजली और क्या लालटेन?" मैं जाता हूँ, बैठ जाता हूँ। सोचता हूँ अब बिजली जलेगी, अब जलेगी, अब जलेगी! पर दूकानदार मियाँ बेफिक्री से कपड़े निकालते हैं, फैलाते हैं, फिर आराम से मेम साहब की ओर देखकर कहते हैं, "सरकार, ये टुच्चे दूकानदार का काम है कि रद्दी कपड़ा बिजली की चमक में चमकाकर गाहक को लूट लें। कपड़े की असली परख मद्धिम रोशनी में होती है। कपड़ा और हीरा एक मुकाबिल हैं। बिजली में तो सब चमकता है, अँधेरे में चमके सो हीरा। गरीबी में रहता हूँ हुजूर, पर ईमान की रोटी खाता हूँ। आप देंगी तो दो रोटी खा लूँगा, नहीं देंगी अल्लाह का शुक्र करूँगा, आपको दुआ देता हुआ सो जाऊँगा।" बस, हो गया। मैं जानता हूँ कि उनकी दरियादिली का झरना अब फूट पड़ा, अब जो खरीदारी होनी है सो यहीं होनी है। उनकी "हाय-हाय बेचारा! राम-राम!" की जो फूल-वर्षा होती है उसका विस्तार आपको क्या बताऊँ? परिणाम यह समझ लीजिए कि 250 रुपये के कपड़े खरीदे जाते हैं और कपड़े भी ऐसे असली जर्मनी मलमल के दो थान आये थे जिनमें से एक तो आज से पन्द्रह बरस पहले बहरामपुर के राजा साहब तिरबेनी नहाने आये थे तो ले गये थे। एक बचा था सो अब पन्द्रह साल बाद मेरे यहाँ आया है। असली कपड़ा तो ज्यों-ज्यों पुराना हो त्यों-त्यों उसमें आब आये। सिर्फ तीन थान और आधी दर्जन धोतियाँ ऐसी थीं जो जरा फटी थीं पर कुछ तो दरजी से कहा गया कि काँट-छाँट में निकाल दे और कुछ दूकानदार को हफ्ते भर बाद लौटाने गयीं तो उसके पास और धोतियाँ नहीं थीं तो उसने गद्दे का मोटा धारीदार कपड़ा दे दिया। घबराकर पूछा कि क्या यह मेरे कुरते-कमीज का है तो मालूम हुआ कि कभी न कभी काम में आ जाएगा। पर इतना ही नहीं, इस बार वे अकेले गयी थीं कपड़ा लौटाने तो दूकानदार मियाँ ने बताया कि यहाँ अब बहुत बेईमानी बढ़ गयी है, उनका जी नहीं लगता, वो अदन में जाकर रोजगार करेंगे। प्रोफेसर साहब से पूछना किताबों के लिए आलमारी की जरूरत हो तो ये कपड़े की आलमारियाँ

आप ही की हैं। हमें तो दूकान बढ़ाना है। आप ले जाएँ। वैसे इसका पाँच सौ रुपया मिल रहा है। पर हम आपको ही देंगे। आप हमें सौ-पचास चाहे कम दें। मैं धड़कते दिल से रोज प्रतीक्षा करता हूँ कि किस दिन मेरे इस सजाये कमरे में वो दीमक-खाये हुए जहाज-जैसी टूटी आलमारियाँ लाकर गाँज दी जाएँगी क्योंकि सुना है मियाँ की लड़की बीमार थी, हाथ तंग था तो वे मियाँ जी को दो सौ रुपया पेशगी दे आयीं! तो क्या हुआ? दो सौ रुपया में कोई हमारा दिवाला निकल जाएगा?

और हाँ, यह तो बताना भूल ही गया कि उस दिन जब ये बाजार गयीं आलमारी का एडवांस देने तो जब देर में लौटीं तो पीछे-पीछे रिक्शा वाला एक बहुत बड़ा बण्डल उठाये चला आ रहा था। मैं हतप्रभ होकर देख रहा था कि आज क्या खरीद लाया गया है। जब वह बण्डल लाकर बरामदे में जमीन पर रख दिया गया और नौकर को हुक्म हुआ—एक कटोरी में पानी लाओ, जरा दूध गरम करो, फिटकिरी है? मैंने उत्सुकतावश उस कागज को हटाकर देखा तो चौंककर पीछे हट गया। उसमें एक पूरी डेढ़ फीट की चील थी। उसने पंख फड़काकर ऐसी खौफनाक आँखों से मेरी ओर देखा कि बस न पूछिए। मैं चुप। यह तो जानता था कि पुरानी औरतें चिड़ियाँ पालती थीं...तोता, मैना, लाल मुनियाँ, पर सोचता था आधुनिकाएँ इन मूर्खताओं से मुक्त हो चुकी होंगी। पर नहीं, चिड़ियाँ अब भी पाली जाती हैं और वह भी चील, इसका मुझे स्वप्न में भी आभास नहीं था। एक क्षण को मैं अधीर हो उठा, लानत है ऐसी दरियादिली पर, गन्दा जानवर। मैंने चीखकर कहा—"यह क्या बेहूदगी है, फेंको इसे बाहर।" "अरे वाह!" वह पलटकर बोलीं, "बड़े आये कहीं के। इसे गुलेल मारकर बच्चों ने गिरा दिया था। इसका पंख टूट गया था। इसे पूँछ पकड़कर घसीट रहे थे। मैंने देखा तो रिक्शा रुकवा लिया। बच्चों को डाँटकर भगाया, उठवाकर ले आयी। पाँच रुपये देने पड़े।" "पाँच रुपये काहे के?" मैंने पूछा। "काहे के? तुम तो कुछ नहीं समझते। अरे भाई, जिसने अपनी गुलेल से चील मारी थी वह बोला कि चील मेरी है। रुपये दीजिए तो दूँगा। वह तो दस रुपये माँग रहा था। फिर मैंने बहुत डाँटा तो पाँच रुपये लिये। तुम तो समझते हो बस मैं दया-ममता में रुपये बहाती हूँ। जी नहीं, मैंने उससे काफी मोल-भाव करके तब पाँच रुपये में ली।" और इतना कहकर वह उसे दूध-फिटकिरी पिलाने लगीं। मालूम हुआ कि फिटकिरी पिलाने से चोट अच्छी हो जाती है, टूटी हड्डी जुड़ जाती है। अब ये सब किस्सा क्या कीजिएगा जान के कि कैसे वह चील हमारे यहाँ पाली गयी; उसके लिए क्या-क्या इन्तजामात हुए, उसे कुत्तों से बचाने के लिए कैसे बढ़ई लगवाकर जाली बनवायी गयी, कैसे आने-जाने वालों को मेरी स्टडी और मेरे बाग और मेरी किताबों के अलावा बड़े चाव से वह चील भी दिखाई जाती थी और कैसे जब एक दिन नौकर ने भूल से जाली खुली छोड़ दी और चील टिहकारी मारती हुई उड़ गयी तो शाम को हमारे यहाँ दुख में खाना नहीं बना और सारी रात वह रोती रहीं और सुबह

सपने में चील ने आकर कहा कि आपके हाथ से खाये बिना मैं भूखी रह गयी हूँ और फिर उनकी आँख खुल गयीं और वह सिसक-सिसक कर रोती रहीं।

पर यह न समझिए कि यह चील-प्रकरण का अन्त है। उस दिन मेरे यहाँ कुछ मेहमान आने वाले थे। सोचा कि स्वीट डिश के लिए रसमलाई मँगवा ली जाए। आप गयीं बाजार। घण्टे भर बाद लौटीं तो रसमलाई लेकर आ रही थीं कि अकस्मात् एक चील ने झपट्टा मारा। मिठाई नीचे गिर गयी पर हाथ लहूलुहान हो गया। इतना बताते हुए आँखों में आँसू भरते हुए बोलीं, "बेचारी हो न हो वही चील थी। एक बार का पाला जानवर कभी ममता नहीं छोड़ता। राम-राम! बिचारी सपने में भी भूखी थी मेरे बिना।" मेरे तन-बदन में आग लग गयी। "तब ये हाथ ले के क्यों कराह रही हो। गाओ। नाचो।"—"गाऊँ, चाहे रोऊँ, तुम्हें क्या पड़ी है। तुम्हारा हाथ तो नहीं जख्मी हुआ। मेरी चील मेरा हाथ, तुम से मतलब?" मैं क्या जवाब देता। आप होते आप ही क्या जवाब देते। मैंने कहा न, बाहर से क्या होता है? अन्दर से ये सब वही हैं चाहे बी. ए. में गृहविज्ञान और एम. ए. में अर्थशास्त्र लिया हो पर मेरी चील मेरा हाथ, आप से क्या मतलब? नहीं साहब, कोई मतलब नहीं। पर एक बात मैंने सोच ली है। जिस दिन उनकी इस दरियादिली से बेहद आजिज आ जाऊँगा—उस दिन दूर सैर को निकल जाऊँगा। रास्ते में साँप, बिच्छू, शेर, चीता, भेड़िया जो कुछ भी मिलेगा उस पर दयावान् होकर उठा लाऊँगा, घर में छोड़ दूँगा। फिर अगर कुछ भी मुसीबत आये मुझे परवाह नहीं। मैं तो आराम से भावविभोर होकर गाऊँगा, "राम जी की कन्या, राम जी का शेर।" और-क्या कर सकता हूँ आप ही बताइए।

॥ व्यंग्य ॥

गुलिवर की तीसरी यात्रा

जब भाई गुलिवर जी लिलिपुट और ब्रॉबडिंगनैग की यात्राएँ समाप्त कर वापस आये तो उनकी उम्र ढलने लगी थी। एक दिन शीशा देखते हुए उन्हें अपने सिर में एक सफेद बाल दीख पड़ा। सफेद बाल को देखते ही उनमें आत्मज्ञान जागा और उन्होंने सोचा कि जो कुछ भी करना है वह जल्दी कर डाला जाए। बस झट से उन्होंने शादी कर ली। एक छोटा-सा बँगुलानुमा मकान खरीद लिया, दो-चार मुर्गियाँ और दो-चार बत्तखें पाल लीं, घर के सामने थोड़ा-सा टमाटर, पालक, धनिया वगैरह बो लिया, जहाँ सुबह धूप में आरामकुरसी डालकर वह धूप खाते थे, बत्तखों की देखभाल करते थे। उनके कुछ रुपये अपने एक कविमित्र पर बाकी थे और रुपयों के एवज में वे कविमित्र उन्हें उन पत्रिकाओं की प्रतियाँ भेज देते थे, जिनमें उनकी कविताएँ छपा करती थीं। एक प्रति तो उन्हें नियमित रूप से मिलती थी, और दो-चार प्रतियाँ वे सम्पादक की निगाह बचाकर उठा लाते थे, जिनसे उधार चुकाया करते थे।

बहरहाल, चढ़ता हुआ बुढ़ापा, नयी-नयी बीवी, जाड़े की हलकी सुनहली धूप और मुफ्त की पत्रिका! ऐसे-ऐसे संयोग जुड़े कि भाई गुलिवर जी एकाएक काव्य-प्रेमी हो गये। अखबार की दूकान पर जाकर वे पत्रिकाएँ उलटते-पलटते कविताएँ पढ़ते और रख देते। इस तरह मुफ्त में घड़ों काव्य-रस पान कर; तृप्त होकर वे घर लौट आते।

एक दिन जब उनकी पत्नी बाग के कोने में शलजम खोद रही थी, भाई गुलिवर जी चुपचाप बैठे अनन्त की ओर देख रहे थे, एकाएक उनके हृदयपटल पर

अतीत की स्मृतियाँ झमक उठीं। कैसा अजब था वह बौनों का देश, और कितना भयावना था वह देवों, महामानवों का देश! लेकिन उनसे एक भयानक भूल हो गयी थी। वे दोनों द्वीपों में गये, किन्तु उन्होंने लिलिपुट और ब्रॉबडिंगनैग, कहीं के भी कवि के दर्शन नहीं किये थे। यह बात उनके मन में रह-रहकर खटकने लगी। सहसा उनकी पुरानी यात्रा-प्रवृत्ति उबल पड़ी और उसी क्षण उन्होंने निश्चय कर लिया कि वे यह यात्रा करके ही रहेंगे।

जब उन्होंने यह निर्णय अपनी पत्नी को बताया तो वह बहुत रोयी, उसने खाना-पीना छोड़ दिया। लेकिन गुलिवर भाई घुमक्कड़ ठहरे। वे तो चल ही दिये। अन्त में हारकर उनकी पत्नी ने आँसू पोंछे, आँखों के इर्द-गिर्द बैंगनी पाउडर लगाया, परदेशी पति की याद में काले वस्त्र धारण कर लिये और पड़ोसी के साथ सिनेमा देखकर और पिकनिक जाकर किसी तरह विरह की घड़ियाँ काटने लगी।

गुलिवर भाई ने अपनी किश्ती मँझधार में छोड़ दी। पहले दिन तूफान आया, दूसरे दिन नरभक्षी चिड़ियों ने उनके जहाज पर हमला बोल दिया, तीसरे दिन उनके रास्ते में बर्फ का तैरता हुआ पहाड़ आ अड़ा, चौथे दिन वे एक चट्टान से टकराते-टकराते बचे, पाँचवें दिन ह्वेल मछली ने पूँछ मार दी, छठे दिन इन्हें हाई ब्लडप्रेशर हो गया और जब ये अपनी जीवन की सारी आशा छोड़ चुके थे, तो सातवें दिन इन्हें किनारा नजर आया। ये नन्हे-नन्हे हाथ भर के पेड़, दो-दो बित्ते की ताल-तलैया, दस फीट ऊँचे उत्तुंग पर्वत-शिखर, वह लिलिपुट को खूब पहचानते थे। लिलिपुट के सभी बौने भी इन्हें पहचानते थे। गुलिवर जी ने उन्हें छोटी-छोटी पिनें बाँटनी शुरू कर दीं जिन्हें वे भाले समझकर खुशी-खुशी घर ले गये।

अन्त में गुलिवर जी ने अपने मतलब की बात पर जाना ठीक समझा। एक बौने को हथेली पर उठाकर चेहरे के सामने कर लिया और उससे कवि का पता पूछा। यह देखकर कि इस महामानव गुलिवर के मन में भी काव्य-प्रेम उमड़ा है, बौना बड़ा खुश हुआ। उछलकर इनके कन्धे पर जा पहुँचा, और नाचने लगा। अन्त में इनके कर्णविवर में मुँह डालकर भावविभोर स्वर में कहा : "तो तुम हमारे कवि को देखने आये हो। कैसा स्वर्गोपम रूप है उसका! उसकी आँखें स्वप्नाच्छन्न हैं। वह बिलकुल देवकुमार है, छूते ही कुम्हला जाता है। वह इन्द्रधनुष है, गुलाब का फूल है, कुम्हड़-बतिया है।"

"हाँ-हाँ, लेकिन वह रहता कहाँ है? मैं उसके दर्शन करूँगा।"

"दर्शन करोगे?" बौना घबरा गया। उलटकर गुलिवर की जेब में गिर पड़ा। गुलिवर ने निकाला तो वह काँपते हुए बोला : "लेकिन वह बहुत सुकुमार है। लिलिपुट की अनिन्द्य सुन्दरियाँ भी उसकी कोमलता के आगे लजा जाती हैं। वह तुम्हें देखकर भय से प्राण त्याग देगा और हम कवि-विहीन हो जाएँगे।"

खैर, गुलिवर ने बहुत समझाया-बुझाया, आश्वासन दिया तो बौना बोला, "बुझे

हुए सितारों की एक घाटी में एक आश्रम है। वहाँ एक महान् सन्त रहता है, जो नली से पानी पीता है और जिसे झरोखे से खाना पहुँचाया जाता है। वह नक्षत्रों से बातें करता है, खरगोश और पक्षी उसके शिष्य हैं। उसी सन्त के आश्रम में हमारा कवि रहता है।"

गुलिवर साहब वहाँ पहुँचे तो मालूम हुआ कवि जी वहाँ से लिलिपुट के एक दूसरे नगर में पहुँच गये हैं। गुलिवर साहब ने सन्त को प्रणाम किया और कवि के नगर की ओर चल दिया। नगर लिलिपुट के दूसरे छोर पर था, क्योंकि गुलिवर साहब को वहाँ पहुँचते-पहुँचते पूरे 22 मिनट 7 सेकेण्ड लग गये।

उस नगर के समीप पहुँचते-पहुँचते भाई गुलिवर जी को लगा कि वायुमण्डल में अनगिनत ध्वनि-तरंगें गुंजन कर रही हैं। बालू के टीले के पास झाड़ियों से घिरा हुआ, समुद्रतट पर कवि का नीड़ था। वह नीड़ जिसे गद्य-लेखक घर कहेंगे, बड़ा ही सुन्दर बना था और चक्करदार था। यानी वक्त-जरूरत उसे उत्तर, पश्चिम, पूरब, दक्खिन—किसी ओर भी घुमाया जा सकता था। कवि जी जिधर हवा का रुख देखते थे, अपने नीड़ को घुमा लेते थे।

गुलिवर को देखते ही कुछ बौने तो डर के मारे भागे, कुछ जो उसके पूर्व-परिचित थे; हाथ उठाकर स्वागत में चीखने लगे। कुछ झट से उसके पाँवों के सहारे चढ़कर उसके दामन से झूलने लगे और उससे उसका कुशल-क्षेम पूछने लगे। उन्हें यह जानकर बड़ी निराशा हुई कि भाई गुलिवर जी अब बहादुर जहाजी न रहकर भावुक काव्य-प्रेमी हो गये हैं।

पूछने पर मालूम हुआ कि कवि अभी प्रभु की वन्दना कर रहा है। गुलिवर ने प्रतीक्षा की और जब कवि प्रभु-वन्दना समाप्त कर चुका तब दो बौने इमली की एक पत्ती पर थोड़ा-सा नमकीन समुद्र-फेन ले आये। कवि इसी से नाश्ता करता था क्योंकि भारी चीजें उसे हजम नहीं हो पाती थीं। ठोस खाद्य पदार्थ तो दूर, उसे अपार्थिव विचारधाएँ तक हजम नहीं हो पाती थीं। पहले उसने धरती से उत्पन्न होने वाला पार्थिव भौतिक जीवन-दर्शन आजमाया और फिर स्वर्ण नक्षत्रों से झरने वाला आध्यात्मिक जीवन-दर्शन, लेकिन वह इतना सुकुमार था कि दोनों को पचा नहीं पाया।

लेकिन अब कठिनाई यह थी कि वह कवि से बातें करे तो कैसे। जिस घर में कवि रहता था उसमें तो गुलिवर बैठ भी नहीं सकता था, घुस भी नहीं सकता था। अन्त में गुलिवर ने दोनों हाथों से थामकर उस घर को नींव सहित उखाड़ लिया और सामने एक पेड़ पर उसे टिकाकर बैठ गया।

गुलिवर ने देखा। कवि शान्ति से बैठा नाश्ता कर रहा है। कवि सचमुच बहुत सुन्दर था। जौ के बराबर उसकी नन्ही-नन्ही आँखें स्वप्नाच्छन्न थीं, उसका रत्ती भर

का माथा था जिस पर स्वर्णिम अलकें क्रीड़ा करती थीं। उसकी बोली, उसका रूप, उसका कोट-पैण्ट जूता सभी अपने ढंग के अनोखे थे।

कवि ने गुलिवर को देखा और मुसकराकर बड़े कलात्मक ढंग से हाथ हिलाकर कहा : "आइए!" गुलिवर ने श्रद्धा से हाथ जोड़े। कवि की शिष्टता और मधुरता देखकर उसकी आँखों में आँसू आ गये। रुँधे गले से बोला : "धन्यवाद। आज मेरा जीवन सफल-हो गया।"

"जीवन!" कवि बड़े निराशासिक्त स्वरों में बोला, (जैसे शाम की उदास घण्टियाँ बज रही हों) "जीवन क्या है? हम लोग तो बौने हैं, हमारा जीवन क्या है? वायु में भटकती हुई चेतना-तरंगों का कोई रूप होता है? कोई नाम होता है? नहीं। नाम और रूप से बँधे हुए तत्त्व की संज्ञा ही तो देह है, और देह की क्रियाएँ ही जीवन हैं। जैसे यह बिजली है, (उस समय लिलिपुट में बिजली लग गयी थी) इसमें ज्योति दीखती नहीं, बटन दबाइए तो बिजली जगमगा उठती है। बटन फिर दबा दीजिए, ज्योति पता नहीं कहाँ विलीन हो जाती है। ऐसा ही यह नश्वर जीवन है। ओ प्रभु!" कहते हुए उसने गहरी साँस ली और अधमुँदी पलकों से क्षितिज की ओर देखने लगा। उसकी पलकों पर स्वप्नों की परियाँ उतर आयीं। उसका वक्ष श्वास-प्रश्वास से परिदोलित होने लगा। धीरे-धीरे कवि ने आँखें खोलीं और बहुत धीमे स्वर में बोला : "मैं बहुत थक गया हूँ।" वह गद्देदार सोफे पर लेट गया और गुलिवर ने बिजली का पंखा खोल दिया। कवि ने करवट बदली और कहा : "बड़ी गरम हवा इस पंखे से आती है।" गुलिवर ने पूछा, "दरवाजा घुमाकर समुद्र की ओर कर दूँ?" तो कवि काँप उठा। कहा : "नहीं, नहीं। मेरे लघु गात पर सागर-समीर आघात करता है।"

अब गुलिवर ने कवि के कमरे की ओर निगाह डाली। लिलिपुट में इससे सुन्दर कमरा और कोई नहीं था। नीचे सुन्दर फर्श, तख्त पर मखमली गद्दे, सुन्दर कलात्मक तकिये। एक कोने की मेज पर दर्पण, शृंगार-मंजूषा, स्नो, नेल-पॉलिश, रूज और भाँति-भाँति के इत्र। दीवार पर एक उसी स्नो कम्पनी का कलात्मक कैलेण्डर, दूसरे कोने में एक कम उम्र लड़की का चित्र।

"यह आप की?"

कवि लजा गया। उसने कुछ उत्तर नहीं दिया। थोड़ी देर बाद बोला गहरी साँस लेकर, "प्रेम मन को तपाकर स्वर्ण बनाता है। प्रेम दिव्य है, पावन है, स्वर्गोपम है।"

गुलिवर ने कवि की वाणी सुनी और अपनी इंग्लैण्ड-प्रवासिनी पत्नी की याद कर उसकी आँखों में आँसू आ गये।

कवि लेटा रहा : "यह खिड़की बन्द कर दीजिए। चिड़ियाँ शोर करती हैं", उसने कहा।

"तो आप जनता में कैसे मिलते होंगे?" गुलिवर ने पूछा।

"जनता में बहुत घुल-मिल नहीं पाता। एकान्त मुझे अच्छा लगता है। कभी-कभी महाराज की वर्षगाँठ पर गीत सुनाने अवश्य जाता हूँ। पर वह बात दूसरी है।"

थोड़ी देर दोनों चुप रहे। फिर कवि ने पूछा : "गीत सुनिएगा?" गुलिवर के मुँह में पानी भर आया, लेकिन बोला : "आपको कष्ट होगा।"

कवि बहुत अतिथि-सत्कारी था। बोला, "नहीं-नहीं, मुझे स्वयं नहीं गाना पड़ेगा। अलिरे से काम चल जाएगा।"

"अलिरे! अलिरे क्या?" गुलिवर ने पहली यात्रा में काफी लिलिपुटीय भाषा सीख ली थी। पर यह शब्द उसके लिए बिलकुल नया था।

"अलिरे आप नहीं जानते?" कवि मुसकराया। उसने झुककर कोने में पड़ा हुआ एक मुरदा कीड़ा उठाया और उसे टाँग दिया। वह झींगुर जैसा लगता था। थोड़ी देर तक उसमें से वैसी ध्वनि आती रही जैसे जिन्दा झींगुर झंकारते हों, फिर एकाएक उसमें से अजब-अजब संगीत आने लगे।

गुलिवर हतप्रभ था। यह कैसा जादू का खेल था? "यह मुरदा झींगुर गाता कैसे है?" विस्मय से उसके बोल नहीं फूट रहे थे।

"झींगुर!" कवि हँसा : "यह झींगुर नहीं है श्री गुलिवर जी! यह तो अलिरे है।"

"अलि रे? यानी भँवरा?"

"नहीं! हाँ, उसका कलात्मक अर्थ तो यही है। वैसे अलिरे का अर्थ है : अखिल लिलिपुटीय रेडियो।...पहले यह एक वैज्ञानिक यन्त्र मात्र था। फिर इसका सांस्कृतिक चेतना से समन्वय हो गया तो यह अलिरे हो गया।" उसके बाद फिर एकाएक कवि की आँखें स्वप्नाच्छन्न होने लगीं। वह क्षितिज की ओर देखने लगा और बोला : "यह अलिरे क्या है? केवल एक देह-रूप मात्र! यह चेतना, भू-चेतना, किसी में भी अपने को व्यक्त कर सकती है। यह अलिरे, मैं, सभी तो उसी की अभिव्यक्ति के माध्यम हैं। रूप धारण कर लेते हैं तो हम हैं, आप हैं, यह अलिरे है, अन्यथा सभी एक अव्यक्त चेतना हैं।"

गुलिवर की समझ में कुछ नहीं आया। लेकिन कवि की वाणी में सबसे बड़ा सौन्दर्य यही था। उसकी शैली में अत्यधिक माधुर्य था, चित्रात्मकता थी, प्रवाह था, लेकिन अर्थ नहीं था। उसमें पॉलिश थी, सोने का पानी चढ़ा था, भाषा जगमगाती थी, लेकिन उसका तात्पर्य समझ में नहीं आ सकता था। गुलिवर इस भाषा-शैली से मुग्ध तो था, लेकिन फिर भी बोला : "लेकिन सुनिए तो, यह झींगुर-सरीखी चीज तो बड़ी घिनौनी है, कुरूप है। कहाँ यह सौन्दर्य-प्रदर्शनी जैसा आपका कमरा, आपकी नाजुक अभिरुचि और कहाँ यह गन्दा यन्त्र। नाम अलिरे तो सुन्दर है लेकिन..."

"लेकिन-परन्तु व्यर्थ है।"...कवि ने बात काटकर कहा। "प्रभु की इच्छा है।

नियति की आज्ञा है। अन्यथा मुझे क्या लेना-देना? हाँ, इससे कुछ मित्रों से सम्पर्क बना रहता है।"

"कैसे?" गुलिवर ने पूछा।

"बात यह है कि दिन में तीन बार इसके द्वारा सभी कलाकारों के अपने गीत, अपने नाटक, अपने उपदेश, अपनी डायरी, अपनी आत्मकथा, अपनी कहानी, अपने धोबी का हिसाब, अपनी आलोचना, अपना फीचर, अपना उपन्यास प्रसारित होते हैं। इससे सुनने वालों का सांस्कृतिक स्तर ऊँचा होता है। अच्छा अब रूप-स्नान का समय आ गया। सुनिए!"

रूप-स्नान के विषय में जिज्ञासा करने पर ज्ञात हुआ कि दिन में तीन बार कार्यक्रम होता है। प्रातःकाल रूप-स्नान, दोपहर को स्वप्न-विश्राम, रात को हृदय-स्पर्श।

जिस प्रकार अलिरे ने अपने यहाँ के कवियों को सम्मान दे रखा था उसे देख कर गुलिवर बहुत प्रभावित हुआ और बी. बी. सी. के कार्यक्रमों को गालियाँ देता हुआ, कवि को श्रद्धा से नमन कर वह अपने जहाज को लौट आया।

दूसरे दिन स्वयं कवि उससे मिलने आया और गुलिवर के भावी कार्यक्रम के बारे में पूछता रहा। जब उसने बताया कि वह ब्रॉबडिंगनैग के कवि से भी मिलने जाएगा तो लिलिपुट के कवि की आँखें फैल गयीं और वह दहशत से देखने लगा। गुलिवर ने कारण पूछा तो वह बोला : "ब्रॉबडिंगनैग का कवि बड़ा क्रूर है। एक बार मैं उससे मिलने गया तो उसने मुझे अपने हृदय से लगा लिया। मेरा पाँव उसके बटन में फँस गया और मुझे मोच आ गयी। मैं दो माह तक अस्वस्थ रहा।"

"लेकिन यह तो उसके स्नेह का प्रमाण है।"

"सो तो है!" कवि ने लट छिटकाकर कहा : "वह मुझे स्नेह तो करता है, लेकिन जब कोई पर्वताकार व्यक्ति मुझ जैसे को अपने हृदय लगाना चाहता है तो उससे भी मुझे कष्ट हो जाता है। और वैसे भी वे मुझे तंग करते हैं। वे बड़े क्रूर हैं!"

अन्त में कवि स्नेह-अभिवादन कर चला गया।

एक दिन विश्राम कर दूसरे दिन गुलिवर ने ब्रॉबडिंगनैग के लिए जहाज खोला। लिलिपुट से ब्रॉबडिंगनैग का रास्ता काफी सीधा था। छह रोज में जहाज पहुँच गया। ब्रॉबडिंगनैग लिलिपुट का सर्वथा उलटा, देवों का द्वीप था। ऊँचे-ऊँचे 60-70 फुट के लोग हाथी की तरह झूमते थे। सबसे पहले गुलिवर ने जहाज को पहाड़ों के पीछे छिपा दिया कि कहीं कोई देव उसे खिलौना समझकर उठा न ले जाय। वह इस पसोपेश में था कि कवि का पता किससे पूछें क्योंकि यहाँ के निवासी उसे देखते

ही खिलखिला उठते थे। उसे एक हाथ से दूसरे हाथ में उछालने लगते थे या आइसक्रीम में तैराने लगते थे।

ब्रॉबडिंगनैग में उस दिन बड़ा उत्सव मनाया जा रहा था। गुलिवर ब्रॉबडिंगनैग की भाषा समझता था। बगल से एक देव एक अखबार में लपेटे हुए कुछ खिलौने ले जा रहा था। उसने एक टोकरी खरीदी और उसमें खिलौने रखकर अखबार नीचे फेंक दिया। गुलिवर चुपचाप खड़ा रहा और जब वह आदमी चला गया तब गुलिवर अखबार की ओर लपका। इतना लम्बा-चौड़ा था वह अखबार कि उसे उठाना तो दूर, जब गुलिवर उस पर दस कदम चल चुका तब वह शीर्षक तक पहुँचा और एक-एक अक्षर जोड़कर उसने पढ़ा कि आज ब्रॉबडिंगनैग के महाराजा के भतीजे का जन्म-दिवस है। बस-बस, पता चल गया। कवि यहीं होगा। गुलिवर गिरता-पड़ता उसी ओर दौड़ा।

राजमहल में निगाह बचाकर सिपाहियों के पाँवों के बीच से होता हुआ किसी तरह अन्दर पहुँचा। अन्दर बड़ी धूमधाम थी। पहले शहनाई बजी, फिर उसके बाद द्वीप भर के देशभक्त, जिन्हें परमिट लेना था, हाथ के कते-बुने कपड़े पहनकर आये और उन्होंने राजा के भतीजे को उपहार देकर उसके चरण छुए, पत्रकारों ने आकर उसके चित्र लिये, डॉक्युमेण्टरी फिल्म वालों ने उसकी फिल्म बनायी, ब्रॉबडिंगनैग रेडियो ने रिले किया। लेकिन कवि कहीं नहीं दिखायी पड़ा। गुलिवर कुछ निराश-सा हो गया।

इतने में उसे वह किसान दीख पड़ा जिसके यहाँ वह पहली यात्रा में रह चुका था। किसान बहुत बूढ़ा हो गया था, उसकी कमर झुककर दोहरी हो गयी थी। वह हाँफ-हाँफकर चलता था। गुलिवर छलाँग मारकर उसकी जेब में जा पहुँचा। किसान गुलिवर को देखकर बहुत खुश हुआ। गुलिवर ने उससे पूछा :

"ब्रॉबडिंगनैग का कवि?"

"तुम तो बहुत उलटी दिशा में चले आये। वह तो वहाँ रहता है, द्वीप के उस छोर पर जहाँ गरीब गोताखोर लोग रहते हैं।"

"वहाँ?"

"हाँ वहीं एक छोटे-से अस्तबल में रहता है। परसों तो मेरे यहाँ आया था। मेरे बीमार बच्चे को कम्बल ओढ़ाकर चला गया। तुम उसके पास जाकर क्या करोगे?"

"दर्शन करूँगा?"

"दर्शन करोगे?" गुलिवर को हाथ में दबाये हुए वह बुड्ढा राजमहल से भागा और बाहर आकर ठठाकर हँसा : "तुम उसके दर्शन करोगे? तुम्हारे जैसे कीड़े-मकोड़ों को तो वह चुटकी में मसल देता है।"

लेकिन गुलिवर अपनी जिद पर अड़ा रहा। अन्त में बूढ़े से विदा लेकर वह

गोताखोरों की बस्ती की ओर चल पड़ा। यह ब्रॉबडिंगनैग के उन गोताखोरों की बस्ती थी जो नरभक्षी मछलियों से लड़कर मूँगा और मोती बटोरते थे और शाम को आकर राजा के सिपाही उनसे मोती और मूँगा छीन ले जाते थे। ब्रॉबडिंगनैग का सारा वैभव इन्हीं के कारण था, पर ये चीथड़ों में लिपटे रहते थे। ब्रॉबडिंगनैग के कवि ने राजमहल छोड़कर अपने लिए यही मुहल्ला अपनाया था।

वह एक छोटा-सा अस्तबल था और उसमें कवि तनकर खड़ा भी नहीं हो पाता था। कवि एक विशाल हिमशिखर की भाँति था और चलता था तो लगता था पर्वत डोल रहे हों। लगता था वह एक हाथ उठाये तो आसमान से चाँद और सूरज तोड़ लाये और पाँव उठाये तो तीन कदमों में वसुधा को नापकर फेंक दे। उसकी वाणी में एक अजब-सी ललकार और चुनौती थी, लेकिन उसकी आँखों में एक सरल-तरल स्नेह और ममता!

गुलिवर ने जाते ही उसके चरणों पर सिर रख दिया। पहले तो उसने समझा कि कोई कीड़ा-मकोड़ा उसके पाँवों पर चढ़ आया है और दो दफे पाँव झटक दिया। गुलिवर दस फुट दूर जा गिरा। लेकिन फिर वह धूल झाड़कर उठ खड़ा हुआ और कवि के पैरों पर गिर पड़ा। इस बार कवि ने नीचे देखा और गरज उठा : "कीड़े तेरी यह हिम्मत!" और उसने कोट पकड़कर गुलिवर को लटका लिया। थोड़ी देर तक उसे हवा में झुलाता रहा और फिर बोला : "पटक दूँ, तेरी हड्डी-पसली बिखर जाए!" गुलिवर की घिग्घी बँध गयी। कवि ने उसे एक खूँटी पर टाँग दिया। और पूछा : "कहाँ से आया है?"

"इंग्लिस्तान से!"

"इंग्लिस्तान से! अच्छा! सुना है वहाँ के सम्राट् ने मेरे लिए वारण्ट निकलवाया है। मैं सब जानता हूँ। इंग्लिस्तान का सम्राट्, मेरे यहाँ का सम्राट्, दुनिया भर के सम्राट् मेरा राज जानना चाहते हैं। मैं उन्हें यूँ चुटकी में मसल दूँगा।"

गुलिवर कुछ नहीं बोला। उसके प्राण कण्ठ तक आ गये थे। इस हत्यारे काव्य-प्रेम ने उसे कहाँ ला पटका। थोड़ी देर के बाद कवि ने उसे उतारकर जमीन पर रख दिया। "तुम भी मेरा राज जानना चाहते हो। भाग जाओ, अभी भागो वरना!"...और इसके पहले कि कवि अपने विचारों को कार्यान्वित करे, गुलिवर जान छोड़कर भागा। चलते-चलते रात हो गयी और वह सड़क के किनारे एक बेंच के नीचे खिन्नमन होकर लेट रहा। उसके घुटनों और कोहनियों में खरोंच आ गयी थी। वह सोचने लगा कि कितना सभ्य और शिष्ट था लिलिपुट का कवि।

रात हो गयी थी और गुलिवर जाड़े के मारे ठिठुर रहा था, करवटें बदलता हुआ अपने भाग्य को कोस रहा था कि इतने में उसे लगा जैसे धरती काँप उठी हो। किसी ने अपनी विराट् उँगलियों में फँसाकर उसे ऊपर उठा लिया। गुलिवर ने प्राणों की आशा छोड़ दी। उसने देखा—कवि था।

"डरो मत।" कवि ने कहा : "तुम इतनी दूर से आये और बिना कुछ खाये-पिये चले आये। अपमान करते हो मेरा? चलो।" और वह गुलिवर को हथेली पर आराम से बिठाकर वापस ले आया। किसी तरह झुककर वह अस्तबल में घुसा और सिकुड़कर बैठ गया। कुछ घास-फूस सुलगाकर उसने बगल में एक चाय की देगची चढ़ा रखी थी, उसमें चाय सिझाने लगा।

गुलिवर ने अपने चारों ओर निगाह डाली। बहुत गन्दा अस्तबल था। कहते हैं पहले इसमें राजा के घोड़े रहा करते थे। उनके लिए अब एक नये अमरीकन स्टाइल का अस्तबल बन गया है। यह बहुत दिनों से खाली पड़ा था और कवि को जब कहीं ठिकाना नहीं मिला तो वह इसमें रहने लगा था। इस गन्दे अस्तबल में कवि तनकर तो खड़ा हो ही नहीं सकता था, उसके पाँव भी कैसे फैल पाते होंगे, यह गुलिवर की समझ में नहीं आ रहा था। लेकिन इसी अस्तबल में कवि ऐसे गीत लिखता था जिनके स्वर-स्वर में लपटें धधकती हों और ऐसे गीत लिखता था जिनके बोल-बोल से अमृत छलका पड़ता हो। कवि की कल्पना कैसे पंख पसारकर उड़ पाती थी, यह आश्चर्य की बात थी, और इससे भी आश्चर्य की बात तो यह थी कि गोताखोरों के इस दरिद्र मुहल्ले और अस्तबल की इस गन्दगी से कवि कहाँ से वह रस खींच लाता है। गुलिवर को लिलिपुट के राजकवि का वह कक्ष याद आया जहाँ रेशमी परदे लहराते थे, धूप-छाँव की आँखमिचौनी होती थी। कहाँ वह सौन्दर्य-कक्ष और कहाँ यह गन्दा अस्तबल। फिर गुलिवर को याद आया कि नजारेथ के एक ऐसे ही गन्दे अस्तबल से ईसामसीह भी पैदा हुए थे।

इतने में कवि ने कहा : "पीते क्यों नहीं चाय?"

गुलिवर ने देखा उसके सामने एक गिलास में चाय रखी हुई थी और वह गिलास बाल्टी से बड़ा था।

गुलिवर के प्राण सूख गये। "लेकिन इतना?" उसने डरते-डरते पूछा। "थोड़ा-थोड़ा करके पी लो।" कवि ने बहुत स्नेह से कहा। गुलिवर जी पसोपेश में पड़ गये। "तुम्हें पीने में दिक्कत होगी। लाओ मैं पिला दूँ।" और कवि ने जलती हुई चाय चुल्लू में ली और उसे पिलाने लगा। गुलिवर चीखा : "हाथ जल जाएगा।" कवि हँसा और बोला : "यह हाथ जलने का आदी हो गया है। इससे भी ज्यादा जलती हुई चीजें मैं इन हथेलियों पर रोप चुका हूँ।"

गुलिवर चाय चखते ही घबरा गया। कड़वी चाय, एक दाना शक्कर का नहीं। कवि ने उसका मुँह देखते ही कहा : "शक्कर नहीं है। पिछले साल भर से ऐसी ही चाय पीने की आदत पड़ गयी है मेरी। तुम अगर कल तक रुको तो दो-एक गीत बेचकर शक्कर खरीद लाऊँगा।"

आतिथ्य-सत्कार के बाद कवि के मुख पर एक अजब-सा आत्मसन्तोष झलक आया। वह गुलिवर से कुछ नहीं बोला पर बैठा-बैठा अपना एक गीत गुनगुनाता

रहा। थोड़ी देर बाद उसने गुलिवर से पूछा : "सो जाओ अब! लेकिन बिस्तरा मेरे पास नहीं है। खैर तुम्हारे लिए तो इन्तजाम हो सकता है।" उसने अपना कुरता उतार कर बिछा दिया। इतना बड़ा था वह कुरता कि बिछाने और ओढ़ने का पूरा इन्तजाम हो गया। कवि नंगे बदन ही लेट रहा। गुलिवर ने कुछ बातें करनी चाहीं तो उसने डाँटकर कहा : "सो जाओ, अब कल बातें होंगी।"

गुलिवर ने करवट बदल ली। कवि भी वहीं लेट गया, हालाँकि उस पर्वताकार कवि की बगल में चूहे जैसा गुलिवर मन ही मन काँप रहा था कि कवि ने करवट ली और गुलिवर जी की हड्डी-पसली का पता न चलेगा।

थोड़ी देर में पतिंगों के बराबर बड़े-बड़े खूँखार मच्छरों ने हमला किया। गुलिवर तो कुरते में लिपट गया लेकिन कवि के नंगे बदन पर मच्छर टूट पड़े। उनकी खून चूसने की आवाज इतनी भयानक थी कि गुलिवर चौंककर जाग गया। गुलिवर के उठने की आहट से कवि जग गया। उसने बदन पर हाथ फेरा। जहाँ मच्छरों ने काटा था वहाँ मांस फोड़ों की तरह फूल आया था। उसने गुलिवर से कहा : "मैं बाहर सो रहूँगा, ऐसे तो तेरी नींद में बाधा पहुँचेगी।" गुलिवर को बड़ी आत्मग्लानि हुई। कहाँ इन परिस्थितियों में आकर वह कवि के सिर पर भार बन गया। उसने बहुत विनय की और कवि से कहा यह रात जागते ही जागते काटी जाय। अन्त में दोनों उठकर बैठ गये।

गुलिवर उसे लिलिपुट के कवि की बातें बताने लगा। ब्रॉबडिंगनैग का कवि सहसा उल्लास से भर गया : "कैसा है लिलिपुट का कवि अब? तुम जानते हो, वह बहुत प्रभावशाली है। संसार में एक ही कवि है जिसे मैं प्यार करता हूँ। वह है लिलिपुट का कवि।"

"हाँ, वह भी आपका जिक्र कर रहा था।"

"क्या कह रहा था?" कवि ने बड़ी व्यग्रता से पूछा : "जानते हो? जिस वक्त सभी लोग नयी ब्रॉबडिंगनैग और लिलिपुटी भाषा का विरोध कर रहे थे, उस समय मैंने उसका और उसने मेरा साथ दिया था। लेकिन अब वह राजपथ पर है, स्वर्णपथ पर है, मैं जनपथ पर हूँ, लेकिन वह मुझे प्यार करता है।"

"लेकिन वह तो आपके बारे में..."

"चुप रहो! तुम उसकी बातें नहीं समझ सकते।" कवि ने डाँटकर कहा। पर थोड़ी देर बाद वह गम्भीर हो गया और संजीदा आवाज में बोला : "तुम ठीक कहते हो। अब वह मुझसे नाराज है। मैं जानता हूँ वह मुझसे नाराज है। कभी-कभी विशाल और विराट् होना भी बड़ा पाप होता है। बहुत से लोग जिन्हें तुम प्यार करना चाहते हो, जिन्हें तुम अपने समीप लाना चाहते हो, वे तुम्हारी विराटता समझ नहीं पाते, तुमसे चिढ़ जाते हैं, अपनी सीमित संकीर्णता की रक्षा करने में तुम्हारी विराटता को तो अस्वीकार करते ही हैं, तुम्हारे स्नेह को भी अस्वीकार करने लगते हैं।" और फिर

वह बहुत उदास हो गया। गुलिवर की समझ में कुछ नहीं आया पर वह कुछ बोला नहीं। कवि कहता गया : "और सच बात है, जब तक तुम्हारे साथी विराट् न हों, तुम्हारा स्नेह विराट् न हो, तुम्हारा वातावरण विराट् न हो, तुम्हें ग्रहण करने वाली समाज-व्यवस्था विराट् न हो, तब तक विराट् होना अभिशाप है। लेकिन यह समाज-व्यवस्था ऐसी है कि जिसने इसको समर्पण किया वह लिलिपुट का बौना हो जाता है, अपमानव बनकर रह जाता है। और जिसने भी उसका निषेध किया, उसके विरुद्ध विद्रोह किया, वह विद्रोह में अकेला पड़ जाता है, उसे अतिमानव बनना पड़ता है। एक स्वस्थ सन्तुलन हो ही नहीं पाता, क्योंकि समाज-व्यवस्था में सन्तुलन है ही नहीं।" कवि सहसा उठकर टहलने लगा। यद्यपि अस्तबल की छत नीची थी और उसे झुककर चलना पड़ता था। गुलिवर की ओर देखकर बोला : "कितना छोटा कमरा है, लगता है इसे मैं ओढ़े हुए हूँ। लेकिन टहलने की मेरी आदत है। अच्छी आदत नहीं, जानता हूँ यह ग्रामीणता है, अशिष्टता है। मैं जानता हूँ मैंने विद्रोह न किया होता, समर्पण कर देता तो मुझमें एक पॉलिश आ जाती, एक चमक, एक नागरिकता, एक शिष्टता और विनम्रता आ जाती, लेकिन ऐसे आदमी की आत्मा कायर हो जाती है। वह मन ही मन सबसे डरने लगता है, सन्देह करने लगता है। दूसरी ओर जो विद्रोह करता है, उसकी आत्मा निर्भीक हो जाती है, वह तूफानों को सीने पर झेल लेता है, पहाड़ों को उखाड़ फेंकता है, ज्वालाओं को पी जाता है। लेकिन उसे अकेले चलना पड़ता है, बिलकुल अकेले। धीरे-धीरे अकेलापन उसकी रग-रग में बस जाता है। वह अपने से अपनी भाषा में बातें करना सीख लेता है, जीवन से उसका सम्बन्ध टूट जाता है। जैसे मैं। सहज मानवीय स्तर से मेरा सम्बन्ध टूट-सा गया है। इससे क्या मुझे कम कष्ट है? और इससे भी बढ़कर कष्ट मुझे तब होता है जब मैं देखता हूँ कि मेरे अलावा लिलिपुट के कवि की अनोखी प्रतिभा कितनी गलत दिशा में मुड़ गयी। हिरण्यपात्र के नीचे ढँका हुआ उसकी आत्मा का सत्य कितनी वेदना में छटपटा रहा है। वह वाणी का सबसे अलबेला पुत्र था। मेरी आत्मा एकान्त में उसके लिए रोती रही है।" फिर कवि की मुट्ठियाँ तन गयीं और वह बाहर के अन्धकार में देखने लगा : "लेकिन कोई बात नहीं। मैं भविष्य में देख रहा हूँ, स्पष्ट देख रहा हूँ : वह दिन आ रहा है जब यह विषमता, यह असन्तुलन समाप्त होगा। जब आदमी की आत्मा कुण्ठित न होगी, सहज सरल मानवीय स्तर पर उसका विकास होगा। मैं वह दिन नहीं देख पाऊँगा। लेकिन मुझे सन्तोष है कि मेरी हड्डियाँ उस आने वाली दुनिया की नींव बनेंगी। मेरी हड्डियाँ।" सहसा उसने किसी अदृश्य की ओर हाथ फैलाकर अट्टहास किया : "दधीचि अपनी हड्डियाँ देकर मर गया था। वह देवासुर-संग्राम का परिणाम देखने के लिए जीवित नहीं बचा, लेकिन उसी की अस्थियों के वज्र ने ही इन्द्र को विजय दिलायी थी। काफी है। मेरे लिए इतना काफी है।" और कवि घुटनों में सिर झुकाकर बैठ गया।

थोड़ी देर बाद भरे गले से, चौंककर बोला : "तुमने आँखें देखी हैं?"

"कैसी आँखें?"

"जिन आँखों से मैंने पहली बार इस भविष्य का सपना देखा था। देखोगे?" और उसने अपने गन्दे तकिये के नीचे से एक मुड़ा-मुड़ाया चित्र निकाला। वह एक तरुणी का चित्र था। कितनी करुण थीं उसकी बड़ी-बड़ी आँखें। गुलिवर को याद आया। लिलिपुट के कवि की प्रेमिका उससे कुछ छोटी ही थी। "यह आपकी प्रेमिका का चित्र?"

"प्रेमिका का!" कवि ने रुँधे गले से तिलमिलाकर जवाब दिया : "यह मेरी बेटी का चित्र है। यह बिना दवा और पथ्य के मर गयी थी।" कवि ने अपनी मैली धोती से बूढ़ी पलकों में छलक आने वाला एक आँसू पोंछ लिया और सूनी-सूनी निगाहों से बाहर अन्धकार में जाने क्या देखने लगा।

थोड़ी देर बाद सहसा वह चौंका—"सुन रहे हो, यह शोर सुना तुमने?"

गुलिवर ने चौंककर उसकी ओर देखा—"उठो, भागो, जल्दी। जाओ तुम्हारी दुनिया में एक भयानक संघर्ष शुरू हो गया है। उसका नारा है कि वे असन्तुलन और विषमता मिटाकर छोड़ेंगे, धरती खून की कै कर रही है और नदियाँ समुद्र में आग उँड़ेल रही हैं। जाओ, जल्दी करो। आग तुम्हारे नगर तक पहुँच गयी है।"

गुलिवर चौंककर उठ खड़ा हुआ। इतनी दृढ़ता थी उसकी वाणी में कि जैसे सचमुच वह अन्धकार में कुछ देख रहा है। भागा-भागा समुद्रतट पर आया। जहाज खोला।

थोड़ी देर बाद ब्रॉबडिंगनैग का कवि बहुत से फल-फूल लेकर आया और रास्ते के लिए उसके जहाज पर रखकर बोला—"जाओ और उनसे कहना कि ऐसी दुनिया कायम करें इस बार कि उसमें न किसी को अपमानव बनना पड़े न अतिमानव। जहाँ सभी इस प्रेतयोनि से छुटकारा पा सकें। और रास्ते में लिलिपुट के कवि से मेरा स्नेहवन्दन कहना और कहना कि अब नयी दुनिया कायम होगी जहाँ उसकी प्रतिभा और आत्मा पर ढँका हुआ हिरण्यपात्र भी उठ जाएगा, उसकी भी मुक्ति का दिन आ गया है।"

गुलिवर चल पड़ा। इस बार उसने जब ब्रॉबडिंगनैग के कवि को प्रणाम किया तब उसे ज्ञात हुआ कि श्रद्धा किसे कहते हैं। उसे लगा जैसे किसी विराट् शक्ति ने अपनी अँगुलियों से छूकर उसकी आत्मा में भी आलोक भर दिया है, असीमता भर दी है।

उसे जल्दी थी। वह लिलिपुट न रुककर सीधा घर आया। यहाँ पहुँचकर उसने देखा कि कुछ रक्तपात हुआ जरूर था, पर अब सब शान्त है। उपद्रवी नजरबन्द

हैं। सम्राट् के अधिकार सीमित हो गये हैं, अपने देश में अपना राज है। सुप्रबन्ध इतना कि वह घर पहुँचा तो उसने देखा कि उसकी बीवी लापता है, मुर्गियों और बत्तखों पर पड़ोसियों ने कब्जा क़र लिया है और मकान राशनिंग अफसर ने किसी दूसरे के नाम एलॉट कर दिया है।

इससे भाई गुलिवरजी के भावुक हृदय को इतना आघात पहुँचा कि वे एकाएक प्रकाशक हो गये और स्कूलों और कॉलेजों की पाठ्य-पुस्तकें छापने लगे।

इस तरह बहादुर जहाजी गुलिवर की तीसरी यात्रा समाप्त हुई।

हिन्दी भाषा और बंगाले का जादू

स्टीमर चल दिया था। हुगली के पानी को चीरते हुए, छोटे-बड़े जहाजों के पास से गुजरते हुए हम लोग बोटेनिकल गार्डन की ओर जा रहे थे। कमल जोशी, बरुआ, शर्मा, त्रिपाठी—एक पूरा दल उस दिन पिकनिक मनाने निकला था। हम लोग ब्यायलर के नजदीक खड़े थे और आँच लगने से पसीना आ रहा था। मैं अलग जाकर रेलिंग के सहारे अकेला खड़ा हो गया। जाने कितनी बातें मन में घूम रही थीं। विशेषतया शरत बाबू के 'पथेर दावी' के पात्र, उसके जहाजी, उसके खानाबदोश क्रान्तिकारी उस पार की जूट मिलों के धुएँ में दिखाई पड़ते थे और छिप जाते थे। सहसा मेरी निगाह स्टीमर में सामने लगी एक तख्ती पर पड़ी। उस पर नागरी अक्षरों में लिखा था—"फास की लास!" 'फास की लास' क्या है? इसमें 'की' तो मैं समझता था, हिन्दी की एक विभक्ति है। लेकिन 'फास' कौन चीज है? उसकी 'लास' क्या हो सकती है? शरत, पथेर दावी, सव्यसाची, अपूर्व सभी भूल गये और उस तख्ती पर मेरा ध्यान अटक गया। मैंने हिन्दी की सभी उपभाषाओं के शब्दों का स्मरण किया लेकिन 'फास की लास' तो ऐसा गहरा 'ब्रह्मसूत्र' लगा जो सुलझाये ही नहीं सुलझता था। आप सच मानिए, मैं कितनी कम हिन्दी जानता हूँ इसका ज्ञान मुझे उसी दिन हुआ! अब मन में बड़ी झिझक कि किसी से पूछूँ तो क्या कहेगा? आखिरकार मैंने किसी तरह हिम्मत बाँधी और श्री शिवनारायण शर्मा से पूछा : "यह क्या लिखा है?"

"यह? तुम नहीं समझे? यह है 'फर्स्ट क्लास'! स्टीमर का फर्स्ट क्लास!"

"फर्स्ट क्लास!" मैं तो आसमान से गिर पड़ा! मैंने सोचा, मैं अभी दौड़कर सुनीति बाबू के बँगले पर जाऊँ और उनके दरवाजे पर सत्याग्रह कर दूँ कि "देवता! अपनी भाषा-विज्ञान की पुस्तकों में आपने कहीं उस नियम का उल्लेख नहीं किया जिसके अनुसार फर्स्ट क्लास का रूपान्तर 'फास की लास' हो जाता है!"

लेकिन मेरे कलकत्तेवासी मित्रों ने बताया कि ऐसी हिन्दी कलकत्ते वालों के लिए कोई नयी बात नहीं। बंगाल ने भारतीय संस्कृति को जो अमूल्य देनें दी हैं, उनमें से एक यह भी है। उन्होंने अपनी भाषा में तो जो किया उसकी बात जाने दीजिए, वे

अगर चाहें तो ऐसी हिन्दी लिख दें कि बड़े-बड़े हिन्दी वाले गच्चा खा जाएँ और उसका कोई तात्पर्य न निकले! इसी को हमारे पूर्वज 'बंगाले का जादू' कहते हैं। छूमन्तर किया कि भाषा बदल गयी। आपके सामने कुछ नमूने पेश करता हूँ।

मैं उम्मीद करता हूँ कि आप जूते पहनते ही होंगे। अपने तो खैर पहनते ही होंगे, भूले-भटके दूसरों के जूतों में भी कभी-कभी पाँव चला जाता होगा। आप जूते के तल्ले, जूते की पॉलिश, जूते की ठोकर, जूते की एड़ी वगैरह से भी परिचित होंगे। लेकिन क्या आप बता सकते हैं 'जूते का मेरा मात' कौन चीज होती है? सोचिए! मैं शर्त लगा सकता हूँ कि आप हिन्दी के बड़े से बड़े शब्द-सागर उलट डालिए, बाटा की हर एजेंसी में पूछ आइए, मुहल्ले के बूढ़े से बूढ़े मोची से हाथ जोड़कर यह भेद माँगिए पर आपको 'जूते का मेरा मात' का पता नहीं चलेगा। लेकिन कलकत्ते जाइए, वहाँ आपको बंगालियों की जूते की दूकानों पर अकसर लिखा हुआ मिलेगा—"इआहाँ जूता का मेरा मात होता हाए!" इसको यदि आप खड़ी बोली में अनूदित करें तो इसका अर्थ होगा—"यहाँ जूते की मरम्मत होती है।"

अगर आप बहुत संकीर्णमना हैं, आपमें प्रान्तीयता की भावना है तो आप बंगालियों की निन्दा करने लगेंगे कि ये लोग हिन्दी का रूप बिगाड़ते हैं। लेकिन यह आपका अन्याय है। वास्तव में वे लोग उसे अपने सुसंस्कृत ढंग से लिखते हैं और उन्होंने हिन्दी भाषा को जैसे नये-नये शब्द-रूप और व्याकरण-तत्त्व दिये हैं उसके लिए आपका सिर अहसान के बोझ से झुका होना चाहिए, उसके बजाय आप उनकी निन्दा करेंगे? अगर इसे कृतघ्नता नहीं कहते तो और किसे कहेंगे?

एक हुए हैं ग्रियर्सन। सर जॉर्ज ग्रियर्सन! उन्होंने बीस मोटे-मोटे ग्रन्थों में देश भर की भाषाओं का और हिन्दी की तमाम उपभाषाओं का उल्लेख किया है, परिचय दिया है, नमूना दिया है, लेकिन हिन्दी के इस बंगाली रूप को वे बिलकुल छोड़ गये। इसको सिवा पक्षपात के और क्या कहा जाय।

बंगाली लोग हिन्दी के शब्दों को कैसे सुधारकर सुन्दर बना देते हैं, इसका दूसरा नमूना लीजिए। हिन्दी में 'फायदा' बहुत प्रचलित है। लम्बा-चौड़ा, बेडौल, बेतुका। बंगालियों ने उसे कितना सुधार दिया है। कलकत्ते के सुन्दर होमियो हाल की नोटिस में कोई जी. प्रसाद के खत का उल्लेख है जो कहते हैं—"आपके यहाँ का दवा व्यवहार करके मुझे बहुत फैदा हुआ।"

देखिए—जरा से परिवर्तन से शब्द कितना सुन्दर हो गया। अब मान लीजिए आप कोई कविता लिख रहे हैं। पंक्ति के अन्त में 'शैदा' आता है। आप तुक ढूँढ़ते-ढूँढ़ते परेशान हैं। 'मैदा' या 'पैदा' के अलावा कोई तुक ही नहीं मिलती। अब आप चाहें ठाठ से 'फैदा' रखकर चार पंक्तियों का पद्य पूरा कर लें। शैदा, मैदा, पैदा, फैदा। अगर सुन्दर होमियो हाल के बंगाली नोटिस-लेखक ने फायदा शब्द का यह नया रूप आपके सामने न रखा होता, तो चाहे आप कितना सिर पटकते, आपकी

कविता कभी न पूरी होती और आप कवि बनने से वंचित रह गये होते।

खैर, यह तो एक-आध शब्द या एक-आध वाक्य का नमूना है। लेकिन यदि एक पूरा गद्यांश इस भाषा में लिखा जाय, तब तो सौन्दर्य का जादू भाषा पर छा जाता है। मैं तो उस अभूतपूर्व सौन्दर्य से पूर्णतया वंचित रह जाता, अगर उस दिन मेरे प्रिय मित्र श्री नेमिचन्द्र जैन ने मेरा ध्यान एक नोटिस की ओर न दिलाया होता। यह नोटिस 13 खारापट्टी स्ट्रीट, कलकत्ता के कविराज श्री अमूल्य धनपाल की एक विशेष दवा की नोटिस थी जो पता नहीं नेमि जी को कहाँ से प्राप्त हो गयी थी और अमूल्य धनपाल की उस नोटिस को अमूल्य धन की तरह सहेजे हुए रखे थे।

उस नोटिस में सबसे ऊपर अँगरेजी, बीच में बंगाली और सबसे नीचे हिन्दी में विज्ञापन था जिसकी अविकल प्रतिलिपि इस प्रकार है :

कलिकता सरकारी मेडिकल कलेज से मोलाहाजा होकर तारिफ हुआ सोने का मेडल मिला और सरकार में रजेष्टारी हुआ—

बैंगल शटी फुड

लड़का भाले का बीमारी आदमी का सिरिफ एही हाल को श्री पोष्टाई खाना है बांगला गभर्णमेण्ट का इनस्पेक्टर जनारल अब सिभिल हस्पिटाल समूह हिन्दुस्थान का फुड प्रडाक्ट का प्रदर्शनी, बड़े-बड़े डाक्टर कविराज लोगों ने-इस फुड की सिपूरास किया है। खाने का तरकिब—इस फुड का एक भाग बौ 16 भाग इया पानी अच्छी तरह से मिलाकर माटी, इनामेल इया एलमिनियम का बर्तन में 10 मिनिट तक पोकाय के पारा चिनि इया मिश्रि मिलाकर तब। 15 मिनिट बाद उतारने होगा। ठाण्डा होने से खाना।

श्री अमुल्य धनपाल।

आफिस—13 खारापटी स्ट्रीट,

कलिकता

जेनारल मारचेण्ट अरडार सापलवर एण्ड कमिसन एजण्ट

अब चाहे हिन्दी के आलोचक मानें या न मानें, लेकिन कविराज अमूल्य धनपाल ने हिन्दी गद्य के बड़े-बड़े शैलीकारों का घमण्ड तोड़ दिया है। यह है बंगाले का जादू! आप लाख साफ-सुथरी हिन्दी लिखें, लेकिन यह रवानी, यह असर आप की भाषा में आ नहीं सकता। पहली बार यह भाषा पढ़कर मुझ पर क्या असर हुआ अगर मैं उसी शैली में असफल रूप से कहने का प्रयास करूँ तो इस प्रकार होगा—

"नेमि बाबू का दूकान में नोटिस पढ़ना इया देखना भर से दिमाग ठाण्डा होना। बेहोसी होता होता बाचा। भागा तब।"

मैं तो साहब सोच रहा हूँ कि अगर अपनी शैली में भी वही जोर लाना है तो कम से कम बंगल शटी फुड 'पोकाय' के खाना तो शुरू ही कर दूँ। मैं हिन्दी के अन्य गद्य-लेखकों से भी इसका 'सिपूरास' करता हूँ।

डाकखाना मेघदूत—शहर दिल्ली

रीतिकाल में एक महाकवि देव हो गये हैं। उन्होंने अपने मन को ललकार कर कहा था कि 'अगर तेरी इन हरकतों का जरा-सा अन्दाज मुझे होता तो तेरे हाथ-पाँव तोड़ डालता।' एक मेरा मन है। दस बार हाथ-पाँव तोड़ कर डाल दिया गया, पर अपनी हरकतों से बाज नहीं आता। अभी उस दिन की बात है कि कागज-कलम लेकर बैठा कि आस्था-अनास्था, दायित्व, स्वातन्त्र्य, लौकिक-अलौकिक, नवीन-प्राचीन, किसी विषय पर कोई महत्त्वपूर्ण विचारोत्तेजक बात कह सकूँ। पर देखा क्या कि हफ्तों की कड़ी धूप के बाद गहरे जामुनी रंग के परत के परत बादल उड़ते चले आ रहे हैं। दूर कहीं बारिश हो चुकी है, क्योंकि फुहारों भरी पुरवाई मचलती चल रही है। बस, बहक गया मन! हटाओ यार, क्या रखा है विचारोत्तेजन में—एक प्याला चाय, और कुरसी में पड़े-पड़े उड़ते बादलों के साथ बहते जाना।

सुबह का अखबार आया। एक उचटती निगाह डाली। उठाकर अलग रख दिया। उँह, होगा। पर यह क्या है? पहले ही पृष्ठ पर एक तसवीर। बड़े-बड़े अक्षरों में अन्दर लिखा है—'मेघदूत'। मन खिंचा। पता नहीं पत्रे के लिहाज से कौन-सा दिन है आज, पर मौसम के लिहाज से तो निस्सन्देह आषाढ़ का पहला दिन है—और लीजिए अखबार में मेघदूत भी आ गया। गौर से देखा, चित्र का परिचय पढ़ा। मालूम हुआ मेघदूत एक बहुत बड़ी डाकखाने की लारी का नाम है जिसमें दिल्लीवासियों के लिए एक चलता-फिरता डाकखाना खोला गया है। वह चौराहे-चौराहे जाएगा। पोस्टकार्ड, लिफाफे, टिकिट बेचा करेगा। पत्र, पैकेट, रजिस्ट्री, सन्देश जमा करेगा।

सूझ देखकर चित्त प्रसन्न हो गया। आनन्दाश्रु झलक आये। कहाँ है, भारत ऐसा देश जहाँ का डाक विभाग भी साहित्य, संस्कृति और सौन्दर्य-बोध में गले तक डूबा हुआ है! कहाँ है दिल्ली-ऐसी राजधानी जहाँ गली-गली, चौराहे-चौराहे संस्कृति के देवदूत भोंपू बजाते हुए घूमते रहते हैं। पेरिस, रोम, मास्को, बर्लिन, पेकिंग वाले अपने कलाप्रेम का बड़ा डंका पीटते हैं। आएँ जरा हमारी दिल्ली भी देखें।

पर नहीं, फिर भी हिन्दुस्तानियों को समझाना साहब बड़ी टेढ़ी खीर है। ऐसे कितने ही लोग हैं जिनको लाख समझाइए पर यह बात उनके गले ही नहीं उतरती कि दिल्ली राजनीतिक ही नहीं सांस्कृतिक राजधानी भी बन गयी है। पिछले दिनों तो इस किस्म के निन्दनीय उद्‌गार खुद दिल्ली के अखबारों में ही देखने में आये

कि "दिल्ली में साहित्यिक वातावरण नहीं, यहाँ नेताओं, मिनिस्टरों, राजदूतों के पीछे-पीछे लेखक घूमते रहते हैं, यहाँ साहित्य पर भी सरकारी दफ्तरों की छाप है, 'सीनियारिटी' के ही लिहाज से मान्यता मिलती है, साहित्य में भी सिफारिश, मस्केबाजी, रिश्तेदारी, प्रान्तीय अनुपात से प्रतिनिधित्व का दौर-दौरा है—आदि-आदि।"

अब आप ये बताइए कि यह सब है भी तो क्या? आप साहित्यिक राजधानी कायम करने जा रहे हैं कि कोई साहित्यिक खेत-खलिहान, जहाँ कलम के मजदूर फावड़ा लिये नयी फसल उगाने में जुटे हों। अब, राजधानी में राजमार्गों पर राजकवि गले में कीमती दुपट्टे डालकर राजपुरुषों के साथ न घूमें तो क्या निराला की तरह कड़ी धूप में, खुले बदन, नंगे पाँव, लुंगी लगाये हमारे-आपके साथ घूमें? अरे भाई, दिल्ली में आये दिन चार बाहर के लोग भी आते-जाते रहते हैं। उनके सामने आप एक अच्छे व्यक्ति को तथा शुभ्र वेशधारी, लम्बे-तड़ंगे कद्दावर सीनियर कवि को न पेश करेंगे तो क्या अपनी बदनामी कराएँगे? सीनियारिटी के आधार पर साहित्य में मान्यता न दी जाए। क्यों न दी जाए साहब? ये जो कल के छोकरे हैं जिनकी दूध की दँतुलियाँ भी अभी नहीं टूटी हैं—और नयी कविता, नया साहित्य, नया मूल्य चिल्लाते-घूमते हैं, आसमान सिर पर उठा रखा है—इनको मान्यता दी जाए? पर ये राजधानी में हैं किस काम के? दरबार का अलकाब-आदाब जानते नहीं, जुहार कैसे करनी चाहिए, सर कहाँ झुकाना चाहिए, कैसे वजीरों की लगो से लगो बात पर वाह! वाह!! से आसमान गुँजा देना चाहिए, कैसे बैंगन को अच्छा भी कहना चाहिए, बुरा भी—यह सब कभी सीखा भी है? सीखने के नाम पर तो दुम दबाकर भागते हैं। किसी की बात मानेंगे नहीं, अपनी हाँकते चले जाएँगे। जबान पर कोई लगाम नहीं—किसी बाहर वाले के सामने ऐसी-वैसी बात कह बैठे, चलिए सब बना-बनाया खेल खत्म। राजधानी में तो ऐसे लोगों को घुसने नहीं देना चाहिए। अगर घुस भी आएँ तो इन्हें दबाकर कड़ी निगरानी में रखना चाहिए, और जिन शहरों में ऐसे खतरनाक सरकश लोग खुले आम घूमते-फिरते हों उनमें तो साहित्यिक, आर्थिक, सामाजिक, मनोवैज्ञानिक किसी किस्म की राजधानी बनाने का ख्याल तक स्वप्न में भी न लाना चाहिए।

मैं, भइया, ऐसे लोगों के सख्त खिलाफ हूँ। हाँ, गलती से कभी-कभी नयी कविता, नयी पीढ़ी, नये मूल्य इस प्रकार के बुरे-बुरे शब्द मुँह से जरूर निकल गये हैं—पर विश्वास कीजिए महज जोश में—कुसंग का फल, नादानी और क्या! पर इस समय चाय का एक गरमागरम प्याला सामने है, कुरसी पर आँख मूँदे लेटा हूँ, बादल बहते चले जा रहे हैं—प्रगति, प्रयोग, नयी कविता आदि की ऐसी-तैसी—इस समय तो बिलकुल आँख मूँदकर "बाबावाक्यम् प्रमाणम्" के मूड में हूँ और मेरे बाबा ने 'मलका बिकटूरिया' के जमाने में एक मकान बनवाया था जिसमें सब के ऊपर लिखवाया था—"ओम् सत्यमेव जयते नानृतम्" और उसके नीचे लिखवाया था,

"दिल्लीश्वरो वा जगदीश्वरो वा।" पहला वाला तो आँधी-पानी, धूप-बरसात में मिट गया, दूसरा वाला रह गया। वह बाप-दादों की परम्परा में मिला है—क्यों छोड़ूँ? कुछ दिनों तक अधकचरी उम्र में सुभाष बोस का भी आराधक रहा हूँ। अब पके हुए दिमाग ने उनके उपदेशों की गरमा-गरम वामपक्षीयता, जनप्रेम, सर्वस्वत्याग वगैरह-वगैरह बेकार की चीजें तो भुला दीं, सिर्फ नारा याद रह गया है—चलो दिल्ली! चलो दिल्ली!!

सो मैं तो दिल्ली जाऊँगा! चलते समय हितैषी, शुभचिन्तक, दोस्त-अहबाब समझाएँगे—"लौट चल, घर लौट चल पागल प्रवासी!" मैं कहूँगा, चुप रहो! मैं तो जाऊँगा। गाकर कहूँगा—"कैसे रुकूँ मैं आज तट पर, आज लहरों में निमन्त्रण"—जाऊँगा, और नहीं तो कम से कम राजधानी के टेढ़े-मेढ़े रास्तों पर 'चौमुख दियना बार', खड़े-खड़े अपलक प्रतीक्षा करने के लिए दिल्ली वाले मेघदूत की! सबसे पहले भोर का तारा जैसा एक सुन्दर सुकुमार उद्घोषक आएगा जिसके हाथ में एक महाकवि की रेडियो रिकार्डिंग होगी। (रिकार्डिंग इसलिए कि महाकवि विदेश गया है।) रिकार्डिंग बजते ही ज्ञात होगा कि महाकवि युग को ललकारकर कह रहा है, "ओ जनता! सड़क खाली करो कि सिंहासन आता है। ओ मूर्ख, भीड़ वाली अशिक्षित जनता!" जनता घबड़ाकर किनारे हो जाएगी। फिर खाली सड़क पर सुन्दर रबड़ वाले टायरों पर मृदु-मृदु संचरण करते हुए नया मेघदूत आएगा। उस युग-सन्देशवाही मेघदूत का तौर-तरीका, रंग, डिजाइन, कट, सबकुछ अनोखा होगा। साधारण डाकखानों में चित्रमय पोस्टर लगे रहते हैं कि कैसे ठीक पता लिखना चाहिए, कैसे खत छोड़ना चाहिए। इसमें एक कोने पर, बजाय पोस्टर के एक पूरी साइज का असली सुन्दर विरही मोम का बना हुआ होगा जिसके हाथ में एक प्रणयपत्रिका होगी। बटन दबाते ही वह झुककर नमस्कार करेगा और प्रणयपत्रिका लेटरबॉक्स में डाल देगा। फिर बटन दबाते ही वह मुड़कर जनता की ओर देखकर पलक झपकाएगा, मोम की आँख मटकाएगा, मुसकराएगा, मुँह बिचकाएगा। जनता हर्षध्वनि करेगी, औरतें हँसते-हँसते लोटपोट हो जाएँगी। बच्चे खुशी से नाचने लगेंगे, चारों तरफ से केमरे की 'क्लिक' होगी, फ्लेश चमकेंगे, तसवीरें उतर आएँगी, विदेश भेजी जाएँगी। भारत की जनता कितनी खुशहाल है! दिल्ली में सांस्कृतिक आयोजन कितनी धूमधाम से होते हैं! "सांस्कृतिक, साहित्यिक डाकखाने मेघदूत का जनता द्वारा अभूतपूर्व स्वागत!"—"लाखों की भीड़ उमड़ पड़ी"!—भारत-समाचार! एक आना! एक आना! भारत-समाचार!

सो मेघदूत तो यह!

और कालिदास?

मालूम हुआ कि अन्दर जो इसके इंचार्ज पोस्टमास्टर हैं वही तो हैं कालिदास! मैं अत्यन्त उत्सुक होकर अन्दर जाता हूँ। चेहरा कुछ पहचाना हुआ-सा लगता है।

अरे! ये तो वही हैं। पहले गाँधीवादी, फिर आतंकवादी, फिर मार्क्सवादी—फिर सबकुछ छोड़कर प्रगति-प्रयोगवादी कविताएँ लिखने लगे थे। ये तो खासे विद्रोही थे—'पुराणमित्येव न साधु सर्वं न चापि सर्वं नवमित्यवद्यम्' का प्रचार करते थे। ये यहाँ कैसे घुस पाये?

कालिदास भी पहचान जाते हैं। खुश होकर बिठाते हैं। घुल-घुलकर बातें होती हैं। बताते हैं कि पिछले रिकार्ड की वजह से दिक्कत थी। सरकार कम्युनिस्ट समझती थी। फिर एक तरकीब सूझी। "अभिनव मेघदूत उर्फ एक अफसर का रोजनामचा" नामक एक नयी पुस्तक लिखी। उस पर अपने प्रान्त के एक एम. पी. से भूमिका लिखवायी कि वास्तव में यह मेघदूत की नयी राष्ट्रनिर्माणपरक व्याख्या है। किस तरह यक्ष की ग्रेड में काम करने वाला एक सरकारी कर्मचारी अपनी लापरवाही से मालिक को नाराज कर देता है—उसका तबादला रामगिरि नामक दूर एक निर्जन पहाड़ी तहसील में कर दिया जाता है, बीवी को दिल्ली में ही रोक लिया जाता है। कुनमुना कर रह जाते हैं मियाँ। रोते-कलपते दिन बिताते हैं, सूख के काँटा हो जाते हैं, छट्ठी का दूध याद आ जाता है। सिर झुका के नाक रगड़ते हैं, हा-हा खाते हैं, हुजूर अब की गलती हुई सो हुई, अब की हो तो सस्पेण्ड कर दें। तब जाकर मिनिस्टर माफ करता है। कितना दयालु है! जनता का है न?

छपने पर एक मित्र आलोचक ने रिव्यू कर दी कि इसमें नये भारत के नये मानमूल्य हैं। यह तो राष्ट्रीय काव्य होने लायक है। इस भूमिका और रिव्यू के साथ किताब भेज दी—सरकार ने पुस्तक प्रौढ़ शिक्षा के लिए खरीदवा ली, लेखक को डाकखाने में नौकरी दे दी।

कथा सुनकर चित्त गद्‌गद हो जाता है। ऐसे प्रतिभाशाली लेखक और ऐसी लेखक-परवर सरकार मिलेंगे कहाँ सिवा दिल्ली के? फिर भी कुतर्की लोग रट लगाये हैं कि दिल्ली साहित्यिक राजधानी नहीं हो सकती। क्यों नहीं हो सकती साहब? कोई वजह भी है या महज आपकी जिद?

मैं विस्मय-हत इस नये मेघदूत को देख रहा हूँ। बाहर से, अन्दर से—अपूर्व, अद्‌भुत, अद्वितीय, अकल्पनीय। अकस्मात् मेघदूत स्टार्ट होता है, भोंपू बजाता है—हटो बच्चो, ए बच्चे, ए बुढ़ऊ! अरे भइया अपने बायें चलो वरना कुचल जाओगे—नये भारत का नया सरकारी मेघदूत आ रहा है! हट जा बच्चे वालिये, हट जा पुत्ताँ प्यारिये! हटो बाछा! जान देनी है क्या?

यू. एन. ओ. में हिन्दी पर मुकदमा

इधर एक नया गुल खिला है उत्तर प्रदेश (भूतपूर्व युक्तप्रान्त) की एसेम्बली में! एसेम्बली के एक बहुत पुराने और पुरलुत्फ सदस्य हैं कानपुर के मौलाना हसरत मोहानी साहब! बुजुर्ग हैं, पुराने मशहूर शायर हैं, जमाना देखे हुए हैं और समय के चढ़ाव-उतार ने हालाँकि चेहरे पर झुर्रियाँ डाल दी हैं और बालों में कहीं-कहीं पर सफेदी झलकने लगी है लेकिन दिल इतना जवान है कि ज्वालामुखी शरमा जाए। मोहानी साहब कभी भी अपने वक्त के पीछे नहीं रहे। एक जमाना था, कि आप भी 'गाँधी के साथ थे, गो गर्देराह थे मगर आँधी के साथ थे।' लेकिन काँग्रेस ने जब लड़ाकू रास्ता अख्तियार किया तब आपने मुस्लिम लीग पर हाथ रखा और वह आपकी छत्रछाया में पनपने लगी। विभाजन के बाद पहले तो आपने भारत के प्रति वफादारी की शपथ लेने में बड़ी आनाकानी की। पर खैर, इसके सिवा चारा ही क्या था। लेकिन उसके बाद भी एसेम्बली में (अपने तथाकथित असाम्प्रदायिक, सेक्यूलर राज्य की एसेम्बली में) आप समय-समय पर शुद्ध साम्प्रदायिक विचारों का झण्डा ऊँचा करते रहे हैं। इधर मुस्लिम लीग का स्वरूप बदला तो अब आप अपने को वामपक्षी घोषित करने लगे हैं। (वामपक्ष बेचारा भी रोता होगा अपनी किस्मत को !)

मौलाना हसरत मोहानी साहब का नवीनतम शिगूफा यह है कि वे हिन्दी के खिलाफ मरते दम तक लड़ने का ऐलान कर बैठे हैं। अभी हाल में एसेम्बली में मुख्य मन्त्री माननीय पन्त जी से आपने कहा कि उत्तर भारत की वास्तविक भाषा उर्दू है और राजभाषा के रूप में किसी पर भी हिन्दी भाषा लादने का अधिकार पन्त जी को नहीं है। और जब उनकी बात को लोगों ने तर्क से काट दिया तो आप निहायत संजीदगी से गुस्सा होकर बोले, "मैं इस मामले को यू. एन. ओ. तक ले जाऊँगा और वहाँ हिन्दी के खिलाफ मुकदमा दायर करूँगा।"

मोहानी साहब के मुँह में घी-शक्कर, कहीं सचमुच यह मामला वे यू. एन. ओ. में ले जाएँ तो बड़ा आनन्द आये! मेरा ख्याल है कि उन्हें पूरी तैयारियों के साथ जाना चाहिए। एक तो वे अच्छा-सा दुभाषिया लेते जाएँ जो उनकी सलीस उर्दू को उतनी ही लोचदार अँगरेजी में व्यक्त कर सके। इसके साथ उर्दू भाषा और उसमें

लिखे गये महान् साहित्य के जितने सांस्कृतिक प्रतीक हैं वे भी उनके साथ होने चाहिए। ताकि नार्वे से लेकर फिलिपाइंस तक के प्रतिनिधि उनको देखकर उर्दू की महानता से प्रभावित हो सकें। सबसे पहले वहाँ एक तख्त पर कालीन बिछवाकर, मसनद लगवा दी जाए और नीचे एक बड़ा-सा उगालदान हो। बगल में एक शाही हुक्का हो और लखनऊ का खमीरा। उसके साथ ही उनके आस-पास चन्द शायर हों पट्टेदार बाल, दुपलिया टोपी, मुँह में पान की गिलौरी, आँखों में सुरमा। साकी, मीना और सागर तो खैर होगा ही। एक तरफ एक गुलदान में थोड़े गुल सजे हों और दूसरी तरफ एक बड़े से पिंजरे में थोड़ी-सी बुलबुलें भी कफस में कैद हों। थोड़ी दूर हटकर फर्श पर एक चिड़िमार (सैयाद) बैठा हो जिसके पास एक कमान हो और छह-सात सरकण्डे के तीर। हूरें और गिल्में भी हों, बशर्ते गिल्मों के लिए अमरीका में कोई विरोधी कानून न हो।

फिर उसके बाद प्रेसीडेण्ट की अनुमति लेकर मौलाना साहब बोलने के लिए खड़े हों उनके खड़े होते ही उनके आस-पास बैठे हुए चार-पाँच शायर एकाएक चीख मारकर रोने लगें। देश-विदेश के प्रतिनिधि घबरा जायँ और यदि कोई महिला प्रतिनिधि हो तो उसे फिट आ जाए। सभापति जब इस भयंकर रोदन का कारण पूछें तो शायर लोग हिचकियाँ लेते हुए कहें—"हुजूर मोहानी साहब का रुतबा आफताब और महताब से टक्कर लेता है। आपने उन्हें खड़े होकर बोलने के लिए कहा। हमारी कौम का सिर नीचा हो गया, इज्जत लुट गयी।" और उसके बाद फिर वे जरा-जरा रोने लगें। जैसे-तैसे उन्हें चुप कराया जाय और सभापति उनसे प्रार्थना करें कि अच्छा आप बैठकर ही तकरीर फरमाएँ। उसके बाद मोहानी साहब एक मसनद पीछे, एक बगल में लगा कर बैठें और एक छोटा तकिया उठाकर गोद में रख लें और उस पर कोहनी टेक कर नाजो-अन्दाज से अपना भाषण शुरू करें।

उनके धुआँधार भाषण का आधारतर्क यह हो कि वास्तव में उर्दू ही उत्तर प्रदेश, मध्य प्रदेश आदि-आदि देश-प्रदेशों की भाषा है। जनता उसी में बोलती है और अगर यकीन न हो तो यह चिड़ीमार साकिन...मौजा...तहसील...का यहाँ हाजिर है, यह शुद्ध जनता का बेहतरीन नमूना है, इसकी बोली आजमा कर देख ली जाय। उसके बाद उस चिड़ीमार को दो-चार वाक्य बोलने के लिए मजबूर किया जाय। वह बेचारा काँपता हुआ उठे और कहे, "राम जाने, एत्ते फिरंगी तो एक साथ हमरे बाप-दादौ न देखे होइहैं। राम भला करै बड़े नौआब साहब (मतलब मोहानी साहब) का जौन हमके ई अमरीका, बिल्लाइत घुमाय दिहिन, नहीं तो ऊ खदेरुआ की माई तो रोजै हमके कोंचा करत रही कि तोहरे किये तो..." बस इतने में मोहानी साहब की आँख का इशारा पाकर वह चुपचाप बैठ जाए और दुभाषिया इस चिड़ीमार के वाक्यों का अँगरेजी में इस तरह अनुवाद करे—"जनाब फिरंगी साहब, हमारे बाप-दादों की जुबान उर्दू रही है। हमारे कौम के एक मशहूर राजा रामचन्द्र जो अवध

के ताल्लुकेदार थे वह भी उर्दू में कलाम कहा करते थे। उनका दीवान एक वाल्मीकि नाम के शायर ने अपने नाम से शाया करा लिया। खुदा भला करे बड़े नवाब मोहानी साहब का जिन्होंने अमरीका आकर हमारी जुबान का मसला पेश किया।"

यू. एन. ओ. के सभी प्रतिनिधि इससे बहुत प्रभावित हों और भारत सरकार के अन्याय पर शर्म-शर्म की आवाज बुलन्द करें। मोहानी साहब को और भी जोश आये और वह बोलें—"अब आप लोग कुछ उर्दू शायरी की भी बानगी देखें। आप देखें कि उसमें क्या असर है।" और उसके बाद वे अपनी चन्द रुबाइयात और ग़ज़लों का सस्वर पाठ करें और सभी आस-पास बैठे हुए शायर, "वाह! वाह! मुकर्रर इरशाद" आदि से पूरा हाल गुँजा दें। आल इण्डिया रेडियो के अधिकारी फौरन दौड़कर उस मुशायरे को रिले करने लगें। थोड़ी देर बाद जब मोहानी साहब और भी उर्दू शायरी के बेहतरीन नमूने पेश करें और कहें—"तोड़ दिया जब दम बुलबुल ने" उसी समय पिंजरे में कई बुलबुलें तड़पकर दम तोड़ दें। कई महिला प्रतिनिधियों को फिर फिट आ जाए और कई अमरीकी वैज्ञानिक दौड़कर उन मुरदा बुलबुलों को उठा ले जाएँ और उनकी परीक्षा करें कि आखिर यह अणुबम और हाइड्रोजन बम से भी भयानक अस्त्र क्या है जो अनदेखे ही जानवरों को मार डालता है। रैयाद (यानी चिड़ीमार) उन वैज्ञानिकों के पीछे दौड़े—"हाय! इन बुलबुलों को कहाँ लिये जाते हो? अच्छा, कम से कम दुअन्नी बुलबुल के हिसाब से दाम तो दिये जाओ।" इतने में इस शोरगुल के बीच रूसी प्रतिनिधि की कड़ी आवाज सुनाई पड़े—"मैं मोहानी साहब को उर्दू का प्रतिनिधि नहीं मानता हूँ। ये उर्दू की प्रतिगामी शक्तियों के प्रतीक हैं। उर्दू के नये शायर ज्यादा उदार और जनवादी हैं। शायद उन्हें आने के लिए पासपोर्ट भारत सरकार ने नहीं दिया। मोहानी साहब को अमरीका ने शायद षड्यन्त्र कर के बुलाया है।"

इस बात पर कई ओर से विरोधी आवाजें आएँ और फिर रूसी प्रतिनिधि कहे—"कुछ देश हमें यह धमकाना चाहते हैं कि उनके साथ अणुबम आदि के अलावा ऐसे शायर भी हैं जो अपनी शायरी से बुलबुल वगैरह को मार सकते हैं। रूस इससे डरता नहीं। हमारे पास भी ऐसे-ऐसे लेखक हैं, जो समुद्रों में मछलियों को मार सकते हैं, पनडुब्बियों को डुबा सकते हैं, और पिछले सितम्बर में कैस्पियन सागर के तट पर हमने ऐसे लेखकों की रचनाओं का सफल आक्रमणात्मक प्रयोग किया था।"

रूसी प्रतिनिधि की इस बात पर तमाम यू. एन. ओ. के प्रतिनिधि दहशत खा जाएँ, उनकी घिग्घी बँध जाए। मोहानी साहब के साथ वाले शायर ऐसे-ऐसे रूसी लेखकों का हाल सुनकर बेहोश हो जाएँ और मोहानी साहब आँखें फाड़े, मुँह बाये, मसनद लगाये गुमशुम बैठे रहें। चिड़ीमार बेचारा यह आलम देखकर जान छोड़कर भागे और बाहर खड़े हुए हजारों, लाखों पत्रकार और फोटोग्राफर उसी को मोहानी साहब समझ कर उसकी तसवीर खींच लें और आधे घण्टे के अन्दर तमाम अमरीका

के अखबारों के विशेष संस्करण हों जिनमें मुखपृष्ठ पर उस चिड़ीमार के भिन्न-भिन्न पोज के चित्र हों जिनके नीचे लिखा हो—"भारत की सच्ची जनभाषा के प्रबल समर्थक मौलाना हसरत मोहानी साहब।" और उनके इतने चित्र छपें, इतने चित्र छपें जितने कि ग्रेटा गार्बो और विवियन ले के भी न छपे हों, जितने हिन्दुस्तान में सुरैया और रेहाना के भी न छपे हों। हॉलीवुड की सैकड़ों विवाहेच्छुक अभिनेत्रियाँ उन्हें आगाखाँ और प्रिंस अली का रिश्तेदार समझकर रीता हेवर्थ की भाँति अखबारों से उनका पता और होटल के कमरे का नम्बर पूछने लगें!

मेरी राय से तो हसरत मोहानी साहब को जल्दी से जल्दी अमरीका चलने की तैयारी करनी चाहिए। वक्त का क्या भरोसा। एक दिन अपना नहीं होता। लगे हाथ यह जियारत भी हो जाए। अरे, हिन्दी-उर्दू का मसला तय न भी हो तो क्या, "रिन्द के रिन्द रहे हाथ से जन्नत न गयी।"

नूतन काव्यशास्त्र

(दिनकर जी की 'उजली आग' में एक गद्यखण्ड है जिसका शीर्षक है 'नवीन काव्यशास्त्र'। उसमें प्रस्तुत शैली में नये कवियों के लिए कुछ अत्यन्त महत्त्वपूर्ण उपदेश हैं जैसे—"उसे प्रतिमाएँ नहीं तोड़नी चाहिए, ज्ञान के पीछे नहीं भटकना चाहिए, शंका और विद्रोह नहीं करना चाहिए।" उसका अन्तिम वाक्य है, "वीर वह है जो अपने प्रतिपक्षी के लिए आधी सहानुभूति रखे।" उसी वाक्य के आगे से मैंने लिखना प्रारम्भ किया है—दिनकर जी की स्थापनाओं का अपने तर्कों द्वारा समर्थन करते हुए—पर शैली उन्हीं की है। यह बात दूसरी है कि मेरे अनभ्यस्त हाथों में वह शैली बिगड़ गयी हो। इसलिए उसे पढ़कर पाठक इसे पढ़ें तो सम्भव है उसके आलोक में यह काँच का टुकड़ा भी जगमगा उठे।—लेखक)

और मुझ जैसे प्रबल प्रतापी सूर्य का प्रतिपक्षी कौन हो सकता है सिवा मेरे? वीर मैं हूँ; मेरा एक अंश मेरा प्रबल प्रतिपक्षी है और मेरी आधी सहानुभूति उसके लिए है।

इस तरह मेरी सहानुभूति का अर्द्धांश मेरे लिए है, और मेरी सहानुभूति का द्वितीयांश मेरे लिए।

कुल जमा मेरी सारी सहानुभूति मेरे लिए है।

और मैं अपने को उपदेश क्या दूँ? अपने को तो सहानुभूति देता हूँ। उपदेश तो हमारे ज्ञान का वह अंश है, जिसे हम अपने लिए निरर्थक समझ दूसरे को बाँट आते हैं। यह उपदेश तू ले जा।

भविष्य की आशा मुझ पर नहीं, तुझ पर है। तेरे कन्धे मजबूत नहीं होंगे तो मैं उपदेश किस पर चढ़कर दूँगा।

और कराहना बन्द कर, और सराहना शुरू कर, और कन्धे स्थिर कर, और मेरा उपदेश सुन :

प्रतिमाएँ मत तोड़, उससे मुझे चोट लगती है।

गजनी मूर्ख था कि उसने प्रतिमाएँ तोड़ीं और रक्तपात किया। उसको क्या मालूम था कि प्रतिमाएँ बिकाऊ होती हैं। उन्हें खरीद और मनमाना उपयोग कर।

और खरीदने के दाम न हों तो राम का नाम ले, जड़ प्रतिमाएँ जल पर तैरने लगेंगी और सेतु बन जाएगा।

और तू रेशमी सेतु बना, मैं नयी खाइयाँ खोदता चलूँगा, क्योंकि मैं खाइयाँ नहीं खोदूँगा तो तू सेतु किस पर बनाएगा।

और तू सेतु नहीं बनाएगा तो मैं सुविधापूर्वक किनारे कैसे बदलूँगा और तू सेतु नहीं बनाएगा तो मैं पार कैसे जाऊँगा।

और क्या तू नहीं जानता कि आध्यात्मिकता का अर्थ है पार जाना और कविता ही वह पासपोर्ट है जिससे कवि पार जाता है।

और जब कवि की कविता खलास हो गयी और पासपोर्ट खो गया तब आत्मा ने खड़े होकर आवाज लगायी—"गरजता सागर बारम्बार, कौन पहुँचा देगा उस पार!"

और इसके आगे तू क्यों जानना चाहता है कि कौन आया और किसने उसे पार पहुँचाया? बहुत जानने की इच्छा मत कर।

प्रखर ज्ञान अनैतिक होता है और इसीलिए मैं कहता हूँ कि पालतू ज्ञान रख ले और फालतू ज्ञान फेंक दे और हलका होकर लौट जा शैशव में क्योंकि धन्य है वह शिशु जो फुसलाया जा सकता है।

और मेरे बिगड़े हुए शिशु, देख कि मैंने मीठे शब्दों के चॉकलेट फेंक दिये हैं ताकि तू सत्य की निरर्थक खोज त्याग दे और उन्हें बीन-बीनकर खा और तोतली वाणी में शुक्रिया अदा कर।

और तू चित्रों का प्रेमी है और मैं चित्रों की पूजा करता हूँ पर जान रख कि कोरे चित्र आतिशबाजी के खेल हैं।

और बड़ा खतरनाक होता है आतिशबाजी का खेल क्योंकि उससे भूसे के राष्ट्रीय गोदाम में आग लग सकती है।

और अगर भूसा नष्ट हो गया तो मुरदा शेरों की खाल किस पर मढ़ी जाएगी और उनके दिमागों में क्या भरा जाएगा?

और तू नयी पीढ़ी का है, तो भरत की तरह शौक से शेरों के मुँह फाड़ और उनके दाँत गिन, पर उनकी खाल उधेड़कर यह क्यों दिखाता फिरता है कि शेर भूसे के हैं।

जान रख कि भरत दो प्रकार के होते हैं। भरत और जड़ भरत।

और जड़ भरत शंका नहीं करते, संशय नहीं करते, अच्छे बच्चों की तरह जो भी कहा जाए मान लेते हैं।

और देख कि मैंने जड़ भरत से कहा कि दिल्ली दरबार के सामने व्याल ने फन ताना और किशन कन्हैया ने उस पर बाँसुरी बजायी और बड़ा जशन रहा, और जड़ भरत ने शंका नहीं की और मेरे तईं विश्वास लाया।

और देख कि जब मैंने भरत से यही कहा तो आदर से कुछ नहीं बोला पर मुँह फेरकर मुसकराते हुए अपनी राह चला गया।

और जड़ भरत विश्वास करने हारा था, सो देवताओं ने नरसिंगा बजाया और एक पुरानी हूर ने उसके तईं अपनी बाँह उघाड़ी, और पत्थर की सन्ती उसे गरम रोटी और गाड़ा शहद मिला जिसे खाते हुए वह चैन से भेड़ चराने लगा।

और भरत शंका करने हारा और बलवा करने हारा और हुल्लड़ मचाने हारा था सो उसे कोप, जलजलाहट और रिस वाली घुड़कियों के साथ आग के बीच डाला गया और उस पर दुष्ट जन्तु भेजे गये।

पर उसके अन्दर एक निर्लज्ज आत्मा थी सो वह आराम से बैठकर आग तापने लगा और खिचड़ी पकाने लगा और दुष्ट जन्तुओं से ठट्ठा करने लगा।

यह दृष्टान्त तू सुन और गुन।

और मैं शैली बदल-बदलकर मुखौटा बदल-बदलकर कहाँ तक उपदेश दूँ और तू अब भी पूछता है कि कविता क्या है?

कविता तेरा सर है।

और मेरा हृदय।

और अपने सर को मेरे हृदय पर रख और खाली बरतन की टनटनाहट सुन।

कविता इन्द्रधनुष है।

और राजा इन्द्र के दरबार में खपच्ची का धनुष तान और कविता कर।

डरता क्यों है?

और कविता के पवित्र देवमन्दिर में तू ज्ञान का कुफ्र मत बक।

क्या तू भूल गया कि ज्ञान मनुष्य को बूढ़ा बनाता है। और "सब तें भले किशोर जिन्हें न व्यापे जगत गति।"

और राजा ययाति ने अपने पुत्रों को बुलाकर कहा :

मैंने देवयानी से विवाह किया और शर्मिष्ठा का भोग किया और भोग ने मुझे बूढ़ा बना दिया है, पर मेरी लालसा अभी तृप्त नहीं है और मैं फिर से किशोर बनूँगा।

और ओ देवयानी के पुत्रो, और ओ शर्मिष्ठा के पुत्रो, मैं तुम दोनों का पिता हूँ और तुम्हारे ही कन्धों पर चढ़कर कैशोर्य के हरे-भरे द्वीप में जाऊँगा। युग-युग से ऐसा ही होता आया है और युग-युग तक ऐसा ही होता जाएगा।

इस परम्परा को मत तोड़,

कहीं मैं बूढ़ा और अतृप्त रह गया तो?

और यह सुनते ही उनके सब पुत्र तो भाग निकले पर एक फँस गया और उसे अपना सारा तेज और तारुण्य पिता के नाम संकल्प कर देना पड़ा और देखा कि पुत्र असमय वृद्ध हो गया और पिता असमय किशोर।

पर इस दृष्टान्त से यह न सोच कि मैं ययाति हूँ और तू ययाति-पुत्र।

मैं तो खुद तुझसे कहता हूँ कि जहाँ तक हो प्रौढ़ता से बच, और किशोर बन, और गुलगुले खा, और बुलबुलें लड़ा, और गोदी चढ़ और बालबोधिनी पढ़ :

सारी अकल घर रख आ
कविता की कमरख खा
और देख बेटा, झगड़ा-टण्टा नहीं करते।

जा दादी की गोद में बैठ, लोरियाँ सुन, जमुहाइयाँ ले और पहेलियाँ बूझ।

कविता तेरी दादी के नयनों का नीर है, उसकी आलमारी का पनीर है, उसे खा और बहा :

मेरा मगज क्यों खाता है, मेरी जान बख्श, आखिर मैंने तेरा क्या बिगाड़ा है?????

'सिटिंग ऑन द फ़ेंस'

ईश्वर के वास्ते ऊपर का शीर्षक देखकर त्योरियाँ न चढ़ाइए। मेरा कोई दावा नहीं कि मुझे ठीक अँग्रेजी आती है—शायद मैंने शीर्षक का अनुवाद गलत किया हो, लेकिन आप जानते नहीं, इस बार हिन्दी-दिवस के मौके का शीर्षक कहीं हिन्दी में चला जाता तो गजब हो जाता। सहभाषा-विधेयक पास हो चुका है। अब अगर अँग्रेजी का सम्मान, हम हिन्दी प्रचार-सम्मेलन और हिन्दी-दिवस आदि के अवसर पर नहीं करेंगे तो कब करेंगे?

बात यह है कि अभी-अभी मैंने यह खबर पढ़ी कि दक्षिण भारत हिन्दी-प्रचार सभा का एक विशाल समारोह मनाया गया, हिन्दी-प्रचार का वातावरण तैयार करने के लिए उसमें कुछ प्रमुख भाषण अँगेजी में दिये गये। कुछ बेअक्ल लोग ख्वाहमख़्वाह इस पर टीका-टिप्पणी कर रहे हैं। अक्लमन्द के लिए इशारा काफी होता है। मैंने ज्योंही सुना, इशारा समझ लिया। जब हिन्दी के लिए होने वाले समारोह में महान् लोग अँग्रेजी में भाषण दें और लोग उपस्थित होकर बिना किसी उज्र के उसे सुनें तो अक्लमन्द का यही काम है कि वह उनका अनुसरण करे। "महाजनो येन गतः स पन्थाः।" इसीलिए मुझे ज्योंही खयाल आया कि इस बार की किस्त हिन्दी-दिवस के अवसर पर जा रही है त्योंही मैंने तुरन्त अपना शीर्षक काटकर अँग्रेजी में कर दिया। किसी महामति का कथन भी है कि "जैसी बहै बयार पीठ तब तैसी दीजै।"

यूँ लोगों को तो कुछ न कुछ बात करने को चाहिए। एक साहब यह खबर पढ़कर बहुत तमतमाये हुए यह कह रहे थे कि—"साहब अपने देश में अपने देश के नेता अपनी देशी भाषा—हिन्दी या तेलुगू आदि में न बोलेंगे तो हिन्द में हिन्दी बोलेगा कौन?" मैंने उन्हें बताया कि 'भाई, कोई न कोई तो बोलेगा ही!' उधर जब विधेयक पेश हुआ था और दिल्ली में बड़े-बड़े 'देशी-अँग्रेजी दाँ' हिन्दी के खिलाफ भृकुटि चढ़ा-चढ़ाकर भाषण दे रहे थे, उस समय रोटरी क्लब की एक दावत में एक जापानी विद्वान् ने शुद्ध हिन्दी में भाषण देकर सबको आश्चर्य में डाल दिया था। अभी पिछले हफ्ते की बात है, नेपाल के श्री तुलसी गिरि ने नेपाल-भारत मैत्री संघ में मँजी हुई हिन्दी में बड़ा भावपूर्ण भाषण दिया। और तो और, जो अँग्रेजी की मलिका हैं, साम्राज्ञी एलिज़ाबेथ, वे जब भारत आयी थीं, तो एक वाक्य हिन्दी का सीख कर आयी थीं—"आपके स्वागत का बहुत-बहुत शुक्रिया" और अँग्रेजी भाषण

के अन्त में हिन्दी का वाक्य बोलकर उन्होंने भारतवासियों को सम्मानित किया था। नेपाल जैसे अपने आत्मीय देशों से, जापान जैसे पड़ोसी एशियाई देशों से, यहाँ तक कि अँग्रेजी के मातृ-देश इंग्लैण्ड तक से महान् व्यक्ति आकर भारत में हिन्दी बोलते ही हैं। फिर क्या फिक्र? कोई जरूरी है कि अपनी राष्ट्रभाषा का सम्मान हमीं करें?

सच तो यह है कि चाहे हँसकर टाल दें, वैसे बात यह देश के दुर्भाग्य पर रोने की है। कम लोगों को याद होगा कि एक ऐसा ही अवसर आया था आज से 26-27 वर्ष पूर्व। दक्षिण भारत हिन्दी-प्रचार सभा के मद्रास भवन का उद्घाटन-समारोह था। उद्घाटन भाषण दिया था पण्डित जवाहरलाल नेहरू ने–"भाषा का सवाल सिर्फ दक्षिण भारत का ही नहीं, वह सारे भारत का भी सवाल है...हमारी नीति है कि कोई भी भाषा दबायी नहीं जाए, न उनके खिलाफ हमारी भाषा खड़ी की जाए। मेरा दृढ़ मत है कि कोई भी शख्स अपनी मातृभाषा के द्वारा ही तरक्की कर सकता है... लेकिन देश भर को बाँधने के लिए, भारत के भिन्न हिस्से एक-दूसरे से सम्बन्धित रहें, इसके लिए हिन्दी की जरूरत है।" (भारतीय नेताओं की हिन्दी सेवा, पृ. 252) और उनका यह भाषण अँग्रेजी में नहीं था, हिन्दी में था। नेहरूजी ने स्पष्ट घोषित किया था कि उनकी नीति यह है कि कोई भी भाषा दबायी न जाए। अँग्रेजी अखबारों और अँग्रेजी-प्रेमी राजनीतिज्ञों ने एक झूठा हौआ खड़ा कर रखा है कि दक्षिण भारतीय हिन्दी से इसलिए घबराते हैं कि हिन्दी के राजभाषा होने से उनकी मातृभाषा दबायी जाएगी। लेकिन पिछले समारोह के जो विवरण प्राप्त हुए हैं उनसे अँग्रेजी का पूतनास्वरूप काफी उद्घाटित हो गया है। हिन्दीतर भारतीय भाषाओं के समर्थन का दम्भ भरने वाली अँग्रेजी ही वहाँ तेलुगू के प्रयोग में बाधक बनी थी, हिन्दी नहीं। एक मछली सारे तालाब को गन्दा करती है। एक अँग्रेजी भाषा की फूटपरस्त नीति केवल राजकीय ही नहीं, साहित्यिक और सांस्कृतिक स्तर पर भी सारी भारतीय भाषाओं के वातावरण को दूषित बनाने की जी-तोड़ कोशिश कर रही है। अँग्रेजी को बीच से हटा दीजिए फिर देखिए भारतीय भाषाओं का आपसी मेलजोल किस कदर पनपता है! और हिन्दी उसका सबसे समर्थ माध्यम बनेगी।

जो भारतीय दर्शन, धर्म और इतिहास के सच्चे जानकार हैं उन्हें यह तो मालूम ही होगा कि समूचे मध्यकाल में सन्तों और भक्तों ने भारत को एकता के सूत्र में बाँधा था, और बिना किसी विदेशी भाषा की मदद लिये हुए। दक्षिण के रामानन्द और काशी के कबीर की आपसी वार्ता गंगातट पर अँग्रेजी में नहीं हुई थी। और कबीर संस्कृत भी नहीं जानते थे। और फिर भी चूँकि वे लोग अपनी मातृभाषाओं में–अपनी देशी भाषाओं में–जिन्दगी के बुनियादी सवालों पर साहस और ईमानदारी से सोचते और मनन करते थे, अतः उनके चिन्तन की मौलिकता, गहराई और अर्थवत्ता ने उनको तो एक चिरन्तन गरिमा प्रदान की ही, उनके साथ-साथ उनका जीवन-दर्शन सारे देश को एक नया नैतिक जागरण दे सका था।

यूँ हिन्दी और दक्षिण के बीच अपने स्वार्थवश दीवार खड़ी करने वाले अँग्रेजी प्रेमियों को शायद यह भी नहीं मालूम होगा कि खड़ी बोली हिन्दी का जो रूप आज देश की सर्वमान्य, सर्वप्रचलित राष्ट्रभाषा है वह शुरू से ही न केवल दक्खिन में पनपी है वरन् उसका नाम ही शुरू से या तो 'हिन्दी' (हिन्द की) रहा या 'दखिनी' (उसका कोई नाम 'उत्तरी' आज तक नहीं मिला।)।

दखिनी के एक प्रारम्भिक कवि बीजापुर (दखिन) के शाह बुरहानुद्दीन इस नामकरण की व्याख्या करते हुए कहते हैं—"मैं इसको दर हिन्दी जबाँ इस वास्ते कहने लगा, जो फारसी समझे नहीं समझे इस खुशदिल होकर।" (1690 ईसवी)। इसी बहुप्रचलित हिन्दी को वे दखिनी कहते थे—"दखिन में जो 'दखिनी' मिठी बात का, अदानैं किया कोई इस घात का।" (वजही)। वास्तव में फारस से आये हुए विदेशियों ने जनसाधारण के लिए जब साहित्य की रचना की तब अपनी फारसी भाषा छोड़ कर हिन्द की भाषा हिन्दी अपनायी, जो दखिन में भी प्रचलित होने के कारण दखिनी कहलाती थी। (दखिनी हिन्दी : डॉ. बाबूराम सक्सेना, पृ. 32)।

इतिहास की कितनी बड़ी विडम्बना है कि दक्षिण के जिस भूभाग में विदेशियों ने जाकर भारतीय जनसाधारण से सम्पर्क स्थापित करने के लिए हिन्दी को अपनाया, अपनी फारसी भाषा छोड़कर—आज स्वाधीनता मिलने के बाद उसी भूभाग में हिन्दी के प्रचार को प्रोत्साहित करने के लिए हमें अँग्रेजी में भाषण देना जरूरी जान पड़े।

वैसे तो हो सकता है हमको-आपको यह कोई बड़ी बात न लगे, लेकिन सुदूर पूर्व असम में, सुदूर दक्षिण केरल में, गुजरात और महाराष्ट्र में, तमिलनाडु, कर्नाटक और आन्ध्र में पिछले 40 वर्षों से अमित कठिनाइयाँ झेलकर हिन्दी-सेवा का अखण्ड व्रत लेने वाले जिन तपःपूत अहिन्दी-भाषी हिन्दी-प्रचारकों ने अपना सारा जीवन हिन्दी के लिए होम कर दिया है, उनको बहुधा ऐसी घटनाएँ कितनी मर्माहत कर जाती हैं इसकी कल्पना भी शायद हम आप नहीं कर सकते। एक दक्षिण भारतीय बन्धु ने इस घटना के बाद लिखा—"मेरा भावुक स्वभाव निन्दनीय है। मैं पूरे दिवस उद्विग्न रहा यह विचार करता हुआ कि क्या हमने हिन्दी का प्रचार-यज्ञ इसलिए किया था कि अँग्रेजी को समर्थन मिले। किन्तु काव्य-अधिवेशन से पाँसा पलट गया। तेजमूर्ति कवि दिनकर जी ने 'परशुराम की प्रतीक्षा' का पाठ किया। हृदय में विश्वास की लहरें उठने लगीं। आशा बलवती हो उठी। राष्ट्र का भविष्य उज्ज्वल है। राष्ट्रभाषा का भविष्य उज्ज्वल है। किन्तु रात्रि को विचार आया कि परशुराम क्या सचमुच आएँगे? आएँगे भी तो अब भारत में उनका क्या मोल? अधिकारी उनसे पूछेंगे, 'हू आर यू?' तो वे क्या जवाब देंगे? परशुराम जी को अँग्रेजी तो आती नहीं। निष्फल लौट जाएँगे।"

कहानी-बाजार-रहस्य

भाग—1

देखिए कि यह दुनिया भी कैसी अजीब मायानगरी है कि इसमें हमारी आँखों के सामने क्या-क्या घटित होता रहता है, लेकिन हम हैं कि मोहवश कुछ का कुछ समझते रहते हैं। तभी न, सन्त ज्ञानी लोग हमेशा कहते आये हैं कि 'मन की आँखें खोल'! एक बार अज्ञान का परदा उठाकर कोई हमें संसार का असली रूप दिखाता है, तब हम हक्का-बक्का रह जाते हैं कि अरे, हम समझते क्या थे और निकला क्या!

अब यही हिन्दी की नयी कहानी और पुरानी कहानी का मसला लीजिए। हम क्या समझते थे और क्या निकला! पिछले दो-चार साल से नयी कहानी पर सारे साहित्य-जगत् में जो परिचर्चाएँ चल रही थीं, उन्हें आपने भी पढ़ा होगा, हम भी पढ़ते रहे। हम यही समझते थे कि यह साहित्यिक मूल्यों का विवाद है, जीवन-दृष्टि का विवाद है, पुराने और नये जीवन-बोध का अन्तर है, आदि-आदि। मगर भगवान् भला करे उस ज्ञानी द्रष्टा का, जिसने चर्र से अज्ञान का परदा चीरकर दिखा दिया कि देखो असलियत में रहस्य कुछ और है। यह नयी-पुरानी कहानी का विवाद सिद्धान्तों या मूल्यों का विवाद नहीं, यह तो महज दूकानदारी का झगड़ा है। असल में नयी पीढ़ी के लोग तुल गये हैं कि पुरानों के ग्राहक तोड़े जाएँ और कुछ लोग तो चोरबाजारी तक पर उतर आये हैं।

यह सनसनीखेज साहित्यिक रहस्योद्घाटन हुआ है 'आजकल' के ताजे अंक में प्रकाशित श्री मन्मथनाथ गुप्त के एक दिलचस्प लेख में, जिसमें उन्होंने साहित्य में 'पचासों पीढ़ियों के' सहअस्तित्व के सवाल पर विचार किया है। साहित्य और संस्कृति, प्रयोग और प्रेषणीयता, व्यष्टि और समष्टि, कोणार्क और खजुराहो, कालिदास और शेक्सपीयर आदि शब्द भी उस लेख में कहीं-कहीं इस्तेमाल हुए हैं, पर सब से ज्ञानदायी अंश वह है, जहाँ हिन्दी के दो प्रतिष्ठित कथाकारों के वक्तव्यों को उद्धृत किया गया है। मन्मथ जी के अनुसार एक का कहना है कि नयी कहानी वालों की लन्तरानियाँ तो दूकानदारी के तरीके मात्र हैं, दूसरों के ग्राहक तोड़कर अपने ग्राहक बनाने का एक गुटबन्द कौशल मात्र है और दूसरे लेखक ने कहा है कि

'चोरबाजारी' तक होने लगी है। मन्मथ जी ने नयी कहानी वालों की इस 'बाजार छीनने की बाजारू प्रवृत्ति' की घोर निन्दा की है।

हम तो साहब यह पढ़कर ही स्तब्ध हैं। बरसों से हिन्दी कहानी के बारे में लेखों से ले कर बड़े-बड़े शोधग्रन्थ तक पढ़ते आ रहे हैं, मगर यह बाजार वाली बात तो किसी ने बतायी ही नहीं थी! अब जब एक जिम्मेदार लेखक कह रहा है तो हम अविश्वास थोड़े ही करेंगे! लेकिन बस एक ही बात समझ में नहीं आयी। आदमी छीनने की कोशिश उसी चीज की करता है, जो पहले से किसी दूसरे के कब्जे में होती है। अगर नयी कहानी वाले बाजार छीनने की कोशिश कर रहे हैं तो इसका मतलब यह हुआ कि बाजार तो इन नयी कहानी वालों के पहले से कायम हैं, सिर्फ दूसरे लोग उसे बरत रहे थे। इनकी बाजार छीनने की कोशिश उचित है या अनुचित, इसका निर्णय तो बड़े-बड़े विद्वान् करेंगे, मगर हंम जैसे साधारण पाठक तो यह जानकर ही आश्चर्यचकित हैं कि कहानी का एक बाजार था और उसमें ग्राहक थे। अब जब बाजार था और ग्राहक थे तो जाहिर है कि मोल-भाव भी होता ही होगा, सौदे भी पटते होंगे, जिन्सों का भाव भी घटता-बढ़ता होगा, मुमकिन है कि सट्टा और दलाली भी होती रही हो। सच तो यह है कि यह सब सोच-सोचकर हिन्दी कहानी के साधारण पाठक कुतूहल के मारे व्याकुल होंगे और हमारी प्रार्थना है कि विद्वान् लेखक को अगले लेखों में इस परम्परागत बाजार का पूरा किस्सा उद्‌घाटित करना चाहिए; माल की खपत बाजार-भाव की घट-बढ़, कमीशन और पूँजी आदि का सिलसिलेवार ब्यौरा देना चाहिए। तभी समझ में आएगा कि नये कहानीकार इस पहले से स्थापित बाजार में क्या उपद्रव मचा रहे हैं।

दो-एक बातों का और खुलासा होना चाहिए। एक तो यह आरोप कि 'नये कहानीकार ग्राहक तोड़ रहे हैं' काफी दिलचस्प है। किसी के जमे-जमाये ग्राहक तोड़ना बहुत बुरी बात है। ताकि जनता उन्हें ऐसी बुरी प्रवृत्तियों से रोक सके, अतः विद्वान् लेखक को यह विस्तार से बताना चाहिए कि ग्राहक तोड़ने के लिए ये कौन-सा तरीका अपनाते हैं। हमने अपने घर के नीचे वाले एक दूकानदार को यह समस्या बतायी और पूछा कि भाई, तुम अपने प्रतिद्वन्द्वियों के ग्राहक तोड़ने के लिए कौन-से तरीके काम में लाते हो? पहले तो वह चौकन्ना हुआ, पर जब मैंने उसे यकीन दिलाया कि, "मैं तो एक साहित्यिक उलझन के कारण पूछ रहा हूँ, डरो मत", तब उसने कबूला कि वह अक्सर नुकसान सहकर अपने माल को कम कीमत में बेचता है, ताकि दूसरे के ग्राहक टूटें। तो क्या विद्वान् लेखक का संकेत यह है कि नये कहानीकार कम दामों में अपना उसी स्तर का माल बेचते हैं, ताकि उसके ग्राहक बन सकें? इस हालत में तो इनके सुधार का एक ही रास्ता निकलता है कि इनको

मजबूर किया जाए कि अपनी कहानियाँ उसी भाव पर बेचें। कम भाव पर बेचकर दूसरों के ग्राहक क्यों तोड़ते हैं? ("मुश्किल यह हुई कि जब एक नये कहानीकार मुझे दीख पड़े तो मैंने उन्हें बहुत डाँटा और पूछा कि तुम लोग उसी भाव पर कहानी क्यों नहीं बेचते, ताकि दूसरों के ग्राहक न टूटें, तो वे तो बजाय दुःखी होने के बहुत प्रसन्न हुए, कहने लगे, विद्वान् लेखक के मुँह में घी-शकर! वह एक ऐसा विधेयक क्यों नहीं बनवा देता कि कहानियों का मूल्य-नियन्त्रण हो जाय और हम मजबूर होकर कहानी पर ज्यादा पारिश्रमिक पाने लगें!")

उसी तरह यह चोरबाजारी वाला आरोप भी समझ में नहीं आया। ये नयी कहानी वाले कैसे चोरबाजारी करते हैं, इसका भेद भी खुलना चाहिए। क्या ये बहुत-सी कहानियाँ लिखकर तहखानों में बन्द कर देते हैं और जब कहानियों का अकाल पड़ने लगता है, तब ये चुपके से कहानियों के बोरे निकालकर मनमाने दाम से बेचते हैं? भाई, यह तो बड़ी गड़बड़ बात है। अगर ऐसा है तो यह मामला तो तुरत 'ऐण्टी करप्शन' विभाग को सौंप देना चाहिए। या विद्वान् लेखक, जिसे योजना आदि का भी काफी अनुभव है, कोई ऐसा रास्ता क्यों नहीं सुझाता कि चीनी या मिट्टी के तेल के राशन की तरह कहानियाँ भी राशन कार्ड पर मिलने लगें। फिर देखें, ये लोग चोरबाजारी कैसे करते हैं!

बात यह है कि समस्या बड़ी जटिल है और तुरन्त उस पर कुछ कदम उठाना चाहिए। हम सब तो अभी तक बड़े अन्धकार में थे। एक पाठक के नाते हम तो यही जानते थे कि कहानी साहित्य की बड़ी महत्त्वपूर्ण विधा है। प्रसाद और प्रेमचन्द हों या जैनेन्द्र और यशपाल, रेणु हों या निर्मल वर्मा, राकेश हों या लक्ष्मीनारायण लाल—सभी की कुछ कृतियाँ अत्यन्त सशक्त और उत्कृष्ट हैं और कुछ कृतियाँ अपेक्षाकृत साधारण। जो अन्तर है, वह साहित्यिक गुणों और मूल्यों का है। कहानी के अच्छी या बुरी होने का कोई ताल्लुक बाजार से है, यह तो श्री रामचन्द्र शुक्ल से लेकर डॉ. हजारीप्रसाद द्विवेदी तक के इतिहास में कभी पढ़ा नहीं; पर अब जब साहित्य में यह सनसनीखेज खोज विद्वान् लेखक ने की है तो उसे चाहिए कि न केवल कहानी, वरन् साहित्य की हर विधा के बारे में बाजार की दृष्टि से ऐसा ही सनसनीखेज मूल्यांकन कर डाले, ताकि उसके द्वारा हिन्दी-साहित्य का एक अच्छा बाजारू (या बाजार प्रधान या बाजारमूलक या बाजारवादी, बहरहाल जो भी शब्द विद्वानों को जँचे) इतिहास तैयार हो जाए।

और चिन्ता की कोई बात नहीं। लेखक नये कहानीकारों की 'दन्तकटाकटी' से काफी परेशान नजर आता है। चिन्ता व्यर्थ है। नये कहानीकार दन्तकटाकटी करके क्या कर लेंगे! यह तो बाजार का मामला है और बाजार का जहाँ तक सवाल

है, हमने एक बहुत सारगर्भित लतीफा सुना था। आप जानते हैं कि दूकानदारी में साख का बड़ा महत्त्व होता है! एक साहब मोटर खरीदने गये। दूकानदार ने सलाह दी कि पुरानी विश्वस्त कम्पनी 'फोर्ड' की मोटर खरीदिए। ग्राहक महोदय जरा नयी गाड़ियों के रूप-रंग पर मोहित थे, पर दूकानदार ने कहा—आप 'फोर्ड' का 'ट्रायल' लीजिए। दोनों चले। चालीस मील चलकर मोटर ठप्प हो गयी। ग्राहक भड़का, नयी मोटर और यह हाल! दूकानदार उतरा, इधर-उधर जाँच कर बोला, "माफ कीजिएगा, मोटर में शुरू से पेट्रोल ही नहीं था।" ग्राहक हँसा, "बेवकूफ बनाते हो! बिना पेट्रोल के चालीस मील कैसे चली आयी?" दूकानदार ने हाथ जोड़कर कहा, "हुजूर, पुरानी साख की यहीं तो करामात है। चालीस मील तो सिर्फ 'फोर्ड' के नाम से चली आयी।"

सो साहब, पुरानी साख पर बिना पेट्रोल की भी गाड़ी चल सकती है। ये नये कहानीकार जो बहुत टिर्र-टिर्र मचा रहे हैं, ज्यादा से ज्यादा यही तो कहेंगे न कि हमारी कहानी में पेट्रोल है! होने दीजिए। बाजार में तो पुरानी साख भी पेट्रोल के माफिक चलती है।

निष्कर्ष :

जिनकी साख भी है और जिनमें पेट्रोल भी है, उन आदरणीय पुराने कथाकारों को कोई चिन्ता नहीं, वे चुपचाप साहित्य-सृजन में लगे हैं और अपनी परिपक्व कृतियों से हिन्दी को समृद्ध करते चल रहे हैं। जिनमें पेट्रोल है, उन नये कहानीकारों को भी चिन्ता नहीं, क्योंकि गाड़ी पेट्रोल से चलती है और चलने से साख अपने आप बनती है।

बाजार में शोर सिर्फ वे मचाते हैं, या तो जिनकी गाड़ी में पेट्रोल नहीं है या जिनकी इतनी साख नहीं है कि उसके सहारे गाड़ी चला पाएँ। वे मौके-बेमौके बीच में गाड़ी खड़ी कर खूब घर्र-घर्र करते हैं और ढेर-ढेर-सा धुआँ उगलते हैं, ताकि लोगों को मालूम हो कि उनकी भी गाड़ी है!

हम ऐसे लोगों की दाद देते हैं, क्योंकि बाजार में लुत्फ और रौनक ऐसी ही गाड़ियों से आती है।

आधुनिक हिन्दी कविता का पार्टीपरक इतिहास : एक सनसनीखेज नयी खोज

परम आदरणीय सम्पादक जी,

चूँकि इधर आपको अपने नाम आये हुए पत्रों को छापने का इतना मोह बढ़ गया है कि पिछली बार आपने मेरी किस्त रोककर भाई बाँद्रेवाला का खत छाप डाला इसलिए मैं इस बार आपको पत्र-रूप में ही अपनी किस्त भेज रहा हूँ। अब तो आप छापेंगे।

आपसे एक बहुत बड़ी शिकायत है—हिन्दी साहित्य की अधुनातन गतिविधि समझाने के लिए जो महान् क्रान्तिकारी समीक्षा-सिद्धान्त आजकल महान् विद्वानों द्वारा खोजे जा रहे हैं उनकी खबर आप अपने अखबार में छापते ही नहीं। कहानी-बाजार वाली खबर भी मैंने दूसरे अखबार में पढ़ी और इस बार आधुनिक कविता के बारे में 'राजनीतिक पार्टी-पद्धति-विश्लेषण' वाला क्रान्तिकारी सिद्धान्त भी कहीं और पढ़ने को मिला।

आप जानते ही होंगे कि हम जैसे अल्प बुद्धि वालों के लिए कविता ही समझना कठिन है, आधुनिक कविता समझना तो और भी कठिन! भगवान् भला करे आचार्य नन्द दुलारे वाजपेयी जी का, जिन्होंने अपने ताजे वक्तव्य में आधुनिक कविता समझने की सरल कुंजी जनता को सौंप दी है। उन्होंने ऐसे आसान ढंग से सारा ब्योरेवार रूपक बाँधा है कि वर्नाक्यूलर मिडिल-पास वाले तक को भी अब आधुनिक कविता हस्तामलकवत् समझ में आने लगेगी। उन्होंने ज्ञान, विज्ञान, इतिहास, समीक्षाशास्त्र, देशी-विदेशी पद्धति, सबका गहन अवगाहन कर यह खोज की है कि हिन्दी की कविता-धाराएँ हमेशा मजहबी या राजनीतिक पार्टियों के आधार पर पनपती रही हैं। प्रमाण हाजिर है : मध्यकाल में सूफी, निर्गुण सन्त, रामभक्त और कृष्णभक्त पार्टी के आधार पर चार स्पष्ट काव्यधाराएँ दृष्टिगोचर होती हैं। हाथ कंगन को आरसी क्या, आप रामचन्द्र शुक्ल के इतिहास से लेकर कोई भी इण्टरमीडिएट की हिन्दी कुंजी उठाकर देख लें आपको मध्यकाल की चार पार्टियों के आधार पर चार धाराएँ नजर आएँगी। जैसे भाप से केतली पर खदबदाते ढक्कन

को देखकर एक प्रख्यात वैज्ञानिक ने आधुनिक रेलवे इंजिन खोज निकाला था ठीक उसी तरह मध्यकाल की चार पार्टियों के आधार पर हिन्दी-साहित्य का विभाजन देख कर आचार्य जी ने आधुनिक हिन्दी कविता का राजनीतिक पार्टी-प्रधान विभाजन खोज निकाला है। उनका कहना है कि इस समय देश में चार प्रधान राजनीतिक पार्टियाँ हैं—काँग्रेस, कम्युनिस्ट, जनसंघ और स्वतन्त्र पार्टी। अगर हम जरा खुर्दबीन के नीचे आधुनिक हिन्दी कविता को रखकर गौर से देखें तो इन्हीं चार पार्टियों के आधार पर आधुनिक कविता की भी चार धाराएँ कलकल ध्वनि से प्रवाहित होती हुई दीख पड़ेंगी।

उनका कहना है कि देश की सबसे बड़ी, सबसे पुरानी, सबसे सम्माननीय, सबसे शक्तिशाली संस्था काँग्रेस है। निस्सन्देह छायावाद नामक पुरानी धारा हिन्दी काव्य की काँग्रेस पार्टी है। वही रुतबा, वही शोहरत, वही लक्ष्य! दूसरी पार्टी है मार्क्स का नाम लेकर धक्कमधुक्का, नारा-जुलूस, संघर्ष-क्रान्ति की बात करने वाली कम्युनिस्ट पार्टी। आधुनिक हिन्दी काव्य की वामपक्षी पार्टी कौन है यह तो आप भी समझ जाएँगे—यानी प्रगतिवादी धारा। अब स्वतन्त्र पार्टी कौन है यह जरा सूझबूझ और बारीक अक्ल की बात है। बूझ सकते हों तो बूझिए। आप शायद सोचते होंगे कि पुराने सामन्तों, जमींदारों और वयोवृद्ध नेताओं की यह पार्टी शायद आधुनिक हिन्दी की ब्रजभाषा काव्यधारा हो—रत्नाकर जी से लेकर रसाल जी तक अबाध गति से प्रवाहित होने वाली। वही मसनद, पण्डाल, गलीचों और राजा-रानियों में से धीरोदात्त नायकों और वासकसज्जा नायिकाओं का वातावरण! लेकिन नहीं, आप भूल में हैं। ऐसी सतही समानताओं पर बड़े आचार्यों के सिद्धान्त नहीं आधारित होते। फिर बूझिए! आप शायद सोचें कि पुरानी परम्परा और वही मसनद, शामियाने का वातावरण गीतकारों के विराट् कवि-सम्मेलनों में होता है तो जरूर यह गीतों की मीठी-मीठी धारा स्वतन्त्र पार्टी होगी। फिर आप चूक गये। खुर्दबीन से जरा आचार्यों की सी दृष्टि से देखिए। अब आपको साफ नजर आएगा कि हिन्दी काव्य की तथाकथित प्रयोगवादी धारा ही साहित्य की स्वतन्त्र पार्टी है। नयी कविता, नयी कहानी, नयी समीक्षा, नया लेखन सब हिन्दी साहित्य की स्वतन्त्र पार्टी है। आप पूछेंगे क्यों और कैसे, तो पहले तो मैं यह कहूँगा कि ऐसे व्यर्थ के प्रश्न पूछना आपकी धृष्टता है। बड़े आचार्य जो कह दें वह मान लेना चाहिए। फिर भी आप पूछने पर उतारू ही हो जायँ तो सुनिए : आचार्य का कहना है कि जैसे स्वतन्त्र पार्टी का कोई लक्ष्य समझ में नहीं आता, वैसे ही प्रयोगवाद का कुछ लक्ष्य पता नहीं चलता। साथ ही साथ वे सब के सब व्यक्ति की स्वतन्त्रता पर बल देते हैं, जाहिर है कि

वे आधुनिक हिन्दी काव्य की स्वतन्त्र पार्टी हैं (ये तर्क आचार्य जी के ही हैं सम्पादक जी, मेरे नहीं!)

अब रह गया बेचारा जनसंघ, तो अपने इस क्रान्तिकारी अन्वेषण में वाजपेयी जी ने उसका भी बहुत खयाल रखा है। उनका कहना है कि आधुनिक हिन्दी साहित्य की प्रबन्धकाव्यधारा जनसंघ पार्टी है। कारण, जैसे जनसंघ बड़े-बड़े शब्दों का प्रयोग करता है, 'राष्ट्र', 'देश की आत्मा', आदि-आदि—ठीक वैसे ही प्रबन्धकाव्यों में बड़े-बड़े शब्दों का प्रयोग होता है। 'प्रियप्रवास' और 'साकेत' से लेकर 'उर्वशी' तक आधुनिक हिन्दी काव्य के जनसंघी हैं। लेकिन आप यह मत समझिएगा कि इस सिद्धान्त को आचार्य जी द्वारा बिलकुल यान्त्रिक ढंग से लागू किया जा रहा है। वाजपेयी जी ने इस यान्त्रिक वर्गीकरण में भी अपनी नितान्त मौलिक समीक्षादृष्टि को प्रयुक्त किया है। जैसे काँग्रेस में गाँधी जी थे जो काँग्रेस में होकर भी काँग्रेस में नहीं थे, वैसे ही प्रबन्धकाव्य-रूपी जनसंघ-धारा में 'कामायनी' है जो उसमें होकर भी उसमें नहीं है। वाजपेयी जी के शब्दों में वह प्रबन्धकाव्यधारा में होते हुए भी क्रान्तिकारी प्रबन्धकाव्य है, उसे किसी सीमा में बाँधना सम्भव नहीं।

सम्पादक जी, आशा है अब न केवल आपकी समझ में आधुनिक हिन्दी काव्यधारा का सब नक्शा साफ-साफ आ गया होगा बल्कि यह भी कि आप अब यह महसूस कर रहे होंगे कि इस नितान्त क्रान्तिकारी खोज को सिलसिलेवार धारावाहिक रूप में पूरे विस्तार से छापना जरूरी है। जो संक्षिप्त खबरें छपी हैं उनसे बहुत-सी शंकाएँ मुझ जैसे अल्पबुद्धि पाठक के मन में शेष रह जाती हैं। आप उनका निराकरण करवाइए। मसलन काँग्रेस पार्टी का लक्ष्य राष्ट्रीय था मगर मूल में उसकी स्थापना, सुनते हैं कि किसी अँग्रेज कलक्टर ने की थी। मूल में छायावादी धारा की स्थापना, अँग्रेजी साहित्य के किस कलक्टर ने की है इसकी जरा खोजबीन करवाइए, ताकि उसका एक उचित स्मारक कायम करवाया जा सके। इधर अपनी याददाश्त पर भरोसा नहीं रहा पर शैले, वर्ड्स्वर्थ, कीट्स आदि कुछ अँग्रेज अफसरों के नाम पहले सुना करते थे। 'हम कृतज्ञ भारतवासी' उन्हें भूल न जायँ, इसका ध्यान रहे। पुनश्च, आजकल यत्र-तत्र सर्वत्र अनुत्तरदायी लोग काँग्रेस पार्टी के अन्दर फैले हुए अवसरप्रेम, सत्ताप्रेम और सिद्धान्तहीनता की बातें करते घूमते हैं। श्री कामराज नाडार ने तो बहुतों को विवश किया कि वे ख्याति और पद का मोह छोड़कर पार्टी में फैली हुई पतनोन्मुख प्रवृत्तियों को दूर करें। क्या काँग्रेस पार्टी से छायावाद की तुलना करते समय आचार्य ने इस समसामयिक परिस्थिति को भी ध्यान में रखा था? और यह भी जरा मालूम हो जाए कि छायावादी पार्टी में दक्षिण ग्रुप कौन है और मेनन ग्रुप कौन है? (बात यह है कि हमारे कई प्रयोगवादी दोस्त हैं, जो अपनी पार्टी

छोड़ना चाहते हैं। चवन्नी देकर वे काँग्रेसनुमा छायावादी पार्टी के सदस्य बन सकते हैं या नहीं, सो भी पता लगवाइएगा।)

अब रही प्रगतिवादी पार्टी; सो लोगों का कहना है कि उन्होंने अपनी पार्टी भंग कर दी है। और दूसरी पार्टियों में इनफिल्ट्रेट कर गये हैं। मुझे इसमें कुछ नहीं कहना है। जो जहाँ है वहाँ सुख से रहे। जमाना सह-अस्तित्व का है।

अब रही स्वतन्त्र पार्टी रूपी प्रयोगवादी धारा सो मुझे इस क्रान्तिकारी खोज का पता चलते ही झूठी बातें कहकर, बड़े-बड़े सिद्धान्त बघार कर दुनिया को छलनेवाले प्रयोगवादियों पर बहुत क्रोध आया। हम लोगों को उन्होंने आज तक बताया ही नहीं था कि आधुनिकता की बातें झूठ हैं, वे सब पुराने सामन्ती जागीरदार हैं और उनका कोई लक्ष्य नहीं है। उस क्रोध में मैंने प्रयोगवादियों को कितना लताड़ा और उनके साथ क्या व्यवहार किया, सो सब मैं आपको अगले खत में लिखूँगा। वैसे इस लक्ष्यहीन स्वतन्त्र साहित्यिक पार्टी को देश-हित में लगाने के बारे में मेरे कुछ क्रान्तिकारी सुझाव हैं, वह भी मैं फुर्सत से लिखूँगा। पार्टीमुक्त विनोबा के भूदान कार्यक्रम जैसी भी एक योजना मैं रखना चाहता हूँ। कृपया इस बार मेरे लिए जगह रोके रहिएगा। किसी और का खत न छाप दीजिएगा।

आपका :

चिरजिज्ञासु सरल आस्थावान् साहित्यप्रेमी

बिलहाबाद की डायरी

[उर्फ एक साहित्यिक अखाड़े का आँखों देखा विवरण (होली सन् '61 के अवसर पर विशेष रिपोर्टर द्वारा)]

क्या नयी कविता निस्तेज हो गयी–

अकस्मात् यह सनसनीखेज सवाल बिलहाबाद नगर से उठा। नयी कविता के प्रेमी और दुश्मन दोनों हक्का-बक्का हो गये। सभी साहित्यिक सनसनियाँ वहीं से आती हैं, पर यह तो बहुत ही तेज थी।

आखिरकार एक विशेष रिपोर्टर वहाँ आँखों देखा हाल लेने भेजा गया। उसने आलस में रिपोर्ट भी पूरी तैयार नहीं की। सिर्फ डायरी के पन्ने भेज दिये।

12 अगस्त : इस शहर में अपने अखबार का रिपोर्टर नियुक्त होकर आया हूँ। नयी कविता की मौजूदा हालत पर रिपोर्ट देनी है। जिन दिनों देश में घोड़ों की बीमारी आयी और बिला सबब बेशुमार घोड़े मर गये और जो बचे वे दुबले और मरियल होने लगे उन्हीं दिनों खबर फैली कि किसी नामालूम वजह से इस शहर में नयी कविता भी दुबली मरियल और निस्तेज होने लगी है। यहीं के कुछ लोगों ने खतरे की घण्टी बजायी मगर उसके बाद यहीं से यह घोषणा भी आयी कि "यह खबर दुश्मनों की फैलायी है। नयी कविता बदस्तूर मोटी-ताजी और खुशहाल है।" जनता में फैलती हुई उलझन को दूर करने के लिए मुझको भेजा गया कि मैं अपनी आँखों नयी कविता को देखकर आऊँ, पता लगाऊँ कि निस्तेज हो गयी या तन्दुरुस्त है !

28 अगस्त : सोलह दिन हो गये। चारों तरफ देख लिया। कोना-कोना छान मारा, पेड़ों पर चढ़ा, गटर में उतरा पर कहीं एक रत्ती निस्तेज या सतेज किसी किस्म की भी नयी कविता देखने में नहीं आती। कहते हैं, इस साल फसल मारी गयी है।

लेकिन अगर नयी कविता नहीं मिली, और उसकी जाँच नहीं कर पाया तो अखबार को क्या मुँह दिखाऊँगा? चिन्ता बढ़ती जा रही है।

2 सितम्बर : आज हेडक्वार्टर से सुझाव आया है कि अब यहाँ के लोग सिर्फ वक्तव्य देते समय नयी कविता करते हैं, अतः उस निस्तेज पड़ने वाली बीमारी के बारे में लोगों के बयान (वक्तव्य) इकट्ठे करूँ तो शायद नयी कविता मिले। अब यही सोचा है।

4 सितम्बर : आज पहला इण्टरव्यू लिया। वहाँ गया और दरबान को कार्ड देकर सीधे श्री सिरजा संहार आतुर के कमरे में पहुँचा। महत्त्वपूर्ण आदमी हैं। आतुरजी का नाम सिरजा संहार इसलिए पड़ा कि वे एक ही समस्या पर दोनों तरह की बात कर सकते हैं—सिरजन की भी, संहार की भी। इसके लिए उन्हें कोशिश नहीं करनी पड़ती। गर्दन बायें घुमा देते हैं तो संहार की आवाज निकलती है, दायें घुमा देते हैं तो सिरजन की निकलने लगती है। यह रवायत सुनी थी। कहाँ तक सच है, नहीं कह सकता।

उन्हें अपना परिचय देकर समस्या बतायी कि क्या नयी कविता निस्तेज हो गयी है और बयान माँगा। बहुत मधुर मुस्काये और कविता में बयान दिया :

यह जो पास बैठा है घण्टों से
खाँसने खँखारने जरा बाहर जाए तो कहूँ
नयी कविता दो हैं—एक मेरी, बाकी सब की
बाकी सब की निस्तेज है, फसर-फसर है
बस एक मेरी ही अ-फसर है!
रिझाती है, मुस्काती है
चन्दा की कटारी सी
जिम्मेवार चतुर अधिकारी सी
सामने अमृत बरसाती है
पीठ पीछे मीठी सी चुभन बन जाती है।

उन्होंने मुझे कान में यह बताया कि यह सब बखेड़ा अज्ञेय का खड़ा किया हुआ है। जाने क्यों यह सब करते हैं। पहले उन्होंने नयी कविता चालू की फिर किसी कविता में अपने पीछे आने वाले नये कवियों से तू-तड़ाक की। इसी पर नये कवि क्षुब्ध हैं। अज्ञेय जी आखिर अपने को समझते क्या हैं?

उन्होंने धीरे से बताया कि वे अज्ञेय की तरह आत्मनिष्ठ नहीं हैं! अज्ञेय ख्वाहमख्वाह नयी कविता से आगे क्यों निकल गये। आतुरजी की पद्धति दूसरी है। वे कभी किसी कविता-धारा से आगे नहीं निकलते। कविता बहाते हैं और फिर उसके पीछे-पीछे दौड़ते हैं। फिर उन्होंने सुर-तालबद्ध चार पंक्तियाँ गायीं :

मेरी कविता है रूमानी—
विज्ञानी भी
बौद्धिक सी भी है, मुग्धा सी भी,
अज्ञानी भी!

उन्होंने इसे खुद करके दिखाया कि यह कैसे होता है! अपनी एक कविता, जिसमें पियरायी चाँदनी, रेशम कसे अंग, इलायची-मुस्कान आदि शब्द थे, टेपरिकार्ड की। फिर टेपरिकार्डर उलटा घुमा दिया। वही शब्द शूँ-शड़ाक, खड़-खड़, भड़म, हड़-हड़, हाऊँ-हाऊँ बन कर निकल आये। उन्होंने बताया कि ऐसे शब्दों के इस्तेमाल से नयी कविता वैज्ञानिक हो जाती है। उनकी रूमानी-विज्ञानी, दोनों प्रकार की कविताओं के होते नयी कविता निस्तेज कैसे हो सकती है? हाँ, बाकी सबकी निस्तेज हो चुकी है।

10 सितम्बर : दूसरे सज्जन से आज भेंट हुई। खुरपा लिये घास उखाड़ रहे थे। मैंने उन्हें बँगले का माली समझा। बातें तो थीं ही, नाम और भी अजब था—श्रमपीर मारुती। मैंने जाकर समस्या बतायी तो बहुत आत्मीयता से बोले—"कल आइएगा। जरूर बताऊँगा।"

15 सितम्बर : कई दिन हो गये। रोज जाता हूँ। मालूम हुआ उन्होंने एक नयी चीज निकाली है—अर्द्धसत्य। उनके ये वाक्य उसी का नमूना हैं। इनमें से 'कल आइएगा' यह सत्य है, 'मैं जरूर बताऊँगा' यह असत्य। मैंने उन्हें बताया कि चारों तरफ बड़ा शोर है कि नयी कविता निस्तेज हो गयी तो गहरी साँस लेकर बोले :

फहराते झण्डे और आवाज़ें तेज
जब यह गोष्ठी हो जाएगी निस्तेज
क्या पाएँगे, प्रभु ये क्या पाएँगे!

फिर बोले नयी कविता निस्तेज हो गयी यह तो आधुनिकता के सन्दर्भ में स्पेनी विद्वान् आल्बर्टी गडेरियो बिलामुनो ने बताया था। उसके बाद उन्होंने कई भाषाओं के कई नाम दिये, कई वे खुद भूल गये थे तो अन्दर जाकर किताब में देखकर आये। अन्त में बोले, "तेज को निस्तेज या सतेज इस तरह के टुकड़ों में बाँटकर देखना गलत है। इस खिले फूल में बताइए किसका तेज है, इस रंगीन पत्ती में किसकी खनक है?" फिर अपने में तन्मय हो कर बोले, "हरे राधा! हरे राधा! राधा राधा हरे हरे!" इस कीर्तन-मुद्रा में हाथ का खुरपा छूट गया और अँगूठे में मामूली खरोंच आ गयी। कराह कर उसी तन्मयता में बोले—"मरे कृष्ण! मरे कृष्ण! कृष्ण कृष्ण मरे मरे!"

उनको उसी हालत में छोड़कर चला आया।

18 सितम्बर : श्री कीचकान्त वर्मा के यहाँ नहीं गया। सुना कि वे रात को 3.30 बजे से सुबह 4 बजे तक केवल आधे घण्टे घर पर मिलते हैं। बाकी समय दूसरों को यह बताने में खर्च करते हैं कि घर की परवाह करना मानव का सबसे पहला मूल्य है। कुटुम्ब को सभ्यता की सबसे पुख्ता इकाई मानते हैं (दूसरों के कुटुम्ब को)। कई कुटुम्बों में झाँकने के बाद मिले। मुसकुराये। बोले, "मेरे पीछे आओ।" मुझे एक गोदाम में ले गये। वहाँ कागज भरा हुआ था। बोले तुम्हारे आने की खबर मिली थी, सिरजा संहार जी से। मैंने तभी तुम पर महाकाव्य लिखकर गोदाम में रखवा दिया था। उसका आरम्भ यों होता है :

बचो
उस रिपोर्टर से बचो
जो वक्तव्य के नाम पर कविता लेने आता है!

दिन-भर इस महाकाव्य के पहले खण्ड के प्रथम सर्ग के आरम्भिक परिच्छेद के कुछ अंश सुनाये। रात 9 बजे तक यह चला। मेरे धैर्य से खुश हुए। मुझे चेला बना लिया है। मुझे कुछ क्रान्तिकारी भेद बताये हैं। मसलन भाषा को वैसे मत लिखो जैसे और लोग लिखते हैं। नई में बाकी लोग 'ई' को अलग अक्षर के रूप में लिखते हैं। कीचकान्त जी 'ई' को मात्रा के रूप में लिखकर नई को 'नि' लिखते हैं। उन्होंने बताया कि यह बखेड़ा भी इसी कारण उठ खड़ा हुआ है। उन्होंने कहीं लिखा था कि यह कविता नि सतेज (नई सतेज) है। उसे मूर्खों ने निस्तेज पढ़ लिया और शोर मच गया। बोले—भड़कधीश लुप्त समझते हैं कि यह सवाल अज्ञेय की कविता के कारण उठा। असल में यह कीचकान्त के कारण उठा। वे सबको एक-एक कर समझ लेंगे। असल में ये सब अन्दर से अज्ञेय से आक्रान्त हैं। अभी कीचकान्त चुप हैं।

फिर बोले—नई सतेज की जगह नि सतेज को कुछ दम्भी, कायर, जर्जर विगलित मूल्य वाले नीच लोग हिज्जे की गलती कहते हैं। कीचकान्त जी को नीचा दिखाना चाहते हैं। ऐसों के लिए उन्होंने कविता पढ़ी :

मैं वह हिज्जे की गलती हूँ
भाषा की भद्दी भूल हूँ
जो भाषा का सौन्दर्य सँवारने वाले
दम्भियों के मुँह पर करारा तमाचा है
उनकी पीठ पर कोड़ा है!

अकस्मात् वे 'हाल' (आवेश) में आ गये। तमककर बोले :

कायर है वह जो हिज्जे के नाम पर
नि (नई) सतेज को निस्तेज कर सकता है

वह केवल भाषा की पाँखुरियाँ गिनता है
देखता नहीं है—कीचड़ में छिपी हुई जड़ को

(यहाँ उनका मुँह तमतमा आया, बाँह फटकारकर बोले :)

मारो उसे कोड़े
अँगूठी से गर्दन फँसाकर
आदमखोर चील से कहो, उसे नोच ले

फिर आँख मूँदकर दुश्मन की पीठ पर कोड़े पड़ने की सुखद कल्पना से उत्साहित होकर कविता की :

कीचड़, कीड़े, नाबदान गिल-गिल
फूटी हुई लाश में कुलबुलाते कीड़े
पिचके पेट, कीचड़ भरी आँख में
मिचमिची चितवन है!
काजल लगाये सुन्दरियों को
रक्त-पीब के दुर्गन्धित चहबच्चे में फेंक दो!

मेरा जी मितलाने लगा तो बाहर लाकर उन्होंने बम्बे का पानी पिलाया। बोले तुम भी यथार्थ नहीं देख सकते हो। ये लुत्फ वगैरह भी नहीं देखते पर इन सबको बाद में समझूँगा। बोले :

इन सबकी प्रेतात्माएँ भटकी हैं
मेरी तो अर्जी अभी फाइल में अटकी है
इतिहास की तरह कोई लघु अफसर
उसे परिणति देगा!

21 सितम्बर : जल्दबाजी का फल बुरा होता है। मुझे कीचकान्त का शिष्य नहीं बनना चाहिए था। भड़कधीश लुप्त का शिष्य बनने में ज्यादा सुख है। अब मौका मुहाल देखकर गुरु बदल दूँगा। लुप्त जी मिलते नहीं, भेटते हैं। यह जानकर कि उनका वक्तव्य लेने आया हूँ, बहुत खातिर करते हैं। इस शहर में सब अच्छे आदमी हैं। किसी एक पर दया कराने के लिए उन्हें किसी दूसरे पर गुस्सा कराना जरूरी होता है। सुनते हैं, सब नये कवियों ने अपने पर दया कराने के लिए उन्हें अज्ञेय से गुस्सा करा दिया है। वैसे वे अज्ञेय से गुस्सा नहीं हैं। पर आन के पक्के हैं। एक बार गुस्सा हो गये तो रहते हैं। बीच-बीच में उन्हें अज्ञेय पर दया और नये कवियों पर गुस्सा आता है। पर वैसा होने से अपने को रोकते हैं। उन पर बड़ी जिम्मेदारियाँ हैं।

उनसे बयान (वक्तव्य) माँगा। थाली में मोदक मिले। फिर उन्होंने कन्धे पर हाथ मारकर कहा—"छोड़ो; तुम्हें कविता सुनाएँ।" मेरा कन्धा उतर गया। ठीक करके तब मैंने कविता सुनी। अन्त कुछ इस प्रकार था : "द्वै न समाये सप्तक तीनि मैं।" इस सुन्दर कविता का भाव यह था कि अज्ञेय अपने को बड़ा लगाते हैं मगर तीन-तीन सप्तक सम्पादित करके भी दो अत्यन्त प्रतिभाशाली कवियों को नहीं पचा सके। एक कवि हैं—श्री कीचकान्त वर्मा, दूसरे का नाम सौजन्यवश उन्होंने नहीं बताया। मैंने फिर भी बयान माँगा तो बोले—"लिखा है, लिखा है। पढ़ लेना, पढ़ लेना!"

मैंने पढ़ा। उन्होंने नयी कविता की भृगु-संहिता लिखी है। उसमें उन्होंने तीनों काल का सब हाल लिख दिया है। उसके सब कुछ सिद्धान्त इस प्रकार हैं : 1. मनुष्य महान् है। नयी कविता मनुष्य करता है इसलिए नयी कविता महान् है। 2. कीचकान्त लघु मानव की बात गलत कहते हैं। पर उनका मन रखने को लघु की जगह घुल-मानव चल सकता है। 3. लघु महान् है, महान् लघु है अतः लमघुहान चला दिया जाय तो ठीक रहेगा। 4. नया कवि स्वभावतः ईमानदार होता है। अज्ञेय नये कवि हैं। अज्ञेय बेईमान हैं। बेईमान स्वभावतः ईमानदार होता है। 5. जिस कविता पर सारा बखेड़ा खड़ा हुआ अज्ञेय की वह कविता मर्म से निकली है, मर्मस्पर्शी है। उसे पढ़कर गुस्सा आता है। नयी कविता में मर्मस्पर्शी कविताओं को पढ़कर गुस्सा आता है।

यह पंचशील उन्होंने लिखे अभी हैं पर निर्धारित पूर्व जन्म में ही कर लिये थे। मगर कुछ अन्य लोगों ने पाँच की जगह पच्चीस शील गढ़ लिये और केवल संख्या के बल पर सप्तकों में घुस गये। पर भड़कधीश जी ऐसी बातों की परवाह नहीं करते।

उनसे मिलकर इतना अच्छा लगा कि लौटने का जी नहीं हुआ। वहीं सो गया!

2 अक्तूबर : शहर की साहित्यिक गलियों में हलचल है। सुना कि बिलहाबाद में एक दिन को अज्ञेय आये हैं। मैंने सोचा मौका अच्छा है। उन्हीं से मिलकर पूछूँ। डेरे पर कुरसी बाहर निकालकर आँगननुमा बगिया में बैठे थे। मैंने पूछा—"आपने इतनी भ्रष्ट कविता क्यों लिखी? भड़कधीश जी के होते हुए नये कवि को गाली क्यों दी? अब आपका क्या भविष्य है? किस मुँह से इतिहास में रहेंगे?"

वे कुछ नहीं बोले। एक किताब खोलते-बन्द करते रहे। कुछ लिफ्ट नहीं दी। मैं जरा नरम पड़ा।

मैंने कहा, "पहले आप नये कवि से कहते थे—'आप आइए।' अपनी उस कविता में आपने यह क्यों कहा 'तू आ!' "

वे मुस्कराकर किताब देखने लगे। मैं घबराकर बिलकुल नरम पड़ा, पूछा :

"जी नयी कविता निस्तेज हो गयी, आपका इस विषय में क्या मत है?"

मैंने कई बार उनका मत पूछा तो उन्होंने एक छोटे से पुर्जे में मुझे कुछ लिखकर दिया। मैंने खोला, लिखा था :

सुनो, सब गुपचुप सुनो
कहो मत
मत कहो
        सुनो रिपोर्टर सुनो
        क्या मेरा 'मत' तुम तक पहुँचता है!

मैंने पढ़कर सर उठाया तो वे अन्दर जा चुके थे। इण्टरव्यू खत्म!

एक छोटी चमकनेवाली मछली की कहानी

बहुत दिन हुए चीन देश में एक छोटी-सी मछली रहती थी।

जब उसके पंख उग आये और लहरों में लहराने लगे तब उसे बहुत अच्छा लगने लगा। वह कभी सिवार-राशि से खेलती, कभी समुद्री फूल चुनती, कभी पंखों से जलजुगनुओं को पकड़ने दौड़ती और अन्त में थककर प्रवाल-कुंजों में सो जाती। सब उसे प्यार करते थे। सबके लिए वह छोटा-सा खिलौना थी।

एक दिन बहुत सुबह उसकी नींद टूट गयी। कच्ची नींद जागी थी अतः आलस अभी टूटा नहीं था। वह जागकर अपनी खिड़की के सहारे बैठ गयी। हवा के झोंके से लहर खिड़की पर पड़ा फेन का फ्रिलदार परदा जो हिला तो उसे एक अद्‌भुत दृश्य दिखाई दिया। उसने देखा कि उस समुद्र के ऊपर तना हुआ एक दूसरा उतना ही विराट् नीला समुद्र है जिसमें पूर्व की ओर एक बहुत बड़ा सिन्दूरी रंग का वृत्ताकार फूल धीरे-धीरे अपनी पंखुरियाँ खोल रहा है। उसने बार-बार आँखें मल-मलकर देखा—वह फूल ज्योतिर्मय और जगमग होता जा रहा था।

वह तो ठहरी छोटी-सी, निश्छल-सी, अबोध-सी मछली। उसके मन में आया कि वह उस समुद्र में जाकर जुगनुओं की भाँति उस फूल को भी अपने पंखों में बाँध लावे। पर जाए तो जाए कैसे? उसने लहरों की पुखराज-मढ़ी चौखट पर अपने नन्हे पंख टिकाकर अपने छोटे-छोटे गलफड़ों में पूरी ताकत से साँस भरकर कहा :

"ओ दूसरे समुद्र! तुम जरा नीचे क्यों नहीं उतर आते? और दूसरे समुद्र के जुगनू-फूल, तुम अपने ज्योति-पंखों पर उड़कर खुद मेरे पास क्यों नहीं आ जाते। देखो न! मैं तो छोटी-सी मछली हूँ, मैं कैसे पहुँचूँगी भला! पंख मेरे इतने छोटे-छोटे, रास्ता इतना लम्बा! तुम्हीं आ जाओ न!"

पर जब उसने देखा कि उसकी आवाज समुद्र पर तैरते छोटे-छोटे बादल के टुकड़ों में ही उलझकर रह गयी तो वह बहुत खिन्न होकर खिड़की से उतर आयी और आँखों में आँसू भरकर अपनी छोटी-सी मरकत शय्या पर आटी-पाटी लेकर पड़ रही। न उसे खाना अच्छा लगता था, न पीना!

उसके नातेदार, उसके सखा-बन्धु, उसकी सहेलियाँ सब तैर-तैरकर उसे मनाने, बहलाने आये और बहुत मनावन के बाद जब उसने उन्हें अपना दुःख बताया तो वे घबराकर बोले : "हाँ, वह दूसरा समुद्र बहुत गहरा है, उसका नाम आसमान है और वह जुगनु-फूल बहुत ही प्रदीप्त है और उसका नाम सूर्य है। पर वहाँ तक कोई नहीं पहुँच सका है और जो भी उधर जाने का दुस्साहस करता है उसके गलफड़े सूख जाते हैं और पंख ताप से झुलस जाते हैं।"

"तो क्या वहाँ तक पहुँचने का कोई तरीका नहीं है?" मछली ने उदास होकर पूछा।

"कोई नहीं!" सबने सिर हिलाकर इनकार किया।

पर मछली सहज में मानने वाली जीव नहीं थी। समुद्री गुफाओं में बहुत पुराने जलचर साधक रहते थे—जिनकी आँखों पर श्वेत लम्बे-लम्बे बाल उग आये थे और जिनकी उँगलियों के नाखूनों पर मूँगे की परतें जम गयी थीं। छोटी मछली गुफा-गुफा के द्वार खटखटाती घूमी, पर उसका प्रश्न सुनकर सभी उसे बाहर से लौटा देते थे। अन्त में गुफा का द्वार खुला और उसमें से एक बहुत बूढ़ी समुद्री साधिका निकली।

"भाग जा, छोटी मछली"। उसने डाँटते हुए कहा—"तुझे अपनी जान देनी है क्या? क्या करेगी वहाँ जाकर? रास्ता मुझे मालूम है पर तुझे क्यों बताऊँ?"

छोटी मछली ने बहुत मिन्नतें कीं, उसके पाँव दबाये, उसके श्वेत केशों में से सिवार बीनी।

तब उसने कहा—"अच्छा तू जान देने पर ही तुली है तो सुन! एक स्थान है जहाँ नीचे वाले और ऊपर वाले समुद्र का मेल होता है; उसे क्षितिज कहते हैं। वहाँ उस सूर्य-फूल की जड़ें हैं। वहीं से वह जड़ों में प्रस्फुटित होकर बादल की डालों के सहारे ऊपर उठता है और बीच आसमान में भरपूर खिल जाता है। लेकिन वहाँ तक पहुँचने का खयाल छोड़ दे, क्योंकि क्षितिज तक पहुँचने के लिए लहरों के वेग को चीरकर धार के उलटी ओर तैरना होगा और लहरें ठहरीं पर्वताकार और तेरे पंख फूल की पंखुरियों से भी ज्यादा कोमल।"

छोटी मछली, चंचल मछली, बावरिया मछली ने पूरा वाक्य सुना भी नहीं कि

मारे प्रसन्नता के वह चारों ओर नाचने लगी और दिन भी नहीं बीता कि उसने यात्रा की पूरी तैयारी कर ली।

जिसने सुना वह दाँतों तले उँगली दबाकर रह गया। पर कोई कहे तो क्या कहे!

दिन बीते, रातें बीतीं, हफ्ते बीत गये, वह चलती गयी, चलती गयी।

लहरों के शरप्रहार से उसके छोटे-छोटे डैने तार-तार हो गये, उसकी आँखों पर काई जमने लगी, वह लड़खड़ाने लगी पर रुकी नहीं। राह में मिले—घोंघे, सिवार, केकड़े, मुर्दाशंख! सभी ने समझाया, "तू मरने पर तुली है। हमको देख! हम लोग हमेशा उधर जाते हैं जिधर धार जाती है। धार के विपरीत लहरों को चीरकर चलना कहाँ की अक्लमन्दी है?"

"इन सबों ने सूर्य को पहचाना नहीं है। ये अँधेरे के आदी हो चुके हैं। प्रकाश तक पहुँचना है तो धार को चीरकर लहरों के विपरीत तैरना ही होगा—चलती चलो चुपचाप—दृढ़तापूर्वक चलती चलो!" उसने अपने से कहा—और वह चलती गयी—चलती गयी!

वहाँ जहाँ समुद्र का पानी काला है, समुद्री कन्दराओं में विषैले ज्वालामुखी फूटते रहते हैं, जहाँ चारों ओर करोड़ों वर्ष से अँधेरा और सन्नाटा है—वहाँ दिशाओं ने देखा कि एक छोटी-सी मछली जिसके पंख तार-तार हो गये हैं, लहरों को चीरती लड़खड़ाती आकर गिर पड़ी।

वह थककर बेदम हो गयी थी। गिरकर उलट गयी और उठती-गिरती लहरों पर निस्पन्द उतराने लगी।

समुद्र-रक्षकों ने उसे देखा तो वे मृत्युसूचक घण्टे बजाने लगे और लहरें थम गयीं। चारों ओर से समुद्री जीव एकत्र होने लगे। वे शोक मनाने आये थे, पर सर्वसम्मति से वे उसकी घोर आलोचना कर रहे थे—"मूर्ख थी। जिस समुद्र में पैदा हुई थी उसी में जीवन-भर सन्तुष्ट क्यों नहीं रही। दूसरे समुद्र का सपना क्यों देखा?"

"भला बताओ कोई कभी धार के उलटे तैरकर जीत पाया है?"

"अपने पंखों का छोटापन नहीं दीखा, लहरों का अदम्य वेग नहीं दीखा—सूर्य की ज्योति दीख गयी।"

"धार के उलटे तैरेगी! अब चख लिया स्वाद!"

"वरुणलोक में पहली बार किसी ने ऐसा दुस्साहस किया है। इसे तो मरने पर भी कठोर दण्ड देंगे वरुण महाराज!"

अकस्मात् इन चर्चाओं के स्वर को दबाते हुए एक साथ ग्यारह शंखों की ध्वनि गूँजी और धीरे-धीरे पास आने लगी। चारों ओर सन्नाटा छा गया। शंखों के रथ

पर स्वत· पधार रहे हैं वरुण महाराज! देखें इस उद्दण्ड मछली के लिए कौन-सा दण्डविधान हो?

वरुण का रथ रुका—जल की एक-एक बूँद, सभीत सादर अपने-अपने स्थान पर स्तब्ध हो गयी!

वरुण के अंगरक्षक उतरे। उन्होंने रजत जाल में उस मछली को उठाया? लोग साँस रोककर खड़े हो गये। अब इसके सौ-सौ टुकड़े कर जल-गिद्ध को फेंक दिये जाएँगे!

पर यह क्या? वरुण ने उस छोटी-सी मछली को अपनी हथेली पर रख लिया है, उसे अपनी बूढ़ी पलकों से लगाकर बड़ी ममता से देख रहा है! वरुण खड़ा हो गया है।

"मेरी जलप्रजाओ!" उसने कहा—"तुम सब मेरे निर्माण हो? मैंने ही रची हैं ये भीमाकार लहरें—मैंने ही बनाया है यह सागर का मापहीन विस्तार—और मैंने ही बनाये हैं इस छोटी-सी, प्यारी-सी मछली के ये नन्हे-नन्हे पंख। लेकिन इनका निर्माण निरर्थक होता यदि इस नन्ही मछली ने अपने अदम्य साहस से पहली बार धार के विपरीत तैरने की न ठान ली होती! धार के साथ-साथ, उसी दिशा में तो कूड़ा-कर्कट भी बहता है, पत्ते और तिनके भी बहते हैं, लकड़ियाँ और शव भी बहते हैं—लेकिन क्या सार्थकता थी इन पंखों की, यदि इस नन्ही मछली ने अपना गन्तव्य पहचान कर अपने नन्हे पंख में साहस और अदम्य इच्छा भरकर पर्वताकार लहर का सामना न किया होता। मापहीन विस्तार, अन्तहीन अँधेरा और पर्वताकार लहरें, जो इनसे भयभीत होकर अपनी दिशा भूल जाता है उसके पंख मैं छीन लेता हूँ। वह रह जाता है केवल सिवार, केकड़ा, घोंघा...। और यह मत समझो कि अपने इस साहसिक अभियान में यह नन्ही मछली अकेली और असहाय थी। मेरी जिन हथेलियों ने यह पंख बनाये थे वे हथेलियाँ इसे सहारा देने को सदा इसके साथ हैं, मेरी जिन बूढ़ी पलकों ने इसकी कल्पना की थी, वे इसे ममता देने को इसके साथ हैं। वह जो अपना गन्तव्य पहचानकर मेरे विस्तार को जीतने और मेरी पर्वताकार लहरों को चीरने से भयभीत नहीं होता—यदि उसके साथ कोई और नहीं है तो मैं स्वतः उसके साथ हूँ।"

इतना कहकर उसने चारों ओर देखा। घोंघे, सिवार और केकड़े बहुत उदास और मायूस होकर बैठ गये थे—वरुण ने अपनी हथेली पर रखी मछली को और ऊपर उठाकर अपनी पलक से छुलाया—"वह विराट् ज्योतिपुष्प सूर्य जिसकी खोज में यह जा रही थी, वह आदित्य है, वरुण का मित्र है। मैं इसके पंख पर उसे स्थापित करता हूँ। वह जो खोज में निकल पड़ता है, और वह जिसकी खोज की जाती है—अन्ततः कहीं न कहीं एक हैं। इसलिए सूर्य का आलोक और इसके पंख की आभा अब एक हो जाएँगी। आज से यह चमकने वाली मछली होगी। जिन गहन कन्दराओं

में सृष्टि के प्रथम दिन से आज तक कभी प्रकाश नहीं गया, वहाँ भी यह सूर्य-मछली अपना प्रकाश बिखेरेगी और उसके अदम्य साहस की स्मृति में, मैं यह आदेश देता हूँ कि आज से जितनी मछलियाँ भी पैदा होंगी, वे पैदा होते ही लहरों को चीरकर, उनके विपरीत चलने में ही सुख पाएँगी।"

उस दिन से आज तक हजार वर्ष बीत गये पर यह सभी जानते हैं कि नयी मछलियाँ पैदा होते ही ऊपर की ओर परम्परा की धार को चीरकर उद्गम की ओर तैरना शुरू करती हैं—और जो भी मोती खोजने समुद्र में उतरे हैं उनका कहना है कि उस छोटी-सी चमकने वाली मछली की ज्योति कभी मन्द नहीं पड़ती। सूर्य को तो कभी-कभी राहु भी ग्रस लेता है पर उस मछली की ज्योति की रक्षा प्रतिपल स्वतः वरुण करते हैं।

मैं चाँद के कलंक को प्रणाम करता हूँ

(भारतेन्दु-जयन्ती के अवसर पर)

मैं प्रकाश का, ज्योति का, अग्नि का उपासक हूँ पर श्रद्धांजलियों की इस पावन घड़ी में मैं पहले चाँद के कलंक को प्रणाम करता हूँ।

19वीं शती के उत्तरार्द्ध की जड़ता, मूर्च्छना, अँधियारे और अज्ञान को चीर कर भारतेन्दु का महान् व्यक्तित्व शारदी पूनो के चाँद की तरह चमक उठा था। लेकिन जहाँ लोगों ने उन्हें अपने अभिनन्दनों से अभिषिक्त किया वहीं लोगों ने दबी जबान यह भी कहा कि : "उनमें कलंक भी है। वे विलासी हैं, अपव्ययी हैं, समाज की रूढ़िबद्ध नैतिकता के विरोधी हैं।" कहा जाता है कि लाहौर के जल्ला वंश के प्रख्यात पण्डित रघुनाथ ने एक बार इनसे बहुत नाराज होकर कहा था : "जैसे आप अपने सुयश से जाहिर हो वैसे ही भोग-विलास के कारण कलंकी भी हो इसलिए आज से मैं आपको भारतेन्दु पुकारा करूँगा"—उस दिन से आज तक इनके जीवनीकारों और आलोचकों ने जहाँ इनके जीवन और कृतित्व के सभी पहलुओं की प्रशंसा की है वहाँ इनके जीवन के भोग-विलास के प्रति उन सभी का एक दबी जबान से मतभेद रहा है।

लेकिन मैं साहसपूर्वक स्पष्ट ढंग से कहना चाहता हूँ कि उनके जीवन के इस पहलू को अभी तक बहुत गलत ढंग से चित्रित किया गया है। उनका भोग-विलास एक पतनोन्मुख धनपति का भोग-विलास नहीं था, वह समाज की तत्कालीन नैतिक

व्यवस्था और परिवार-व्यवस्था के विरुद्ध एक तीखा विद्रोह था। उनके जीवन में आने वाली स्त्रियों के प्रति उनके मन में केवल फूल सूँघकर फेंक देने वाली सामन्तवादी मनोवृत्ति न थी। उसके पीछे एक सच्ची मानवीय सहानुभूति, पारस्परिक सौहार्द और एक-दूसरे के मन की पीड़ा की अनुभूति थी। साहित्य में एक शब्द व्यवहृत होता है : 'दॉस्तॉयव्स्कियन लव' (दॉस्तॉयव्स्की की प्रणाली का प्रेम)। इसका अर्थ होता है नारी और पुरुष का वह पारस्परिक आकर्षण जिसका मुख्य आधार यह होता है कि स्त्री और पुरुष दोनों ही दुखी, आहत, अभावग्रस्त समाज के द्वारा उपेक्षित हैं और उनका सम्बन्ध केवल दया और सहानुभूति से प्रारम्भ हो और प्रणय तथा शारीरिक सम्बन्ध केवल गौण रूप से, आश्वासन रूप से। भारतेन्दु के जीवन की दोनों कहानियाँ इसी भावना को पूर्णतया प्रतिफलित करती हैं।

वह ढहते हुए सामन्तवाद का युग था और उसमें विवाह और परिवार का स्वरूप बहुत विकृत और सीमाबद्ध हो चुका था। वह पूर्णतया सम्पत्ति पर आधारित संस्था के रूप में था और कोमल मानवीय अनुभूति तथा प्रतिभा की दिशाओं के विकास में पूर्णतया बाधक था। विवाह तय करने में केवल यही ध्यान रहता था कि अपने से भी ज्यादा मान और मर्यादा वाले परिवार की लड़की आये। ऐसी परिस्थिति में पत्नी केवल सम्पत्ति के उत्तराधिकारी को उत्पन्न करने वाली रह जाती है। उसका अपने पति के सामाजिक जीवन में कतई कोई भाग नहीं रहता।

भारतेन्दु की पारिवारिक स्थिति भी ऐसी ही थी। उनके कुटुम्ब वालों को उनकी उदारता से बेहद असन्तोष था। उनको धन ज्यादा प्यारा था। इसलिए उठते-बैठते हर क्षण वे भारतेन्दु के विरुद्ध अपनी मौन असहमति और विरोध करते रहते थे। ऐसी हालत में भारतेन्दु के मन में बहुत अन्तर्द्वन्द्व चलता रहता था। एक गहरा विषाद उनके मन पर सदा छाया रहता था। अपने तमाम विशाल साहित्यिक अभियान, सामाजिक आन्दोलनों और दरबारों, महफिलों, उत्सवों और जलसों के बावजूद उनका मन बेहद अकेला था, उदास था। उनका मन घर से उचट चुका था। लेकिन फिर भी उन्होंने अपनी पत्नी के लिए सदा वह सब किया जिसकी वह अधिकारिणी थी।

डॉ. ईश्वरचन्द्र चौधरी इनके परिवार के चिकित्सक थे। उन्होंने एक बार भारतेन्दु से कहा था कि उनकी पत्नी को भारतेन्दु की उदासी से बहुत मानसिक चिन्ता रहती है। भारतेन्दु ने उसका लम्बा-चौड़ा उत्तर बांग्ला में लिख भेजा था, जिसमें उन्होंने बहुत दुःख भरे शब्दों में कहा था कि वे अपनी पत्नी को कभी किसी प्रकार का भी कष्ट नहीं देते हैं पर वे घर पर अधिक नहीं रह सकते। घर के वातावरण में घुटने लगते हैं।

उनका हृदय प्यार से आहत भटका फिरता था। वे उस व्यवस्था को स्वीकार कर पाने में असमर्थ थे जो उन पर रूढ़िग्रस्त समाज द्वारा थोप दी गयी थी।

ऐसी हालत में उनकी उदास शाम अकसर माधवी के साथ बीता करती थी। माधवी ऋण लेने-देने के लिए उनकी कोठी में आती-जाती थी। वह भी तत्कालीन विकृत समाजव्यवस्था की एक शिकार थी और स्वभावतया भारतेन्दु के मन में उसके लिए एक अजब-सी सहानुभूति हो गयी थी। उनको उसके हृदय में भी वही सूनापन और उदासी मिलती थी। माधवी गन्दे पानी में बहते हुए फूल की तरह थी जिसे भारतेन्दु ने अपनी अंजलि में सहेज कर उठा लिया। उसके लिए एक अलग मकान खरीद लिया गया। उत्कृष्ट कला-वस्तुओं से वह मकान सजा दिया गया और शाम की कला-गोष्ठियों में अब माधवी ही अधिकतर मेजबान हुआ करती थी।

लेकिन इसके बावजूद भारतेन्दु का मन माधवी के रूप में लिप्त नहीं रहा। उनके मन में एक कोई और तीखी आध्यात्मिक प्यास थी, जिससे वे बार-बार बेचैन हो उठते थे।

एक शाम को रामकटोरा बाग में माधवी, भारतेन्दु और एक और सज्जन इकट्ठे हवाखोरी के लिए गये थे। शाम का वक्त, हवाओं में हलकी-सी खुनकी और फूलों की रविशों पर पेड़ों की लम्बी काँपती हुई छायाएँ। भारतेन्दु का मन डूबते हुए सूरज की तरह उदास था। वे अनमने बैठे हुए माधवी की चम्पकवरणी आँखों पर पड़ती हुई शाम की गुलाबी आभा में खोये हुए थे। सहसा वे उठे और तेजी से कुंजों की ओर चले गये।

बाग में अँधेरा हो गया। और जब पास की कोठी के मुँडेर से लगकर पुखराज के कबूतर जैसा पीला चाँद झाँकने लगा, तो माधवी चिन्तित हुई। जब खोज आरम्भ हुई तो देखा गया कि वे एक डाल से टिके हुए सूनी दृष्टि से एकटक चन्द्रमा की ओर देख रहे हैं और उनकी पलकें रह-रहकर डबडबा आती हैं।

यह एक भोग-विलासी की मनःस्थिति नहीं है। यह रूप के उपासक और शरीर के प्यासे की मनःस्थिति नहीं है। यह एक ऐसे व्यक्ति की मनोवृत्ति है जो न जाने किस विराट् सौन्दर्य को अपने प्राणों में समेट लेना चाहता है और उसकी आकुल आत्मा माधवी के स्नेह की छाया में केवल क्षण-भर को विश्राम पा लेती है। यह दो ऐसी आत्माओं का स्नेह-समझौता था, जो वर्तमान अवस्था से असन्तुष्ट थीं, जिनके मन में एक गहरी पीड़ा बस गयी थी।

इसी तरह इनके जीवन के व्यस्त और एकाकी क्षण बीतते गये। वर्षों बाद इनके जीवन में फिर एक व्यक्तित्व ने प्रवेश किया। वह थी एक सुशिक्षित बंगाली लेखिका जिसका नाम मल्लिका था। वह काशी में आकर बस गयी थी। शैशव में ही उसके पति का देहान्त हो गया था। वह अनाथ थी, निराश्रिता थी, परदेशिनी थी। मल्लिका के फूलों जैसा सौन्दर्य और साथ एक सुसंस्कृत बौद्धिक स्तर पर विकसित हुआ मन। वह आकर इन्हीं के मुहल्ले में रहने लगी।

इनसे अभी उसका परिचय नहीं हुआ था पर कला, संस्कृति, प्रतिभा और प्रकाश का प्यासा उसका तरुण मन धीरे-धीरे अपने आप उस अनोखे व्यक्तित्व की उपासना करने लगा जो सामने की विशाल कोठी में रहता था, जिसके यहाँ देश-विदेश के विद्वान्, राज्याधिकारी, सेठ, राजे-महाराजे, कलाकार और संगीतज्ञ आते रहते थे। जो अंगराग और बेले के फूलों में डूबा रहने पर भी जलती हुई आग की तरह तीखा और विद्रोही था। जो अतुल धन-सम्पत्ति, हीरे माणिक को कंकड़-पत्थर से भी गलीज समझता था, जो अभी बहुत तरुण था पर जिसका नाम सुदूर इंग्लैण्ड और रूस तक के साहित्यिक क्षेत्रों में फैल चुका था। मल्लिका मन ही मन इस महान् व्यक्तित्व के प्रति आत्मसमर्पण कर चुकी थी। एक ऐसा सरल और निष्पाप आत्मसमर्पण जिसका रहस्य सिर्फ नारी का हृदय ही जानता है।

मल्लिका का घर उनकी कोठी से मिला हुआ था और एक दिन मल्लिका ने एक अजब-सा दृश्य देखा। वह महान् व्यक्तित्व जिसकी भौंह के एक इशारे पर महान् अँग्रेज सरकार थर्रा उठती है, जो सोने-चाँदी के ढेरों को कुचलकर चलता है, जिसकी कलम उस समय के राष्ट्रीय पुनर्जागरण पर छायी हुई थी, वही महान् व्यक्तित्व अपनी खिड़की पर बिलकुल उदास बैठा हुआ न जाने क्या सोच रहा है। मल्लिका ने दूर से ही उन्हें मन-ही-मन प्रणाम किया और चुपचाप एकटक उन्हें देखने लगी। उसे लगा वह दिशा और काल की सीमाओं से मुक्त न जाने किस रहस्यभूमि पर खड़ी है और उसका मन हवाओं में बादलों के संग उड़ा जा रहा है। उसने खिड़की बन्द कर दी, अपने बिस्तर पर पड़ रही। पता नहीं क्यों उस दिन बेहद रोयी। बेहद रोयी।

फिर उसके होठों पर हँसी नहीं लौटी। वह चाँद को पाने का प्रयास कर रही थी और उसके पंख कमजोर थे।

लेकिन न जाने कौन रहस्यमय देवता इन आकर्षणों को समझता-बूझता रहता है, और न जाने उसका कैसा इंगित होता है कि चाँद धरती पर उतर आता है, दो पंखों की छाँह में खो जाता है।

मल्लिका का परिचय भारतेन्दु से हो गया। प्रारम्भ में दोनों की मैत्री का आधार बौद्धिक था। मल्लिका ने हिन्दी सीखनी प्रारम्भ की। दोनों घण्टों बैठकर बांग्ला और हिन्दी-साहित्य पर बातें करते थे। वह उनकी साहित्य-सहचरी थी। पर धीरे-धीरे भारतेन्दु के उदास, सर्वथा एकाकी और पीड़ा से टूटे हुए हृदय का परिचय जिस दिन मल्लिका को मिला उसी दिन उसके मन की मातृत्व-भरी नारी सजग हो उठी। उसने अपना सारा स्नेह, सारी कोमलता, सारी ममता इस महान् व्यक्ति के उदास क्षणों को समर्पित कर दी, वह महान् व्यक्ति जो लाखों की भीड़ में, जयकार में भी अकेला था, उदास था, थका हुआ था।

मल्लिका ने तीन बांग्ला उपन्यासों का हिन्दी में अनुवाद किया था। उनमें से

एक उसने भारतेन्दु को समर्पित किया था। उसके समर्पण में भाषा अटपटी है, पर आँसू और ममता से भीगी हुई है : "हमारे आर्य सभ्य शिष्ट समाज की रीति अनुसार मेरे परिचय की सर्वसाधारण में योग्यता नहीं और न क्षुद्र ग्रन्थ का अनुवाद ही कोई ऐसा स्तुत्य कृत्य है, जिसके धन्यवाद संचय करने को मुझे प्रकट होना आवश्यक होगा। 'शुकांगना यत्र गिरो गिरन्ति अवेहि तं मण्डनमिश्रगेहम्।' जिस पूज्य प्राणप्रिय देवतुल्य स्वामी की आज्ञा से इसका अनुवाद अपनी चलन भाषा में किया है उन्हीं के कोमल कर-कमलों में यह समर्पित भी है और उन्हीं की प्रसन्नता मात्र इसका फल है।" मल्लिका ने बांग्ला में कुछ प्रेम गीत भी लिखे थे, जिनका संग्रह 'प्रेम-तरंग' के रूप में छपा था। उसका एक गीत था :

"राखिए प्रानेश प्रेम करिया जतन।
तोमाय करेछि समर्पण!"

इस सुकुमार समर्पण के बदले में भारतेन्दु ने भी मल्लिका को जो दिया वह अमूल्य था। उन्होंने मल्लिका को भोग की केवल विलास-वस्तु नहीं माना। वह सच्चे अर्थों में उनकी सहचरी थी। उन्होंने प्रयास किया कि मल्लिका आर्थिक रूप से स्वाधीन हो जाए, किसी के आश्रित न रहे। उसके नारीत्व का सम्मान पूर्णतया सुरक्षित रहे। उन्होंने 'मल्लिका चन्द्र एण्ड कम्पनी' नामक एक पुस्तकों की फर्म खुलवाकर उसका प्रबन्ध मल्लिका के हाथ में सौंप दिया।

नारी और पुरुष के सम्बन्धों का यह कितना आधुनिक प्रगतिपूर्ण रूप है और जब हम सोचते हैं कि भारतेन्दु के मन में यह योजना बीसवीं शती के ही पहले आ गयी थी तो हमें उनके क्रान्तदर्शी जीवन-दर्शन पर आश्चर्य होता है। मल्लिका उनकी समानाधिकारी थी, बौद्धिक, सामाजिक, दाम्पत्य सहचरी थी। यह नारी और पुरुष के सम्बन्धों का वह रूप है जिसको बड़े से बड़ा समाजवादी विचारक स्वीकार करता है।

माधवी भारतेन्दु की मृत्यु के बाद घर-बार छोड़कर पता नहीं कहाँ चली गयी। चौक की सिख संगत के सामने मल्लिका चन्द्र एण्ड कम्पनी का साइनबोर्ड भी एक दिन वहाँ से हट गया। भारतेन्दु-जयन्ती के इन क्षणों में माधवी और मल्लिका को याद करने वाला कोई नहीं है। लोग उन दोनों व्यक्तियों को भूल चुके हैं जिनके निश्छल स्नेह ने भारतेन्दु की कला में रस दिया था।

मैं उस निश्छल स्नेह को प्रणाम करता हूँ, नारी की उस चरम पावन अकलुष मूर्ति को प्रणाम करता हूँ! चाँद को मैं बाद में श्रद्धांजलि दूँगा, पहले मैं चाँद के कलंक को प्रणाम करता हूँ!

॥ आत्म-व्यंग्य ॥

अपनी ही मौत पर

आखिर जल्दबाजी की भी एक हद होती है। इतना समझाया कि देखो भाई भारती, यह जल्दबाजी की आदत एक दिन तुम्हें ले डूबेगी, लेकिन साहब हर काम में जल्दबाजी, और अन्त में वही हुआ जो होना था। मरने में भी आपसे थोड़ा धीरज नहीं धरा गया। चट से जहन्नुम में कूद गये। और मैं तो चूँकि उसकी नस-नस से वाकिफ रहा हूँ, मुझे पूरा यकीन है कि यमदूत वगैरह तो भला उसे लेने क्या आये होंगे, कहीं आमने-सामने की गली से मौत इठलाती-बलखाती गुजर रही होगी, उसने अपने दरवाजे से ही पुकारा होगा : "अरे रुकना भाई, रुकना, जरा! चल रहे हैं हम भी।" और जैसे-तैसे पैर में चप्पल डालकर पीछे-पीछे दौड़ गया होगा। बहरहाल, उसकी आकस्मिक मौत उसी के अनुरूप थी, इसमें तो कोई सन्देह नहीं।

हाँ, एक बात दुःख की जरूर है। उसने अपनी मौत की बड़ी-बड़ी रोमाण्टिक कल्पनाएँ कर रखी थीं, यूँ मरेंगे, और यहाँ मरेंगे और ऐसे मरेंगे और यह होगा वग़ैरह, लेकिन उसकी मौत उसी के शहर में, उसी के महल्ले में, उसी के घर में, अपने ही कमरे में, अपने ही बिस्तर पर हुई। रात को सोया तो सुबह उठा नहीं। डॉक्टरों का ख़याल है कि उसे अनबैलेन्सो फैनेटिको काइलिट हो गयी थी जो अत्याधुनिक बीमारी है। सबसे पहले अमरीका के एक बहुत लोकप्रिय उपन्यासकार और बलगेरिया की एक कम्युनिस्ट बुढ़िया के तोते को हुई थी और तब से सभी अच्छे लेखक इस बीमारी से मरना पसन्द करते हैं, और आप जानते हैं इन सब मामलों में भारती तो आधुनिक से आधुनिक फैशन अपनाने के लिए उत्सुक रहता था।

भारती की मौत जितनी आधुनिक थी, जिन्दगी उतनी ही परम्पराबद्ध। बड़े गतानुगतिक ढंग से प्रयाग में पैदा हुआ और जीवनपर्यन्त उसी प्रालेतारियत नगर में रहा। छोटा-मोटा परिवार अपना, और वैसे अपने सभी मित्रों के परिवारों में घुली-मिली हुई घरेलू टाइप की जिन्दगी।

कहते हैं कि उसके प्रणय-जीवन के रजिस्टर में भी कोई ठीक समय पर हाजिर होने नहीं आया और नतीजा यह हुआ कि उसने लोगों की देर में आने की आदत से झल्लाकर वह मुहकमा ही तोड़ दिया। वैसे उसकी एक बड़ी ही दिलचस्प आदत थी कि प्रणय-जीवन के बारे में अपने हर दोस्त से अलग किस्म की बातें करता था और हर बात दूसरी से कतई भिन्न होती थी। अतः मैं तो कभी भी उसकी किसी भी बात पर यकीन नहीं कर पाया और न खुद उसे ही अपनी इन मनगढ़न्त कहानियों पर कतई कोई विश्वास था।

वैसे वह बड़ा प्रेमी जीव था। हरेक पर बिना जान-पहचान के पूरा भरोसा कर लेना और हरेक से धोखा खाना, यह उसका दैनिक कार्यक्रम था। जैसे खलीफा हारूँ रशीद बिना किसी भूखे को खाना खिलाये खुद भोजन नहीं करते थे वैसे ही उसको भी रोजाना एक नया मित्र बनाये बिना चैन नहीं पड़ता था। और जब वह बाद में उसका नतीजा भोगता था, तो उसकी खीज और झल्लाहट भी देखने लायक होती थी। हाँ, दिल का साफ था। प्यार हो या गुस्सा, उसी वक्त वह उगल देगा। पेट में बात रखना कठिन था।

और उसका गुस्सा और नफरत भी खूब थी। कैसी नम्रता और प्यार से सुई चुभाता था! लेकिन हाँ, उसकी नफरत भी बादल की छाँह थी! अभी है, अभी नहीं। वह नफरत भी किन चीजों से करता था? उनसे जिनसे उसका कोई वास्ता नहीं। आप उसका रुपया मार दीजिए, उसे गाली दे दीजिए, उसके कपड़े उतरवा लीजिए, उसे इसका कोई विशेष गम नहीं, लेकिन अगर वह दाँते का उपासक है और आप दाँते को प्रतिक्रियावादी कह दीजिए तो फिर देखिए क्या आलम रहता है। भारती अमरीका के खिलाफ है, पार्टी के खिलाफ है और आप अमरीका के पक्ष में बोल दें, पार्टी के पक्ष में बोल दें तो भारती तलवार खींचकर शहीद होने या शहीद बनाने के लिए सर पर कफन बाँधे तैयार खड़ा है। इसी को हमारे बुजुर्ग हवा से लड़ना कह गये हैं। न उससे कोई मतलब न गरज, लेकिन अगर उसकी खोपड़ी में समा गया कि अमुक बात अनुचित है तो चाहे उस बात से भारती को कोई मतलब-गरज न हो, लेकिन फिर देखिए उसका गुस्सा और उसकी कलम।

भारती का कहना था कि जहाँ आदमी को न शुद्ध घी मिलता है न दूध, वहाँ शायद आदमी को सबसे ज्यादा ताकत देने वाली चीज अहंकारहीन गुस्सा और स्वार्थहीन नफरत है और भारती उसका सेवन बिलकुल कॉडलिवर ऑयल या मकरध्वज की तरह करता था।

यूँ भारती गलती से साहित्य की दुनिया में आ गया था वरना उसे बनाते समय भगवान् का कोई इरादा उसे साहित्यिक बनाने का नहीं था। न घने रेशम से लहरे बाल, न नजाकत, न गुरुदेव-सी भव्य दाढ़ी। वैसे भारती इस कोशिश में अकसर रहा कि देखने-सुनने में साहित्यिक जैसा लगे। बाल बढ़ाने का इरादा किया तो एक दिन हज्जाम ने बीच चौराहे पर खड़े होकर कहा : "अब तो साहब बड़े-बड़े बाबुओं का दिवाला बोल गया। पहले घर में राशन लावें कि नाऊ से बाल बनवावें।" बस यह बात भारती को लग गयी और उसने बाल कतरवा डाले। बाद में उसने टॉल्सटॉय की तरह दाढ़ी बढ़ाने की सोची पर हिन्दी के कुछ गण्यमान्य विद्वानों को केवल दाढ़ी के जोर पर संस्थाओं का अध्यक्ष होते देखकर वह डर गया और इस भय से, कहीं यही उसका भाग्य भी न हो, उसने दाढ़ी भी मुड़वा डाली। इस तरह बेचारा बड़ी असाहित्यिक [illegible]-रेखा में मरा।

यूँ चेहरे पर भारती काफी उत्फुल्लता रखने की कोशिश करता था, पर अन्दर से कुछ बीमार था। दो बीमारियाँ तो बहुत स्पष्ट थीं :

एक तो उसे पढ़ने के दौरे आते थे। जैसे अन्य मानसिक रोगों के दौरे में आदमी बेकाबू हो जाता है, वैसे ही जब भारती को पढ़ने का दौरा आता था तो वह काबू के बाहर हो जाता था। फिर यह आलम कि बेचारे डी. एच. लॉरेंस, ऑस्कर वाइल्ड, मैक्सिम गोर्की, स्ट्रिंडबर्ग अपनी जान छोड़कर भाग रहे हैं और भारती है कि नोटबुक और पेंसिल पकड़े पीछे-पीछे दौड़ रहा है।

दूसरी बीमारी थी उसे टहलने की। उससे 15 मिनट भी शान्त नहीं बैठा जाता था। बात करते-करते एकाएक उठ खड़ा हुआ। आपको लगेगा कि वह वापस जा रहा है। आप सुख की साँस लेंगे कि चलो बला टली, लेकिन दूसरे ही क्षण आप देखेंगे कि वह आपके कमरे को हरा-भरा घास का मैदान समझकर आराम से चहलकदमी कर रहा है।

और भी कितनी ही बीमारियों के जर्म उसमें प्रविष्ट हो चुके थे, पर उन्हें पूर्ण परिपक्व रूप में सामने आने का मौका नहीं मिला।

चूँकि उसकी मृत्यु बड़ी सन्देहजनक परिस्थितियों में एक अजब बीमारी से हुई, अतः पुलिस ने बिना पोस्टमार्टम के उसका अन्तिम संस्कार करने की इजाजत नहीं दी। उसके पोस्टमार्टम से कुछ विचित्र बातें मालूम हुईं। पहली बात तो यह कि उसकी नसों में बहने वाले खून में बहुत-सा अंश सोडावाटर का था और इसीलिए वह खून जल्दी ही ठण्डा हो जाता था, और एक तीखी गैस उसमें हमेशा बनी रहती थी। जहाँ साधारणतया लोगों के शरीर में हृदयपिण्ड होता है, वहाँ केवल विचारपिण्ड था, जहाँ मस्तक में मस्तिष्क-द्रव्य रहता है वहाँ केवल हृदयपिण्ड था। यह एक अजब-सी परिस्थिति थी और शायद इसीलिए उसके कुछ मित्रों का कहना था कि उसकी भावनाएँ (प्रेम, घृणा, मैत्री वगैरह) बिलकुल दिमागी थीं और उसके विचार

भावुक। उसके दिमाग में विचारों की प्रगति और विकास की गहरी रेखाएँ पड़ी थीं। वे रेखाएँ आपस में बहुत उलझ गयी थीं, यद्यपि वे धीरे-धीरे एक नया रास्ता बना रही थीं और कहा यह जाता है कि यदि भारती कुछ दिन जिन्दा रहता तो ये उलझनें सन्तुलित होकर एक ऐसा अनोखा रूप धारण करतीं जिसकी कल्पना ही नहीं की जा सकती।

उसके पैरों, आँखों और अँगुलियों की नसों में मरने के बाद भी कुछ विद्युतशक्ति बच रही थी। कुछ नौसिखिये डॉक्टरों का कहना है कि यदि उसे जला न दिया जाता तो वह मरने के बाद भी आगे चल सकता था, आगे देख सकता था, आगे लिख सकता था।

उसकी मृत्यु की प्रथम प्रतिक्रियाएँ बड़ी ही मनोरंजक थीं। जिन पत्रों में वह लिखा करता था, उनके सम्पादकों ने सुख की साँस ली कि अब उसके लेख छापने और पारिश्रमिक देने से फुरसत मिली। जो मित्र उससे किताबें उधार ले गये थे, उन्होंने फौरन उसके शोक-सम्मान में उसका नाम काटकर अपना नाम लिख लिया। परिमल के संयोजक ने फौरन देखा कि रजिस्टर में उनके नाम कुछ चन्दा तो बाकी नहीं है। उसके बाद उसके मित्रों ने मिलकर बहुत दुःख मनाया, शोक-सभाएँ कीं और इस बात का ध्यान रखा गया कि अखबार में विवरण छपने पर कहीं उनका अपना नाम छूट न जाए।

लेकिन उसकी मौत पर लोग रोये बहुत कम। उसके गहरे से गहरे सम्बन्ध भी कुछ अधिक भावनात्मक नहीं हो पाते थे। उसके कुछ मित्रों ने उसके शोक में कविताएँ लिखने का प्रयास किया, लेकिन वे केवल पैरोडी बनकर रह गयीं। उसकी एक अत्यन्त घनिष्ठ मित्र ने जब उसकी मृत्यु की खबर अखबार में पढ़ी तो हँसते-हँसते उसके पेट में बल पड़ गये और नाच-नाचकर घर-भर को अखबार दिखाते हुए बोली : "देखा! अब भारती साहब ने आत्मप्रचार (सेल्फ पब्लिसिटी) का नया तरीका ढूँढ़ निकाला है। अरे, मैं तो उसकी नस-नस से वाकिफ हूँ।"

लेकिन अन्य सभी लोग उसके मृत्यु-समाचार से स्तब्ध रह गये। उसके कुछ आत्मीयों ने यहाँ-वहाँ उसके बारे में संस्मरण भी लिखे, जिनमें से कुछ में से मैं उद्धरण दे रहा हूँ। पहला संस्मरण, जो उसके तकिये ने लिखा है इस प्रकार है :

"मैंने उनके वे क्षण देखे हैं जो आपने नहीं देखे। आपने उनके उन्मुक्त निर्झर से ठहाके, लच्छेदार बातें, उत्सुकता के क्षणों में उन्हें जाना है : पर मैंने उनके उन क्षणों में उन्हें जाना है, जब वे बिलकुल निराधार चोट खाये हुए बच्चे की तरह बिलख-बिलख कर रोये हैं। मैत्री, प्रेम, प्रतिभा, परिवार, जब कोई भी उन्हें शान्ति नहीं दे पाया, तब उन्होंने मेरी गोद ढूँढ़ी थी! अपनी चरम व्यथा, निराशा, अन्धकार और दर्द के क्षणों में उन्होंने मेरा आसरा ढूँढ़ा था। केवल दो ही स्थल हैं जहाँ वे खुलकर रोये हैं, जहाँ रोकर उनका जी हलका हुआ है, एक मेरी गोद और एक दूसरी

...लेकिन जाने दीजिए, उस दूसरी की बात करना मेरी अनधिकार चेष्टा होगी।"

उसके कुछ संस्मरणों में उसकी आलोचना भी की गयी थी। एक पत्र में उसकी एक पुरानी अलार्म घड़ी ने लिखा था : "मैं जड़ मशीन हूँ तो क्या, भारती की मौत के पीछे जो ट्रैजेडी है वह मैं पहचानती हूँ। ऐसी जवान मौतें मेरे लिए कोई नयी बात नहीं। मेरा आविष्कार हुए सदियाँ गुजर गयीं और हर पीढ़ी में मुझे एक न एक ऐसा व्यक्ति मिलता रहा है जैसा भारती था। मेरा काम रहा है समय नापना, आदमी की जिन्दगी को समय के ढाँचे में ढालना और भारती जैसे लोगों का काम रहा है समय से लड़ना, समय के साँचे को जान लगाकर तोड़ना-फोड़ना। वे जमाने से बँधना नहीं चाहते। उनकी प्रतिभा जलते हुए किरण-तीर की तरह जमाने को चीरकर आगे बढ़ना चाहती है और यह कशमकश दोनों में से किसी एक को ले डूबती है। यूँ एक बार जब वह खुश था मैंने उससे पूछा कि आखिर वह वक्त के आगे भाग निकलने का पागलपन क्यों लादे है, तो उसने हँसकर जवाब दिया : 'अगर मैं वक्त से ही बँधता, जमाने से ही बँधता, तो घड़ी होता, बैरोमीटर होता, इन्सान क्यों होता?' "

उस पर एक बहुत सुन्दर-सा संस्मरण लिखा गया जो छपा नहीं। मुझे सुनाने के बाद ही जला दिया गया। वह संस्मरण उसकी भागवत ने लिखा था। उसकी जो पंक्तियाँ मुझे याद रह गयी हैं, वे इस प्रकार हैं :

"भारती मेरा इतना अपना था कि मैं उस पर कभी न लिखती, मगर जब मैंने देखा कि उसके निकट से निकट मित्र ने भी उसका सही आकलन नहीं किया तो आज मुझे कलम उठाने के लिए मजबूर होना पड़ा। उसके लिए दुःख करना बेकार है। वह व्यक्ति नहीं था : वह एक अभिव्यक्ति मात्र था, एक स्वर, एक संगीत जो हवाओं से उठा, दिलों से टकराया और धूल में सो गया। आपने भारती को देखा था, मैंने भारती के पार देखा था। उसकी जिन्दगी, उसके अस्तित्व, उसके प्रेम, वासना, व्यथा, संघर्ष और तिलमिलाहट के पार...उसका अपना कुछ नहीं रह गया था। आप समझते हैं उसने अपना कुछ लिखा था? गलत! कोई उसकी उँगलियाँ पकड़कर लिखवाता रहता था। जो कुछ भी उसने अपना, केवल अपना लिखा है वह पानी की लकीर की तरह मिट जाएगा, इतिहास उसे कुचलता हुआ चला जाएगा, लेकिन जो कुछ उसे किसी अदृश्य ने लिखा दिया है वह अमिट रहेगा, उससे टकराकर इतिहास की गति मुड़ जाया करेगी।...प्रतिक्षण स्नेहियों और मित्रों से घिरे होने पर भी उसकी आत्मा कितनी उदास, कितनी प्यासी थी यह मैं जानती हूँ। वह एक अजब से विराट् प्यार का प्यासा था। वह प्यार जो जीवनदर्शन बन सके, जो विद्रोह की आवाज बन सके, जो इतिहासों का पथ-निर्देशक बन सके। उसको वह प्यार मेरे पृष्ठों में मिला था। वह मुझे प्यार करता था या नहीं, यह मुझे नहीं मालूम, पर जिसकी बाँहों में उसे पहली बार यह प्यार मिला था, उसे वह अपने जीवन की

भागवत कहा करता था। उसकी बेहद इच्छा थी कि मैं मरते समय उसके पास रहूँ, लेकिन...मैं उसकी मौत पर दुःख नहीं मानती। वह एक भटका हुआ, ऊपर से खिलखिलाता हुआ, अन्दर से टूटा हुआ, संगीत था और मेरे पृष्ठों में ढूँढ़िए—कितने अधूरे संगीत, अधूरी पूजाएँ, अधूरी ममताएँ, अधूरे विद्रोह और अधूरे समर्पण इनमें दबे सो रहे हैं। मेरे पृष्ठों में ढूँढ़िए भारती मिल जाएगा।"

उस पर लिखे गये ये संस्मरण उसके व्यक्तित्व के कई पहलुओं पर महत्त्वपूर्ण प्रकाश डालते हैं पर मैं पाठकों को यह चेतावनी दे दूँ कि वे इन पर कतई विश्वास न करें। इनमें उसके आत्मीयों ने काफी पक्षपात किया है और अपनी काव्यात्मक शैली का प्रदर्शन करने के उत्साह में अतिशयोक्ति की भी सीमा लाँघ गये हैं। स्वयं मुझे उसकी चीजें दिलचस्प लगती थीं। लेकिन इतनी जल्दी उन पर कोई भी निर्णय दे देने के पक्ष में मैं बिलकुल नहीं हूँ।

भारती के विकास की काफी सम्भावनाएँ थीं, पर उसके मुरझा जाने की और भी अधिक। वह इतनी छोटी अवस्था में चल बसा, बतौर एक मित्र के मुझे इसका काफी दुःख है लेकिन यह देखकर कि कितने ही कलाकार जीते-जी मर जाते हैं, उनकी कला, उनकी प्रतिभा, उनका विद्रोह, उनकी अन्तर्दृष्टि मर जाती है, फिर भी वे खाते हैं, लिखते हैं, जीते हैं, इसे देखते हुए भारती बहुत वाजिब समय से चल बसा इसका मुझे सन्तोष है। हाँ, मैं यह अवश्य प्रार्थना करता हूँ कि भगवान् उसकी आत्मा को कभी शान्ति न दे वरना उसकी प्रतिभा मर जाएगी।

पुनश्च; यदि उस पर किसी का कुछ रुपया वगैरह बाकी हो उसका देनदार मैं हूँ, पर साथ ही जिन सज्जनों या पत्रिकाओं पर उसका रुपया बाकी हो वे भी कृपया शीघ्रतया भेजने की कृपा करें। हाँ, उसकी पुस्तकें भी मित्रगण लौटा दें, तो बड़ी कृपा होगी।

छपते-छपते

दुःख के साथ यह कहना पड़ता है कि अभी-अभी प्राप्त समाचार के अनुसार भारती जी स्वस्थ और सकुशल हैं। हमें दुःख है कि ऊपर का पूरा लेख लिखने का श्रम और समय व्यर्थ ही नष्ट हुआ।

□□